Irmgard Bauer • Feuer am See

Impressum:
© 1999, Metz-Verlag, 76571 Gaggenau
2. Auflage 2004
Titelbild von Pieter Kunstreich
Alle Rechte vorbehalten
Herstellung: Printfinder
ISBN 3-927655-54-6

Irmgard Bauer

Feuer am See

Eine Geschichte aus der Bronzezeit

Metz-Verlag

Inhaltsverzeichnis

1. Kapitel: Das Gewitter	7
2. Kapitel: Das Haus des Giessers	20
3. Kapitel: Der Schmetterling	28
4. Kapitel: Das Frühlingsfest	40
5. Kapitel: Der Weg in die Anderswelt	48
6. Kapitel: Der Mann mit den leeren Augen	61
7. Kapitel: Die blauen Vögel	72
8. Kapitel: Die Fackel der Göttin	82
9. Kapitel: Der Alte Mann	97
10. Kapitel: Ein unerwartetes Geschenk	112
11. Kapitel: Winter	119
12. Kapitel: Tarins Traum	134
13. Kapitel: Die Feenquelle	148
14. Kapitel: Der Bogen der weissen Frau	160
15. Kapitel: Die grosse Reise	177
16. Kapitel: Erads Stern	196
17. Kapitel: Das Schwert	214
18. Kapitel: Mondnacht	229
Alle Namen	249
Nachwort	250

1. Das Gewitter

Arwa nahm die Hacke vom Boden und legte sie in den Korb zu den gesammelten Pflanzen. Ein plötzlicher Windstoß blies ihr eine Haarsträhne ins Gesicht. Sie hob den Kopf. Über dem See zogen sich Wolken zusammen und kamen, vom Wind getrieben, unerwartet schnell auf sie zu. Ein Mäusebussard schrie, löste sich am Waldrand von einem Baum und stieg mit trägen Flügelschlägen in die Höhe.

„Kommst du ins Dorf zurück? Wir müssen uns beeilen, wenn wir vor dem Regen dort sein wollen." Arwa hob den gefüllten Korb auf den Rücken und ging auf ihre Freundin zu, die neben einem Haselstrauch kauerte und nach essbaren Wurzeln grub. Sie sah, wie diese sich aufrichtete und prüfend zum See hinüberblickte, auf dem schon weiße Wellen tanzten. Ein neuer Windstoß trieb Blütenblätter an ihnen vorbei und ließ den Saum ihrer Kleider flattern. Eine Amsel kreischte. Sicher verteidigte sie ihr Nest gegen einen Eindringling, der sich in den Büschen vor dem Wind schützen wollte. Da wandte sich Kira um. Sie schien plötzlich aufgeregt.

„Hast du das gesehen?" Die Freundin deutete mit der Hand über das Wasser. Arwa ging näher und blickte in die Richtung, die Kira wies; da sah auch sie das Boot. Halb verborgen von den knospenden Haselstauden, die zwischen ihnen und dem See wuchsen, kämpfte sich ein Einbaum durch die Wellen. Es war keines der Boote aus ihrem Dorf, aus Kernu An, das sah sie gleich, keines aus ihrem Dorf war so groß. Trotzdem hielt es geradewegs auf die Siedlung zu.

„Was wollen die nur bei uns?" Kira blickte weiter gespannt auf den See. „Es ist ein Boot, in dem sonst die Händler zum oberen See fahren. Nur – Händler kommen jetzt doch nicht. Sie wissen, dass wir in diesem Frühling nichts einzutauschen haben."

Arwa kniff die Augen zusammen. Trotz der Entfernung war deutlich, wie schwierig es für die Ruderer war, die Richtung zu halten. Das Boot wurde vom Wind und den Wellen umhergeworfen. Einer der Männer schien Wasser zu schöpfen und die anderen ruderten mit aller Kraft, um das Dorf so schnell wie möglich zu erreichen.

Und plötzlich sah Arwa das Boot ihres Vaters wieder vor sich, sie sah die hohen Wellen und hörte seinen Schrei. Doch gleich schob sie das Bild wieder weg. Sie wollte nicht an jenen Tag denken! Es war doch alles vergangen und ändern konnte sie nichts! Da stieß Kira sie an.

„Was hast du?", drängte die Freundin ungeduldig. „Warum kommst du nicht? Wir wollen uns doch beeilen. Ich möchte am Ufer sein, wenn sie anlegen."

Arwa nickte erleichtert und folgte ihr. Es war besser, wenn sie nicht an frühere Zeiten dachte und den bösen Tag für immer vergaß. Hintereinander liefen die beiden Mädchen durch die Äcker und erreichten den Sumpf, der das Dorf umgab. Wenn sich die Schilfhalme im Sturm beugten, sahen sie die Schaumkronen auf den Wellen des Sees. Der Wind trug die Schreie der Ruderer durch die Gräser bis zu ihnen. Die Männer feuerten sich gegenseitig an.

Neben Kira rannte Arwa durch die Gassen des Dorfes zum See hinunter. Dicht gedrängt standen die Bewohner von Kernu An am Landeplatz, auf den der Einbaum zuhielt. Die beiden Mädchen schoben sich durch die Menge, ohne darauf zu achten, dass einige der Umstehenden unwillig schimpften. Als sie vorne im Halbkreis standen, sahen sie, dass das Boot das Ufer schon erreicht hatte. Ein Mann aus dem Dorf hielt den Bug fest. Im Boot stand Madrin, der Jäger, den Bogen in der Hand, den Köcher mit den Pfeilen über der Schulter. Vorsichtig ging er an den Ruderern vorbei und sprang über die Spitze des Einbaums ins seichte Wasser. Sein Jagdhund folgte ihm lautlos und blieb mit aufgerichteten Ohren neben ihm stehen. Einer der Männer reichte ihm einen Fellsack aus dem Boot.

„Wollt ihr wirklich weiterfahren?" Besorgt blickte der Jäger die Ruderer an.

Der Vorderste nickte: „Wir folgen dem Ufer. Der Herr erwartet uns noch heute Abend."

„Gebt Acht." Madrin grüßte die Männer mit der Hand, dann sah er an ihnen vorbei zum Heck des Einbaums.

„Kommst du?", hörte Arwa ihn fragen. „Wir sind angekommen. Wir steigen hier aus."

Ein Junge stand auf und drängte sich ungeschickt an den Männern vorbei, wie wenn er sich zum ersten Mal in einem Einbaum bewegen würde. An der Spitze blieb er stehen. Arwa war nicht sicher, ob er sich nicht getraute, aus dem schwankenden Boot zu springen, oder ob er nicht aussteigen wollte. Der Jäger hielt ihm die Hand hin, bestimmt, auf eine Art, die keine Zweifel offen ließ. Der Junge schüttelte trotzig den Kopf. Dann sprang er trotzdem und lief durch das seichte Wasser auf den festen Boden. Neben Madrin blieb er stehen – ein dünner, schmutziger Junge mit misstrauischem Blick.

Seine Kleider waren aus Leder und fleckig grau, als ob er in die Asche eines Herdfeuers gefallen wäre. Seine Haare waren verklebt und dunkel, viel dunkler als bei den Menschen aus Kernu An. Fremd sah er aus. Arwa stellte fest, dass er Madrin gerade bis zur Schulter reichte und kaum älter als Kira oder sie selbst war. Die Jungen des Dorfes musterten den Fremdling angespannt.

„Was will denn der hier?", hörte sie eine Frau fragen. In diesem Augenblick trat Foirgan, der Älteste des Dorfes, in den Kreis. „Was soll der Junge bei uns?", fragte er den Jäger.

„Ich habe ihn in den Bergen gefunden. Das Dorf, in dem er wohnte, ist abgebrannt. Die Leute sind geflohen und haben ihn zurückgelassen."

Foirgan schüttelte den Kopf: „Das ist doch kein Grund, ihn mitzubringen. Der Winter war lang und niemand hat Essen übrig. Bei euch kann er ja auch nicht bleiben. Dein Vater will nicht einmal, dass seine eigene Tochter schon Kinder hat."

Madrin senkte seinen Blick. Doch dann drehte er sich um und blickte dem dunklen Jungen ins Gesicht. Mit einem Anflug von Neid bemerkte Arwa, dass der Jäger den Fremdling mochte. Der aber schien nichts davon zu spüren. Bewegungslos starrte er vor sich auf den Boden. Vielleicht verstand er ihre Sprache nicht?

„Ich habe ihn nicht dort lassen können", sagte Madrin leise. Teru, sein Hund, stand neben ihm und presste den Kopf an seine Knie. Für einen Augenblick war es still.

„Wie kommst du überhaupt so tief in die Berge?", unterbrach Foirgan das Schweigen. „Wir gehen nie zu den dunklen Leuten. Es ist nicht unsere Welt."

„Neisin Turam, der Herr, hat einen seiner Freunde ein Stück weit in den Süden begleitet. Er hat mich gebeten, mit ihm zu kommen, denn er wollte auf dem Rückweg jagen. Selbst ihn hat der Junge erbarmt."

Die Leute murmelten unwillig. „Neisin Turam kann leicht Erbarmen haben", rief eine Frau. „Der lebt auf seinem Hof und hat alles, was er braucht. Er hat den Jungen sicher schon vergessen."

„Vielleicht. Aber er schickt denen, die für ihn sorgen wollen, einen großen Sack mit Getreide. Er hat es mir versprochen. Und ich gebe vom Dörrfleisch, das ich noch habe. Auch wenn ich etwas jage, werde ich daran denken."

Die ersten Regentropfen schlugen schwer auf den Boden und einige der Dorfbewohner verließen den Kreis. Da trat Skarin, der Vater von Kira, vor. „Er kann zu uns kommen", entschied er. „Er kann meinem Ältesten bei der Arbeit helfen. Auch das Getreide kommt uns gelegen!"

Als Skarin auf den fremden Jungen zuging, hörte Arwa, wie die Freundin neben ihr laut Atem holte.

„Komm", sagte Kiras Vater grob und ging, ohne sich nochmals umzusehen, über den Uferstreifen auf das Dorf zu. Der Junge blickte sich zuerst ratlos um, dann wandte er sich wie Hilfe suchend Madrin zu. Die Antwort des Jägers verstand

Arwa nicht, doch der fremde Junge nickte stumm. Niedergeschlagen folgte er dem Mann, der schon zwischen den ersten Häusern verschwand.

    Der Regen wurde stärker und die Menschen, die noch am Ufer standen, hasteten nach Hause. Arwa nahm den Korb auf, den sie beim Dorfzaun hingestellt hatte. Vor sich sah sie Madrin, wie er den großen Platz überquerte, auf dem sich die Gassen des Dorfes trafen. Er näherte sich dem Schrein der Göttin, der am Rand des Dorfplatzes stand. Vielleicht wollte Madrin für die geglückte Überfahrt danken oder der Göttin ein versprochenes Geschenk auf den geschnitzten Balken vor dem Speicher legen. Vielleicht hatte er ihr auch etwas mitgebracht? Er war mit ihrem Vater befreundet gewesen, damals, als dieser noch gelebt hatte! Doch hier im Regen konnte sie nicht darauf warten, ob der Jäger sie beachten würde. Es war das Beste, sie ging schnell nach Hause. Vielleicht würde sie den eigenartigen Jungen im Nachbarhaus sehen? Sie blickte die Freundin an, die langsam und in Gedanken versunken neben ihr den Platz überquerte. Kira schien es mit der Rückkehr nicht eilig zu haben. Sie kümmerte sich nicht darum, dass ihre bloßen Füße im aufgeweichten Boden einsanken und der Rocksaum schwer an die Schenkel schlug. Arwa mochte sie nicht fragen, woran sie dachte, doch vorstellen konnte sie es sich schon. Genügend Platz gab es auch bei Kiras Familie nicht. Ihre Freundin hatte viele Geschwister und das Haus, in dem sie lebte, war klein. Dazu war die Mutter oft krank. Arwa hörte sie in der Nacht manchmal husten. Nun würde auch noch der fremde Junge dort leben.

    Unter dem Dach des Hauses, in dem Arwa wohnte, hielten sie an. Durch die Flechtwände drang das beruhigende Geräusch des Mahlsteins. Arwa war froh, nicht mehr im Regen zu stehen. Sie sah dem Wasser zu, das von den schindelgedeckten Dächern in die Gasse rann; dort bildeten sich lange Tümpel, deren Oberfläche bei jedem Regentropfen aufspritzte. Die Freundinnen schwiegen lange.

„So. Ich muss jetzt nach Hause", sagte Kira dann entschlossen. „Wir werden sehen, was meine Mutter zu dem fremden Jungen sagt. Vielleicht schickt sie ihn wieder fort!"

Sie wandte sich um und lief unter dem vorspringenden Dach zum Nachbarhaus. Arwa blickte ihr nach. Die langen, blonden Zöpfe, die sich sonst lustig bewegten, lagen nass und schwer auf ihrem Rücken. Plötzlich begann Arwa zu frieren. Auch ihr Kleid klebte am Körper und ihre Haare sahen sicher nicht anders als bei der Freundin aus. Doch sie würde gleich ans Feuer sitzen und sich wärmen können. Sie öffnete die Tür.

Im Raum war es fast dunkel, nur ein kleines Feuer gab etwas Licht. In seinem Schein leuchteten Urmas weiße Haare. Die alte Frau kniete neben der Herdstelle über den Mahlstein gebeugt. Tairi kauerte neben ihr.

Der kleine Bruder war zwar schon alt genug, dass er mit den anderen Jungen hinausgehen konnte, um die Kühe zu hüten, doch manchmal verhielt er sich noch immer wie ein kleines Kind. Vielleicht war es darum, weil er der Jüngste der Familie war? Wenn sich die Mutter nicht um ihn kümmerte, blieb er in Urmas Nähe, versuchte, ihr zu helfen, und hörte ihren Geschichten zu. Auch jetzt verfolgte er, wie die alte Frau die Weizenkörner zerrieb. Daigra, die Mutter, füllte einen Topf mit Wasser, warf eine Hand voll gequollene Gerstenkörner hinein und stellte das Gefäß ins Feuer. Sie hob den Kopf, als Arwa in der Türe stand.

„Kommst du endlich?", bemerkte sie vorwurfsvoll. Sie ging zu ihr hinüber und nahm ihr den Korb vom Rücken. „Wie siehst du nur aus! Du bist ja ganz nass. Du wirst in der Nacht sicher wieder husten."

„Bestimmt nicht", wehrte sich Arwa. „Das bisschen Regen macht mir nichts."

„Wenn du noch lange im nassen Kleid beim Eingang stehst, bin ich da nicht so sicher", fiel Urma ein. Schwerfällig stand sie auf und holte ein wollenes Tuch. Dann schob sie Arwa zum Feuer.

„Zieh das Kleid aus", drängte sie. „Die Nadeln können den Stoff fast nicht mehr halten. Er ist zu schwer." Sie löste Arwas Gürtel und die Nadeln aus Bronze, die das Kleid auf den Schultern zusammenhielten. Dann trocknete sie die Haare so gut es ging und legte ihr das Tuch über die Schultern. „Bleib beim Feuer sitzen", sagte sie bestimmt. „Es freut sich niemand, wenn du Fieber bekommst." Dann bückte sie sich, um den Stoff aufzuheben.

Arwa war froh, sich an die wärmenden Flammen setzen zu können. Irgendwie drehte sich plötzlich alles in ihrem Kopf. Die Angst und die Trauer kamen zurück, die in ihr aufgestiegen waren, als sie den Einbaum in den hohen Wellen gesehen hatte. Und wieder sah sie ganz deutlich das fast verschwundene Bild vor sich, wie sie am Strand gestanden hatte und den Vater draußen im Sturm hatte rufen hören. Hoch wie heute waren die Wellen gewesen. Die Fischer waren gleich hinausgefahren, doch sie hatten nur noch den gekenterten Einbaum gefunden. Arwa hörte die schrillen Schreie der Mutter und die Trauerklage der anderen Frauen im Dorf. Alle waren sie gekommen, um Mutter zu trösten, doch niemand hatte das kleine Mädchen gesehen, das stumm und mit zusammengepressten Lippen in einer Ecke des Hauses kauerte. Nur Madrin hatte sich neben sie hingesetzt und ihr gesagt, wie sehr ihn der Tod des älteren Freundes schmerzte. Viele Winter war dies alles her. Trotzdem hatte sie Vater nicht vergessen. Noch immer träumte sie manchmal in der Nacht davon, wie sie als kleines Kind beim Feuer dicht an ihn geschmiegt eingeschlafen war.

Sie war nicht wie Daigra, ihre Mutter, die beim letzten Frühlingsfest einen Mann aus dem Nachbardorf ausgesucht hatte und ihn auch nachher immer wieder getroffen hatte. Seit einigen Monden lebte er bei ihnen hier im Haus. Es hatte sogar ein Hochzeitsfest gegeben, mit allen Verwandten. Niemand hatte etwas gegen den Mann gesagt. Selbst Urma, die nach dem Tod des Vaters zu ihnen gekommen war, um im Haus zu helfen, hatte sich gefreut.

Zornig blickte Arwa zur Mutter hinüber, die an der Herdstelle kauerte und die grob geschnittenen Wurzeln ins kochende Wasser warf. Diese hob den Kopf. „Ich habe mir Sorgen gemacht, weil du so spät zurückgekommen bist", sagte sie mit einem Lächeln, als ob sie sich für den abweisenden Empfang entschuldigen wollte. „Das Unwetter ist so schnell gekommen."

„Ich war am Strand", gab Arwa unwirsch zurück. „Madrin ist mit einem Boot zurückgekommen." Doch irgendwie konnte sie nicht mehr richtig zornig sein, wenn die Mutter so freundlich mit ihr sprach.

Daigra nickte: „Ich bin froh, dass ihm nichts geschehen ist. Tairi hat mir erzählt, dass er einen fremden Jungen mitgebracht hat und dass der nun bei Skarin lebt."

Arwa zog die Decke über ihren Schultern zusammen. Wie sah es im Nachbarhaus wohl aus? Was hatte Marna, Kiras Mutter, zum Fremdling gesagt? Was würden sie mit dem Jungen machen?

Ein Poltern riss sie aus den Gedanken. Die Tür schlug auf und Igrain, der neue Mann, stieg über die Schwelle. Er war so groß, dass er sich im Eingang bücken musste. In der einen Hand trug er einen dicken Fisch, während er mit der anderen die lehmverschmierten Strohsandalen auszog. Auf dem Lehmboden bildete das Wasser, das von seinem aus Wollbinden geflochtenen Umhang hinuntertropfte, eine Lache. Igrain löste die Schnur, die den Umhang zusammengehalten hatte, und hängte ihn an einen Haken an der Wand. Dann kam er in die Mitte des Raumes und legte den Fisch neben das Feuer.

„Wir haben Glück gehabt", sagte er, „es hat nicht viel gefehlt und der Hagel wäre gekommen."

Daigra nahm ein Tuch und ging zu ihm. Sie löste seine geflochtenen, braunen Haare und fuhr mit dem Wollstoff über den nassen Hals. Er wandte sich um und blickte ihr mit einem Lächeln in die Augen. Arwa verfolgte alles genau. So hatte auch Vater die Mutter oft betrachtet. Doch wenn Igrain dies tat, gefiel es ihr nicht.

Die Gerstensuppe köchelte. Die Mutter nahm den Fisch aus und steckte ihn an einem Spieß neben das Feuer. Der feine Duft des gerösteten Fisches weckte plötzlich Arwas Hunger. Sie freute sich auf das schmackhafte Fleisch, obwohl es von Igrain war. Dass er immer wieder Fische brachte, war etwas, das Arwa an ihm schätzte. Zwar fischte der neue Mann nicht häufig und wusste auch nicht, wie man das große Netz auswarf, aber er hatte schnell Freundschaft mit anderen Männern geschlossen und tauschte die Fische gegen Steingeräte ein, die er als Einziger weit herum anzufertigen verstand.

Arwa starrte Igrain prüfend an, der mit dem Feuerzeug einer Nachbarin neben dem Feuer saß und das schwarze Pech erwärmte, mit dem der zerbrochene Schlagstein mit dem Holzgriff verbunden war. Er zog den Steinrest aus der klebrigen Masse und steckte ein frisch zugeschlagenes Stück an seine Stelle. Die noch weiche Verbindungsstelle begann er mit einer Sehne zu festigen, verknotete deren Enden und legte das Feuerzeug mit dem neuen Schlagstein auf die Seite. Dann wischte er die Hände an seinem Rock ab. Er ahnte nichts von Arwas ablehnenden Gedanken und irgendwie war sie fast froh darüber. Wegwünschen konnte sie ihn nicht; das hatte sie lange genug versucht. So war es am besten, irgendwie in Frieden nebeneinander zu leben. Solange sie ihn nicht mögen musste, ging das schon.

Gleich würden sie essen. Daigra rührte mit dem Holzlöffel in der Suppe. Arwa knüpfte das Wolltuch über der Brust zusammen und stand auf. Sie holte vom Regal an der Wand die Schalen aus Ton und stellte sie neben das Feuer. Die Mutter nahm etwas Gerste aus einem Becher und warf sie für die Göttin, die das Haus beschützte, in die Glut. Alle wurden still, als sich der Duft der gerösteten Körner im Raum verbreitete.

Mit dem Schöpflöffel schob Daigra das glühende Holz vom Kochtopf weg. Dann tauchte sie tief in das Gefäß und begann, von der dick gewordenen Suppe in die bereitstehenden Schalen zu schöpfen. Das Feuer knisterte leise. Als sie zum Schluss die eigene Schale füllte, hielt sie plötzlich in der Bewegung inne. Der Regen hatte aufgehört und auch sonst war es ganz still geworden. Irgendwo winselte ein Hund, der einzige Laut, den man nun vernahm. Es war, als ob selbst die Tiere im Dorf den Atem anhalten würden.

Da schlug ein Blitz ein, in den See; Arwa konnte es am scharfen Geräusch des Donners erkennen. Sogar Igrain schien zu erschrecken. „Es ist viel zu früh für ein Gewitter", sagte er leise. „Was wird uns dieser Frühling noch bringen?"

Die Mutter löschte die letzten Flammen und legte die Glut in eine Schüssel, denn das Feuer auf dem Herd der Menschen gefiel dem Donnergott nicht. Man musste es vor ihm verbergen. Es wurde noch dunkler im Raum. Sie hoben die Schalen auf und begannen lustlos zu essen. Wieder hörten sie den Donner. Tairi war der Erste, der die Schale noch halb voll auf die Lehmplatte stellte. Er hielt sich an Igrain fest und begann zu weinen. Sie alle, auch die Erwachsenen, hatten Angst. Wenn der Blitz in ein Haus einschlug, würde bei diesem unberechenbaren Wind das ganze Dorf in kurzer Zeit in Flammen stehen: Häuser, Speicher, selbst der Schrein der Göttin. Arwa wurde es unvermittelt kalt und sie begann zu zittern. Ein neuer Blitzschlag erhellte durch die Dachluke den ganzen Raum. Sie sah Igrain, wie er sich auf die Lippen biss, und das weiße Gesicht der Mutter. Alle saßen stumm und wie versteinert neben der erloschenen Feuerstelle. Der nächste Blitz schlug so nahe ein, dass die Helligkeit Arwa blendete. Der Donner folgte, noch bevor das Licht erloschen war. Igrain fuhr zusammen, sprang auf und lief zur Tür. Er ging hinaus, um zu sehen, ob es ein Haus getroffen hatte, damit sie sofort das Nötigste nehmen und flüchten konnten. Die anderen blieben erstarrt sitzen.

„Bitte nicht", flüsterte das Mädchen, „bitte nicht."

Durch die Türöffnung sah sie, dass die große Pappel neben dem Dorfzaun Feuer gefangen hatte. Im Nachbarhaus begann jemand zu schreien, schrill und so schrecklich, dass sie ihre eigene Angst vergaß.

„Hör auf", brüllte eine Stimme. Das musste Skarin sein. Sie hörte, wie jemand geschlagen wurde.

„Wenn es nur nicht Kira ist", dachte sie bei sich. „Irgendjemand sonst, aber nicht sie." Ein plötzlicher Zorn auf Skarin kam in ihr hoch. Sie presste die Lippen zusammen und starrte vor sich auf den Boden. Das Schreien verstummte.

Draußen zog das Gewitter weiter. Der Wind wurde heftiger und der Regen setzte wieder ein. Die Mutter, die vorher beunruhigt zum Nebenhaus hinübergesehen hatte, schüttelte den Kopf, als ob sie etwas Unangenehmes verscheuchen wollte. Sie nahm eine glühende Kohle aus der Schüssel und zündete den Docht einer Talglampe an. „Danke, dass du diesmal vorbeigegangen bist", sagte sie leise, noch immer weiß im Gesicht. Sie hob die Essschalen auf, eine um die andere, und leerte, was übrig geblieben war, in den Topf zurück. Sie würden den Brei am nächsten Morgen essen. Igrain hielt Tairi in den Armen und trug ihn hinüber auf die hintere Seite des Raumes. Dicht gedrängt legten sie sich alle auf das mit Fellen gepolsterte Reisig und versuchten zu schlafen.

Der Regen wurde stärker. Das Wasser lief von den Dächern in die Gassen und bildete Bäche, die man neben dem Haus gurgeln hörte. In der Ferne grollte noch immer der Donner. Arwa hörte Urma flüsternd den Göttern danken. Langsam begann sich die Angst in ihr zu lösen. Ganz leise, um Tairi nicht zu wecken, stand sie auf und ging zur alten Frau, die auf einem weichen Bett aus Binsen und Moos neben der Feuerstelle lag. Urma hörte sie kommen und hob die Decke auf. Arwa kroch zu ihr und schmiegte sich an die alte Frau. Sie brauchte jemanden, der ihr half, den Schrecken zu vergessen. Hier war sie geborgen. Sie spürte die dünne, zarte Hand, die ihr über die Haare fuhr. Unerwartet aber hielt die alte Frau in ihrer Bewegung inne. Sie schien zu lauschen. Nun hörte auch Arwa die zögernden Schritte auf der Hinterseite des Hauses und das leise Knarren eines Brettes. Dann war es wieder still. Sie schloss die Augen. Schon fast im Traum, halb verschluckt vom Regen, vernahm sie ein leises, unterdrücktes Schluchzen. Doch bevor sie sich richtig fragen konnte, wer es wohl sei, schlief sie in den Armen Urmas ein.

Als Arwa am Morgen erwachte, war der Himmel blau. Durch die offene Tür sah sie zwischen zwei Häusern die zersplitterte, angekohlte Pappel. In den Gassen hörte sie die Menschen sich gegenseitig begrüßen. Es tönte herzlicher als sonst. Sie hatten sich alle gefürchtet in dieser Nacht und waren froh, dass das Unwetter ohne schlimme Folgen vorbeigegangen war. Niemand von ihnen wusste, wie das Leben nach einem Brand weitergegangen wäre. Wer hatte nach einem so strengen Winter schon Verwandte in anderen Dörfern, die genug Vorräte hatten, um sie zu teilen?

Arwa trat vor das Haus und sah, wie die Mutter dort das Seil löste, mit dem sie vor dem Unwetter die Körbe festgebunden hatte. So ging sie auf die Rückseite, um nachzusehen, was nass geworden war und in der Sonne getrocknet werden musste. Hier lag das Haus, in dem Kira mit ihren Geschwistern lebte.

Arwa hoffte, die Freundin zu sehen, um sie fragen zu können, was in der Nacht geschehen sei. Doch an ihrer Stelle war der fremde Junge da. Als er sie bemerkte, murmelte er einen kurzen Gruß und wandte sich gleich wieder ab. Trotzdem bemerkte Arwa die dunkle Stelle an seiner Stirn. Also war er es gewesen, der in der Nacht geschrien hatte. Und Skarin hatte ein Aststück oder irgendetwas, das herumlag, gepackt und ihn damit geschlagen. Sie wusste von ihrer Freundin, wie schnell ihr Vater zornig werden konnte. Arwa mochte ihn nicht, doch auch der fremde Junge gefiel ihr wenig. Er sah finster und abweisend aus. Sie konnte nicht verstehen, warum Madrin ihn mitgenommen hatte. Entschlossen wandte sie sich um und überprüfte mit einem Blick die Vorräte unter dem Dach.

Sie schob eine schützende Matte weg und sah sich die feinen, geflochtenen Binsenkörbe an. Da bemerkte sie Vaters Fischernetz, das sie für ihren älteren Bruder aufbewahrten. Es lag ganz verworren da. Sie dachte an die leisen Schritte in der Nacht. Das konnte nur der fremde Junge gewesen sein! Es kümmerte ihn sicher nicht, wie schwierig es war, ein Fischernetz zu ordnen. Sie hatte ja gestern gesehen, dass er vom Leben an einem See nichts verstand.

Arwa besah sich das Durcheinander näher. Als sie die feuchten Schnüre mit der Hand berührte, blieb Blut an ihren Fingern kleben. Sie bemerkte den dunkelroten Fleck am Boden und erinnerte sich wieder an das leise Schluchzen in der Nacht. Plötzlich tat ihr der Junge Leid. Doch als sie den Kopf hob, um ihm etwas Freundliches zu sagen, war er schon im Nachbarhaus verschwunden.

2. Das Haus des Giessers

Im Haus des Bronzegießers war es ruhig, nur das Geräusch des Mahlsteins war zu hören und aus der Werkstatt drang der feine Ton eines Hammers. Tarin stand in der Tür, mit dem Rücken zum Raum, in dem sein Vater mit den Gesellen arbeitete, und sah die Dorfgasse entlang. Sein Blick folgte dem fremden Jungen, der unter der schweren Last gesammelten Holzes wortlos an ihm vorbeigegangen war. Ained hieß er, das hatte ihm Madrin am vergangenen Abend erzählt. Er kam aus dem weißen Land, einem Gebiet, das die Bewohner von Kernu An nicht kannten und von dem nur die Händler manchmal erzählten. Warum war er so scheu? Den ganzen Weg vom Dorfplatz bis zum Ende der Siedlung hatte er vor sich auf den Boden gestarrt und nicht einmal aufgesehen, als ihn Tarin beim Vorbeigehen gegrüßt hatte. Sicher war etwas Schreckliches geschehen, dort, in seiner Heimat, sonst wäre er nicht hier. Doch auch jetzt schien er Schwierigkeiten zu haben. Auf seiner Stirne war eine frische Wunde gewesen. Vielleicht hatte er vorhin nicht aufgesehen, weil er sich schämte, dass man ihn schlug? Nun hatte der fremde Junge das Ende der Gasse erreicht, Skarins Haus, in dem er wohnte. Er kauerte bei der Hauswand nieder und legte das schwere Bündel auf den Boden. Für einen Augenblick sah er sich unsicher um, dann verschwand er durch die Tür. Hatte er Angst vor dem, was ihn im Haus erwartete? Skarin war unberechenbar und wurde schnell zornig, das wussten alle im Dorf. Für einen Fremden würde das Leben in seiner Nähe nicht einfach sein.

Hinter sich hörte der Gießersohn einen Schlag und das Zerbrechen von Ton. Lugran, sein Vater, hatte in der Nacht nach dem Gewitter gegossen und zerschlug nun mit den Gesellen die Formen, um die fertigen Güsse aus den Tonhüllen zu befreien. Tarin wandte sich um. Es war nicht Zeit, in der Dorfgasse zu stehen und anderen zuzuschauen. Wenn er lernen wollte, wie man goss, musste er in der Nähe des Vaters bleiben. So kehrte er in die Mitte des Raumes zurück und kauerte neben Lugran nieder.

Dieser fegte gerade bei einem Armreif die letzten Reste des Tons von der Oberfläche und musterte das Werkstück. Mit dem Finger fuhr er über eine Stelle, die ihn nicht ganz zu befriedigen schien. Er legte den Ring dem älteren der Gesellen in die Hand. „Die Gussform war nicht warm genug", stellte er fest. „Sie muss beim nächsten Mal näher am Feuer stehen."

Der Geselle nickte und reichte den Armreif weiter. Auch Tarin nahm ihn in die Hand und betrachtete ihn. Zuerst bemerkte er den Fehler nicht, doch dann sah er, dass die Oberfläche auf der einen Seite nicht genau gegossen war. Wohl würde sich die unebene Stelle beim Polieren ausgleichen lassen, doch zufrieden war Lugran damit sicher nicht. Keiner der Gießer in den Dörfern, die er kannte, war so anspruchsvoll bei der Arbeit wie sein Vater. Tarin war stolz darauf. Er hörte es gern, wenn die Dorfbewohner und selbst die Leute von Deir Ardon sagten, es sei nicht nötig, bei ihm nachzuprüfen, ob die Geräte auch unter der Schäftung gut gegossen seien. Tarin legte den Armreif neben seinen Vater auf ein Tuch und verfolgte weiter, wie dieser die neuen Gegenstände prüfte. Bald durfte auch er beim Gießen helfen und musste nicht nur neben dem Feuer beim Blasebalg sitzen! Bald war er alt genug, dass Lugran ihm seine Geheimnisse zeigte und ihn lehrte, welche Worte er brauchte, damit der Gott des Feuers ihnen half.

In der Öffnung, die die Gießerwerkstatt mit dem Wohnraum verband, saß Keiri, die kleine Tochter des Gießers, ihre Holzpuppe im Arm. Sie hob ihre Puppe hoch und plauderte vor sich hin: „Siehst du, Vater ist mit der Arbeit fertig, der Vorhang ist wieder offen und wir können ihn in der Werkstatt sehen. Das Gießen ist schwierig und man darf keine Fehler machen, sonst wird der Gott böse und die Gegenstände sehen nicht richtig aus, wenn man die Form zerschlägt." Sie drehte die Puppe um und sah sie streng an. „Es ist überhaupt gefährlich. Du darfst nie in die Werkstatt gehen! Als Tarin klein war, hat er einmal nicht aufgepasst und ist hingefallen. Er hat sich den Arm verbrannt. Man kann es noch heute sehen." Keiri drückte die Puppe an sich, stand auf und ging zur Mutter, die neben dem Feuer kniete und auf dem Mahlstein Mehl für das Frühlingsfest rieb. Bald würde Noira die Brottiere für das Opfer formen – für sie und für den großen Bruder. In wenigen Tagen war es soweit. Ob der fremde Junge, der gestern vor dem Gewitter ins Dorf gekommen war, auch ein Brottier erhielt? Er sah so anders aus als Lugran und Noira und all die anderen Menschen im Dorf. Kam er aus dem Land, in dem Erad, der Feuergott, lebte?

Auch Erad sah so dunkel aus. Vater erzählte manchmal am Abend von ihm. Vieles, was mit dem Feuergott zusammenhing, verstand sie nicht. Doch dass er einmal schön gewesen war, mit weißer Haut und goldenen Haaren, daran konnte sie sich erinnern. Und dass er für die Menschen ins dunkle Land hinabgestiegen war, das wusste sie ebenfalls. Er war an den Ort gegangen, an den alle Menschen gingen, wenn die Herrin der Anderswelt sie holte. Die Menschen kehrten von dort nicht mehr zurück. Erad aber war zurückgekommen. Doch er hatte sich auf seinem Weg verändert. Er war nicht mehr strahlend und schön wie früher. Er war ganz dunkel geworden.

Auch Lugran ging manchmal in die Anderswelt, obwohl er Haare hatte wie die anderen Menschen in Kernu An. Sie konnte es an seinen Augen sehen, wenn es geschah – seinen Augen, die dunkel waren wie beim fremden Jungen. Die Mutter wurde dann immer still und war mit Tarin und den Gesellen nicht so streng wie sonst. Sie ließ in dieser Zeit nicht zu, dass andere Leute aus dem Dorf sie besuchten. Doch Besucher waren sowieso selten im Gießerhaus. Sie kamen nur, wenn sie neue Werkzeuge oder Schmuck aus Bronze brauchten. Viele von ihnen wurden unruhig, wenn sie neben Lugran am Feuer saßen.

Keiri setzte sich neben die Mutter: „Kommt der fremde Junge aus der Anderswelt?"

Noira hörte mit dem Mahlen auf und betrachtete die kleine Tochter. „Du meinst den Jungen, der gestern mit Madrin gekommen ist?"

Keiri nickte. Es war schwierig zu erklären, woran sie dachte. „Er ist so dunkel", sagte sie schließlich zögernd.

Die Gießerfrau schob das Mehl mit der Hand zu einem Häufchen zusammen. „Einen Blick in die Anderswelt hat er schon getan", erwiderte sie ernst. „Das habe ich gestern auch gesehen. Die Vögel des Todes haben ihn gestreift."

Die blauen Vögel, die die Seele der Menschen ans andere Ufer trugen, waren Keiri vertraut. Ihretwegen machte sie sich keine Gedanken. Doch der unbekannte Junge beschäftigte sie weiter. „Bleibt er hier im Dorf?", fuhr sie neugierig fort.

„Ich weiß es nicht. Skarin hat noch nicht mit dem Dorfältesten gesprochen. Wir werden sehen."

Keiri schien mit der Antwort zufrieden. Sie legte die Puppe zur Seite und half der Mutter, das gemahlene Mehl in eine Schale zu schöpfen. Sie freute sich auf die Opfertiere, die Noira aus dem Brotteig formen würde. Bald war das Frühlingsfest und sie würde am Morgen mit allen anderen Kindern zum Dorfschrein gehen, das Brottier in der Hand. Ganz allein würde sie in diesem Jahr den Platz überqueren. Sie war nun alt genug.

Noira schien die Gedanken des kleinen Mädchens lesen zu können, denn als die Schale mit dem Mehl gefüllt war, strich sie ihr über das Haar. „Kommst du morgen mit mir aufs Feld? Wir müssen den Hirseacker für die Aussaat vorbereiten."

Keiri sah sie verwundert an. „Kann nicht Tarin helfen? Er ist viel größer als ich."

„Tarin ist wirklich schon groß. Im nächsten Jahr geht er mit den anderen Jungen in den Wald. Dann wird er ein Mann und erhält von Vater die Lanze. Er wird das Dorf verlassen und bei einem anderen Gießer Geselle werden. Doch bevor er geht, muss er noch viel lernen. Er hat keine Zeit mehr, mir auf dem Acker zu helfen. Darum frage ich dich, ob du morgen mit mir kommst?"

Noira musterte dabei erwartungsvoll ihre kleine Tochter. Eine große Erleichterung bei der Arbeit würde sie zwar noch nicht sein. Doch beim Steinesammeln konnte sie helfen und für Lugran war es auch leichter, den Sohn in der Werkstatt zu behalten, wenn er wusste, dass Keiri ihr half.

Am Abend kam Lugran aus der Werkstatt in den Wohnraum, eine Lanzenspitze in der Hand. Er setzte sich ans Feuer und legte das fertig polierte Stück neben sich. „Hast du den Jäger getroffen?", fragte er Tarin. „Ich möchte die Spitze selbst schäften und muss wissen, ob er einen Eschenschaft will."

Tarin kam ans Feuer und kauerte neben dem Vater nieder. Mit dem Finger fuhr er über die Tülle: „Du hast sie nicht verziert?"

„Madrin will eine Spitze, die scharf ist, nicht ein Prunkstück, das er herumzeigen kann", gab der Gießer zurück. „Du kennst ihn doch."

Der Schein des Feuers tanzte im Raum und brachte die goldfarbene Oberfläche der Lanzenspitze zum Leuchten. Die Schneide war schon ausgehämmert. Mit dem Schleifstein schärfen würde sie erst ihr neuer Besitzer. Tarin legte die Spitze wieder neben seinen Vater: „Soll ich Madrin fragen? Er ist gestern vor dem Gewitter zurückgekommen. Ich habe ihn auf dem Dorfplatz gesehen."

„War die Jagd gut? Er hat mir gesagt, dass Neisin Turam einen Gämsbock erlegen wollte."

„Wir hatten nicht viel Zeit zum Reden. Er wollte nach Hause. Seine Verwandten haben ihn nicht gerne so lange weggehen lassen."

Einer der Gesellen stand im Durchgang zur Werkstatt. Er vernahm die letzten Worte. „Hast du den Bergmenschen gesehen?", fragte er. „Hat er wirklich so eigenartig ausgesehen, wie die Leute im Dorf erzählen? Ist es wahr, dass er nicht reden kann?"

„Er kann schon reden, er wollte nur nichts sagen", entgegnete der Gießersohn.

„Woher weißt du, dass er unsere Sprache spricht? Die Menschen in den Bergen brauchen andere Worte als wir. Hat er überhaupt einen Namen?"

„Er heißt Ained. Und unsere Sprache versteht er auch. Das hat mir Madrin gesagt."

Der Geselle hob die Schultern: „Mir kann es gleich sein. Ich mag die Bergleute nicht. Einige von ihnen haben im Dorf gelebt, aus dem ich komme. Sie sind anders als wir. Sie streiten gern. Es gab nur Schwierigkeiten."

„Ich glaube nicht, dass die Bergleute mehr streiten als andere Menschen", fiel Lugran ein. „Vielleicht verstehen wir sie einfach nicht. Auch die Verwandten meiner Mutter sind aus den Bergen gekommen."

Der Geselle senkte den Kopf. Er hatte Lugran nicht beleidigen wollen. Noira bemerkte seine Verlegenheit und schickte ihn in die Werkstatt, den Kameraden zu holen. Die beiden kamen zurück und setzten sich ans Feuer. Leise begannen sie zu tuscheln. Tarin aber blickte den Vater an. „Stimmt es, dass die Bergmenschen ebenso wie wir den Feuergott kennen? Erad ist ja auch so dunkel wie sie."

Lugran schüttelte den Kopf. „Die alten Lieder reden nicht von der Farbe der Haare oder der Haut. Du wirst das verstehen, wenn du in die andere Welt gegangen bist."

Alle wurden ruhig. Sogar die Gesellen hörten auf zu flüstern. Auch sie wussten, was es hieß, wenn Lugran ins Reich der dunklen Göttin ging.

„Bei wem lebt der Junge nun?" Noira schob das Holz etwas weg, so dass die Flammen in sich zusammenfielen und der Hirsebrei im Topf nicht mehr kochte.

„Er ist bei Skarin." Es war Tarin, der Auskunft gab.

Noira schüttelte den Kopf: „Skarin hat doch schon jetzt ein volles Haus. Vielleicht will er das Waldstück neben dem Erlenbach roden und braucht eine Hilfe? Sein Ältester hat oft anderes im Kopf als die Arbeit auf dem Acker. Doch jetzt wollen wir nicht mehr an andere Leute denken."

Sie nahm die Opfergerste und warf sie in die Glut. Dann reichte sie Lugran den glänzend schwarzen Becher, gefüllt mit Honigwein.

Der Gießer erhob sich. Er ging zur hölzernen Säule hinüber, die auf der Rückseite des Herdfeuers zwischen zwei Dachpfosten stand. Die Lanze, die er von seinem Vater bekommen hatte und die er Tarin einmal weitergeben würde, war an die Wollbinden gelehnt, die das Holz schmückten. Die Säule stand immer hier, sogar dann, wenn das Dorf überschwemmt wurde und die Menschen wegzogen. Sie stand da und wartete. Und wenn die Dorfbewohner zurückkehrten, würde das Gießerhaus wieder an der gleichen Stelle gebaut. Lugran blieb für einen Augenblick ruhig vor der Säule stehen. Dann kauerte er nieder und goss den Honigwein am Fuß des Holzes aus. „Gewährt mir, dass ich mein Können so weitergeben kann, wie ich es von euch erhalten habe", sagte er leise. „Helft unserem Sohn, ein guter Gießer zu werden. Beschützt uns auf unserem Weg. Ich bitte euch." Er kam zum Feuer zurück und stellte den Becher neben die Herdstelle. Noira wartete, bis er sich gesetzt hatte. Dann begann sie, den Hirsebrei zu verteilen.

Nach dem Essen nahm Keiri ihre Puppe und ging zu Lugran hinüber. Als der Gießer die Arme ausbreitete, setzte sie sich auf seinen Schoß. Er nahm die hölzerne Puppe in die Hand und fuhr über das fein bestickte Kleid. „Geht deine Puppe schlafen?", fragte er.

Keiri nickte.

„Hat ihr der Tag heute gefallen?"

Keiri nickte wieder. „Sie sagt, dass sie jetzt groß genug geworden ist, um alleine zu Hause zu bleiben. Ich gehe morgen mit Mutter aufs Feld."

Lugran sah Noira an. „Ist das wahr?"

„Ja. Keiri hilft mir morgen."

Das Mädchen blickte den großen Bruder an. „Du kannst jetzt in der Werkstatt bleiben. Du musst noch viel lernen. Mutter hat es gesagt."

Der Junge lachte. Lugran aber strich sich mit den Fingern über die Stoppeln an seinem Kinn: „In zwei Tagen ist der Mond voll", sagte er zu dem Jungen. „Begleitest du Noira zum Frühlingsfest? Du ruderst gut. Wegen des Heimwegs brauche ich mir dann keine Gedanken zu machen."

Noira lachte und musterte den Gießer herausfordernd. „Du kommst nicht mit?"

„Nein. Ich glaube nicht, dass ich je wieder tanzen werde. Ich bin der Göttin nichts mehr schuldig und die Felder werden auch ohne meine Hilfe fruchtbar. Sie fordert nichts mehr von mir."

„Und an die jungen Frauen denkst du nicht?", fragte Noira, plötzlich ernst.

Lugran blickte vor sich ins Feuer. „Sag das nicht. Sogar die Frauen aus Kernu An fürchten sich vor mir. Es ist nicht mehr wie früher, als sie nicht einmal den Vorwand eines Festes brauchten, um mich zu besuchen. Diese Zeit ist vorbei."

3. Der Schmetterling

Arwa erwachte wegen Urmas Husten. Sie blinzelte und schloss die Augen wieder. Ein feiner Duft von frischem Brot lag im Raum. Heute war Frühlingsfest. In ihr drin sang die Melodie der Flöte, mit der am Abend der Tanz beginnen würde. Sie blieb noch liegen, um den Geruch des frisch gebackenen Weizens auszukosten. In der Nacht hatte die Mutter für alle Mohnkuchen gebacken und für jedes Kind aus Teig ein Hörnertier geformt.

Arwa öffnete die Augen und sah die Tiere neben der Feuerstelle stehen. In diesem Jahr waren es nur zwei. Eines für sie, das andere für Tairi, den kleinen Bruder. Früher hatte auch das Tier des großen Bruders dort gestanden. Ardun war zwei Winter älter als sie. Doch er lebte nicht mehr bei ihnen im Haus. Er war seit dem letzten Sommer bei Salgan, dem Bruder der Mutter, und lernte von diesem alles, was ein Fischer wissen musste. Sie würde ihn vor dem Opfer sehen und am Abend würde er mit ihr und Kira über den See zum Festplatz rudern.

Daigra kauerte beim Feuer nieder. Sie legte Frühlingskräuter und Knospen in einen Topf. Dann gab sie Wasser und das in feine Streifen geschnittene, getrocknete Fleisch dazu. Als sie sich umwandte und Arwas offene Augen sah, lächelte sie ihr zu. Arwa lächelte zurück. Wie schön es war, mit der Mutter allein zu sein! Igrain war nicht hier und Tairi schlief noch immer. Und Urma, die im hinteren Teil des Raumes saß und an einem Körbchen flocht, störte sie nicht. Zufrieden folgte Arwa den Bewegungen der Mutter. Diese stellte eine Schale mit Opfergaben neben die Brottiere ans Feuer und hängte die Girlanden aus Gräsern und Blüten, die sie alle zusammen am vergangenen Tag geflochten hatten, an die Pfosten, die das Dach stützten. Der Raum sah richtig festlich aus. Die Tür ging auf und Ardun kam herein. In der einen Hand hielt er sein Tier aus

Brot, das Salgans Frau für ihn gebacken haben musste. Er schnupperte in der Luft. „Wie fein das duftet", sagte er zur Mutter. „Ich habe deinen Mohnkuchen vermisst."

Daigra lachte. Arwa stand schnell auf, zog ihr Kleid an und setzte sich neben den älteren Bruder. Freundschaftlich stieß sie ihn an: „Du kannst nachher mit uns essen. Ihr geht sicher nicht vor dem Fest auf den See."

Ardun nickte und blickte weiter unverwandt den Mohnkuchen an. Arwa war ein wenig enttäuscht, weil er nicht mit ihr plauderte. Sie hatte sich so gefreut, dass er gekommen war. Nun betrat auch noch Igrain das Haus. „Du bist früh", sagte er, als er Ardun bemerkte. „Gehst du nicht mit Salgans Töchtern zum Opfer?"

Ardun schüttelte den Kopf. „Was soll ich die Mädchen begleiten", erwiderte er herablassend. „Ich muss den Kranz für den Stier flechten helfen. Es ist besser, wir beginnen damit schon am Morgen." Er wandte sich zur Schwester. „Hast du Blumen gesucht?"

Empört blickte ihn Arwa an. Um Blumen für Arduns Kranz zu suchen, dafür war sie als Mädchen gut genug! „Nein", gab sie missmutig zurück, „ich will keinen Kranz mit welken Blüten."

Für einen Augenblick lag eine unangenehme Spannung im Raum.

„Warum dürft ihr den Kranz flechten, mit dem man das Opfertier schmückt?", versuchte Igrain abzulenken. „Ich habe vorhin auf dem Dorfplatz gehört, dass nur wenige Familien dieses Vorrecht haben."

„Unsere Vorfahren haben zusammen mit denen von Foirgan, dem Ältesten des Dorfes, die Siedlung gegründet", gab Daigra zurück. „Sie sind auch immer wieder zurückgekommen, wenn nach einer Überschwemmungszeit das Wasser wieder tiefer gestanden hat. Foirgans Familie ist bedeutend geblieben. Bei uns aber erinnert nur noch das Vorrecht beim Opfer daran, dass unsere Ahnen bei den Ersten waren, die hier auf der Insel im Sumpf Häuser bauten. Wenn Ardun erwachsen geworden ist, wird er den bekränzten Stier zum Opferplatz führen."

Igrain nickte dem Jungen zu, der vor Stolz leuchtende Augen bekam. Es war dieses Jahr das letzte Mal, dass er ein Opfertier aus Brot erhielt. In diesem Sommer würde er mit den anderen Jungen seines Alters in den Wald gehen, die alten Lieder lernen und später, beim Herbstfest, in den Kreis der Männer aufgenommen werden. Dann würde er kein Brottier mehr bekommen, sondern unter Männern den Stier zum Opferplatz am Waldrand begleiten.

Igrain setzte sich ans Feuer und Arwa kauerte neben Urma nieder, verärgert darüber, dass ihr die Mutter mit der Antwort zuvorgekommen war. Auch sie hätte die Geschichte ihrer Familie erklären können. Arduns Rolle beim Opfer war gar nicht so wichtig. Viel wichtiger war, dass sie selbst einmal am Abend des Frühlingsfestes das Feuer auf dem Tanzplatz anzünden durfte, am Ort, wo sich die Bewohner aller umliegenden Orte trafen. Doch davon hatte die Mutter nichts erzählt. Missmutig wandte sie sich um. Daigra stand nun hinter Igrain und kämmte ihn. Sie sah dabei so zufrieden aus, dass Arwa trotz ihres Ärgers nicht wegsehen konnte. Mit ruhigen Bewegungen zog die Mutter den Kamm durch die Haare, fasste sie zusammen und band sie oben auf dem Kopf mit einem roten Band zu einem Busch. Danach schob sie das Mohnbrot aus der warmen Asche und rührte mit dem Schöpfer in der Suppe.

Igrain begann, mit einem Messer die Stoppeln an seinem Kinn abzuschaben. Ardun saß daneben und kratzte sich träge mit einem Holzstück am Rücken. Alle sahen sie zufrieden aus. Tairi kauerte mit glänzenden Augen neben dem Feuer und sog gierig den Duft der Suppe ein. Plötzlich freute sich auch Arwa auf das Essen. Es war Frühlingsfest. Die Kräutersuppe gab es nur an diesem Morgen und das Mohnbrot hatte sie schon immer ungeduldig erwartet, jedes Jahr, solange sie sich erinnern konnte. Sie wollte sich das Fest nicht verderben lassen.

Nach dem Essen mochte Arwa nicht länger im Haus bleiben, obwohl Ardun zu erzählen begann, was er beim Fischer erlebte. Sie stand auf.

„Wo gehst du hin?", fragte die Mutter erstaunt.

„Ich will mich mit Kira treffen. Sie kommt mit mir zum Opfer. Nachher gehen wir zusammen in den Wald. Ich suche die Blumen für den Kranz." Es störte sie nun nicht mehr, dass der Bruder sie befremdet ansah. Sie mochte nicht mehr am Feuer sitzen und darauf warten, dass er mit ihr sprach. Sie bückte sich und nahm das Hörnertier aus Brot von der Herdstelle. Damit verließ sie den Raum.

Im Nachbarhaus waren alle Kinder ungewöhnlich ruhig. Marna, die Mutter, kniete bei den Brottieren und gab jedem von ihnen eines in die Hand. Sie hob den Kopf, als sie Arwa in der Türe stehen sah. Kira nickte ihr zu. Arwa blickte sich im Raum um. Sie fragte sich, ob der fremde Junge auch ein Tier erhalten würde. Ained hieß er, das hatte ihr Kira gesagt. Doch er war nicht zu sehen. Sie hatte ihn seit dem Morgen nach dem Gewitter nicht mehr getroffen. Sicher war er mit Skarin immer draußen auf dem Acker gewesen und hatte ihm geholfen, den Boden für die Aussaat des Sommergetreides vorzubereiten. Wo aber war er jetzt? Am Tag des Frühlingsfestes arbeitete doch niemand auf dem Feld!

Kira hob das kleinste der Kinder auf den Rücken und band es mit einem Tuch fest. Dann nahm sie ihr eigenes Brottier und das der kleinen Schwester. „Ich gehe mit Arwa", sagte sie bestimmt, als eines der anderen Geschwister sie am Kleid festhielt und begleiten wollte, und verließ den Raum.

Nebeneinander gingen sie den Weg, der zum Dorfplatz führte. Zwei andere Mädchen erwarteten sie am Ende der Gasse neben Foirgans Haus. Der Dorfälteste war sicher schon beim Schrein der Göttin und bereitete sich auf das Opfer vor. Ersa aber, seine Tochter, kam durch die Türe, genau in dem Moment, als Kira und Arwa die beiden anderen Mädchen trafen. Sie trug ein ganz neues Kleid und einen glänzenden Armreif aus Bronze. Sie hob die Hand, damit alle ihren Ring sehen konnten.

„Gehört er dir?", fragte Kira bewundernd und fuhr mit den Fingern über die feinen, eingeritzten Muster.

„Sicher", sagte Ersa stolz. „Vater hat ihn aus Deir Ardon mitgebracht." Sie schien den leisen Neid zu genießen, der in Kiras Worten mitgeklungen hatte. „Lugran macht solche Formen ja nicht", fügte sie mit einem Blick auf das Gießerhaus an, das neben dem Haus ihrer Familie unmittelbar am Dorfplatz stand. „Es sind die Händler, die solchen Schmuck bringen."

Die Mädchen nickten und betrachteten weiterhin den Ring. Nur Arwa, die sich von Ersas Eitelkeit abgestoßen fühlte, blickte zum Gießerhaus hinüber. Dort stand Tarin vor dem geschmückten Eingang und verfolgte, wie seine kleine Schwester über die Schwelle stieg. In der einen Hand trug er die beiden Hörnertiere. Die andere hielt er Keiri, der kleinen Schwester, hin, die sich an den Fingern festhielt und neben ihrem Bruder auf den Dorfplatz zuging. Der Anblick der beiden berührte Arwa auf unerklärliche Weise. Wie für Ardun war es auch für Tarin das letzte Mal, dass er ein Brottier erhielt. Im Sommer würde auch er mit den anderen Jungen seines Alters in den Wald gehen.

Die Mädchen erreichten den Platz, der voll mit Kindern und jungen Leuten war. Arwa betrat das mit hellem Sand bestreute Geviert, an dessen Ende die mit Wollbinden dicht umwickelte und mit Blumen geschmückte Säule vor dem Schrein stand. Es hieß, dass in ihr die Göttin mit den goldenen Haaren wohne. Neben Kira ging Arwa über den feinen Sand und nebeneinander stellten sie ihre Tiere hin. Dann kehrten sie zu den anderen Mädchen zurück. Kira legte Arwa die Hand auf die Schulter. Zufrieden sahen sie dem festlichen Treiben zu. Der Bereich, in dem die Brottiere standen, begann größer zu werden. Noch immer kamen Kinder aus den Gassen. Nun erschien auch der fremde Junge. Arwa bemerkte erstaunt, dass ihre Freundin ihm mit den Augen auswich und auf den Boden blickte. Das verstand sie nicht, denn Ained war nicht abweisend wie sonst; ganz scheu kam er näher, das Brottier an sich gedrückt. Er ging zum Pfosten und stellte sein Tier neben die anderen; ein dünnes Schaf mit langen, krummen Hörnern, so schief gebacken, dass es kaum stehen konnte. Jemand rief: „Es sieht so hässlich aus wie du." Die anderen, die seine Worte verstanden, begannen zu lachen. Arwa bemerkte, wie sich ihre Freundin auf die Lippen biss. Hatte sie der Mutter beim Backen geholfen und schämte sich nun, dass Aineds Tier nicht gelungen war?

In diesem Augenblick kam Foirgan, der Älteste des Dorfes. Hinter ihm betrat der Bronzegießer den Platz. Er hatte die Hand auf den Kopf eines Ziegenbocks gelegt und ging mit diesem bis zur Säule. Das Tier folgte ihm und blieb dann völlig ruhig neben ihm stehen. Es bewegte sich nicht einmal, als Foirgan Holz auf das Opferfeuer legte und etwas in einer unverständlichen Sprache sagte. Nun bückte sich der Gießer und nahm den Stein. Jedes Jahr war es so und jedes Jahr staunte Arwa darüber, dass die Ziege nicht zurückwich, wenn er den Stein hob und sie zwischen den Augen traf. Auch jetzt hörte sie den Schlag und sah, wie das Tier schwankte. Lugran hielt es an den Hörnern fest. Der Dorfälteste zog das Messer aus der Hülle und öffnete mit einem schnellen Schnitt die Ader am Hals. Hellrotes Blut spritzte aus der Wunde und färbte den Pfosten rot. Mit einer Schale fing er das Blut auf und goss es über die Hörnertiere aus Brot. Die Kinder und jungen Leute sahen wortlos zu. Dann wurde der Ziegenkörper schlaff und das Blut hörte auf zu fließen. Die beiden Männer hoben ihn und legten ihn auf eine mit Blättern bedeckte Stelle vor dem Speicher, in dem die Opfergaben für die Göttin lagen.

Die ersten Kinder gingen und holten ihre Opfertiere, um sie nach Hause zu bringen, und auch der Dorfälteste verließ den Ort. Der Gießer wollte ihm folgen, doch plötzlich blieb er wie angewurzelt stehen. Ein Sperber schoss auf die Säule zu, packte das Brotschaf mit den krummen Hörnern und flog damit weg. Die Leute auf dem Platz erschraken und blickten dem Vogel nach. Arwa aber starrte noch immer den Bronzegießer an. Sie war verblüfft, dass Lugran nicht den Vogel betrachtete, sondern sein Blick auf dem fremden Jungen ruhte.

„Er kann nicht wissen, dass es sein Tier war, das der Sperber weggetragen hat", dachte Arwa bei sich.

Auch Ained war aufmerksam geworden. Er hob den Kopf und blickte sich um. Über seinen Haaren spielte in der Sonne ein weißer, mit feinen Punkten übersäter Schmetterling, den es im Frühling sonst gar nicht gab.

Gleich nach dem Opfer verließ Arwa das Dorf. Kira ließ ihre kleine Schwester zu Hause und kam mit ihr. Der zunehmende Mond hatte warmes Wetter gebracht und sie genossen die Sonne. Sie durchquerten den sumpfigen, mit Schilf bestandenen Streifen und kamen in die Ebene. Hier war es noch zu feucht, um Äcker anzulegen. In Gruppen standen Erlen und Weiden, dazwischen gab es offene Flächen mit Riedgras und Binsen. Die Gräser waren übersät mit weißen Blüten, die Wollbüscheln glichen. Vor ihnen lief ein Kiebitz im Zickzack durch die Halme und neben einer Gruppe Erlen stand bei einem Wasserloch unbeweglich ein Reiher. Die Halme glitzerten in der Sonne.

Kira warf übermütig den Kopf zurück und begann plötzlich, über den weichen Boden zu laufen. Arwa folgte dicht hinter ihr. Sie spürte, wie die Gräser ihre Beine streichelten und die Feuchtigkeit zwischen ihren Zehen hindurchquoll. Der Saum ihres Kleides streifte die wolligen Blüten und wirbelte sie in die Luft. Erst als sie die Felder erreicht hatten, blieben sie stehen, heftig atmend und mit glänzenden Augen.

Sie freuten sich beide auf das Fest, das man am Abend für die Rückkehr der Ackergöttin feiern würde. Vom Blut des Opferstieres wurde sie wieder stark und hatte die Kraft, das Getreide, die Bohnen und den Mohn wachsen zu lassen. Für die Göttin war auch das Fest am Ufer des Sees, das immer eine wilde Nacht wurde. Alle Frauen aus dem Dorf wählten einen Mann aus einem anderen Dorf und tanzten mit ihm am

Feuer. Und nach und nach verließen sie den Kreis und verbrachten, im Wald oder im Schilf verborgen, die Nacht. Es war die Zeit der Göttin. Die Kinder, die in dieser Nacht den Weg zu den Menschen fanden, brachten der Siedlung Glück. Auch Arwa gehörte zu ihnen.

„Du hast die Kraft der Göttin in dir", hatte ihr die Mutter schon oft gesagt. Doch in diesem Jahr war sie zum Tanzen noch zu jung. Sie würde trotzdem gehen, die Tänzer ansehen und überlegen, welchen von ihnen sie wählen würde, wenn sie erwachsen wäre. Fast alle aus dem Dorf gingen zum Treffpunkt am See. Nur die Kinder, die den Rückweg in der Dunkelheit nicht allein fanden, blieben zurück, zusammen mit den älteren Leuten, denen das wilde, ausgelassene Treiben zu viel geworden war.

„Warum tanzt der Bronzegießer nie beim Fest?", fragte Kira plötzlich.

Arwa bückte sich und strich die Blüten ab, die im bestickten Saum ihres Kleides hingen. Dann setzte sie sich auf die Böschung in die Schlüsselblumen, die hier einen dichten, gelben Teppich bildeten. Kira setzte sich zu ihr. „Ich habe Vater einmal gefragt", fuhr sie fort, „doch er ist böse geworden und hat gesagt, es gehe mich nichts an."

Arwa überlegte lange. Vieles, was mit Lugran zusammenhing, war geheimnisvoll. Die Menschen sprachen nicht offen über ihn, doch hinter seinem Rücken hieß es, er kenne wie niemand sonst die andere Welt und könne zaubern.

„Vielleicht raubt ihm die Ackergöttin sonst die Kraft", schlug Arwa vor. „Mutter hat mir einmal gesagt, dass er vor dem Gießen nicht bei Noira schläft, sondern sogar nachts in der Werkstatt bleibt. Er ist anders als die übrigen Männer. Er ist nicht einfach zu verstehen."

„Er ist heute Morgen zu uns gekommen und hat über Ained gesprochen. Ich habe nicht genau verstanden, worum es ging", fuhr Kira fort. „Ich glaube, Lugran möchte ihn zu sich in die Werkstatt nehmen."

Arwa kam wieder das Opfer in den Sinn. „Hast du gesehen, wie der Sperber Aineds Tier genommen hat?"

Kira tat erstaunt: „War das Aineds Tier? Ich dachte, er wolle es nicht mehr nach Hause bringen oder habe es gegessen. Er weiß sicher nicht, was das Opfer bedeutet!"

„Kommt er wirklich aus den Bergen?"

„Er kommt von dort, wo die Berge wirklich hoch werden, noch von viel weiter weg als vom oberen See. Madrin hat es erzählt, als er das getrocknete Fleisch gebracht hat. Er sagte, Aineds Eltern seien tot. Ained selbst redet nicht über sie. Zuerst glaubte ich, er spreche unsere Sprache nicht. Doch er kann es gut, wenn er will. Nur will er meistens nicht. Er lacht auch nie. Er macht die Arbeit, die ihm Vater gibt. Sobald er Zeit für sich hat, geht er weg. Ich glaube, er geht dann in den Wald. Er ist eigenartig. In der Nacht hat er geschrien. Richtig schrecklich war das."

Arwa betrachtete nachdenklich das entfernte Dorf. Sie hatte die Schreie wieder gehört. Skarin hatte ihn auch diesmal geschlagen. Doch weiterfragen wollte sie nicht. Kira war darüber bestimmt nicht glücklich, auch wenn sie Ained offensichtlich nicht mochte. „Wen würdest du nehmen, wenn du am Feuer einen Mann aus unserem Dorf wählen könntest?", lenkte sie deshalb ab.

Kira hatte sich schnell entschieden. „Ich würde Isan nehmen. Er ist stark und geschickt. Wenn die jungen Männer miteinander ringen, gewinnt er oft."

Arwa strich mit der Hand über die gelben Blüten. „Ich würde Madrin wählen", sagte sie leise. Doch dann schüttelte sie den Kopf. „In Wirklichkeit geht es ja nicht. Er war ein Freund meines Vaters und Männer aus Kernu An können wir auch nicht wählen." Wie wenn damit das Gespräch langweilig geworden wäre, brach sie ab und streckte sich: „Kommst du noch in den Wald? Ich suche Blumen für den Kranz."

Kira stand auf: „Ich muss nach Hause gehen. Ich will mich für den Abend vorbereiten."

Arwa nickte. So würde sie allein weitergehen. Sie kannte eine windgeschützte Lichtung, auf der viele Blumen wuchsen und früher als an anderen Plätzen die Kelche öffneten.

Als Arwa die Lichtung erreichte, fand sie nur Knospen. Einzig ein Birnbaum stand in Blüte. So verließ sie den Ort. Ardun und Tairi waren sicher schon zu Hause und warteten darauf, mit ihr den Kranz zu flechten.

Sie lief weiter einen kleinen Bach entlang. Hier war das Unterholz viel weniger dicht und sie kam gut voran. Arwa überquerte das Wasser mit einem Sprung und ging auf der anderen Seite über eine kleine Lichtung. Sie hörte eine Drossel schimpfen. Die Stimme kam aus einem dichten Busch. Es war ein Sauerdorn, voll mit den ersten Blättern und gelben, duftenden Blüten. Sie sah nach und fand ein aus feinen Zweigen geflochtenes Nest. Darin lagen die Eier.

Die Drossel schimpfte weiter, als Arwa näher kam, doch sie getraute sich nicht anzugreifen. Das Mädchen streckte die Hand aus, sorgfältig, um sich nicht an den Dornen des Strauches zu verletzen, und nahm die blauen, fein gepunkteten Eier in die Hand. Sie waren ganz warm.

Arwa freute sich darauf, auf dem Heimweg irgendwo im Gras in der Sonne zu sitzen und sie dort auszutrinken. Hier im Wald war es ihr zu kühl. Von der Drossel ein Stück weit verfolgt, ging sie zum Bach zurück und folgte dem Ufer. Das Wasser lief glitzernd über bemooste Steine. Zwischen den Ritzen verschwand ein Fisch. Die Sonne warf tanzende Lichtstreifen durch die hell belaubten Bäume. In einem weiten Bogen umfloss das Wasser ein dichtes Gehölz. Hier war Arwa früher oft mit den anderen Kindern des Dorfes gewesen und hatte in den verflochtenen Ästen Hütten gebaut. Auch Ardun war mitgekommen und hatte ihr immer geholfen, wenn sie mit älteren Jungen Streit bekommen hatte. Nie hatte er schweigend neben ihr gesessen. Nie hatte er gesagt, dass sie nur ein Mädchen sei. Damals hatte auch Vater noch gelebt und alles war anders gewesen. Arwa schüttelte den Kopf. Sie wollte nicht daran denken. Sie wollte Blumen suchen und die Eier austrinken. Sie wollte ins Dorf zurück.

Das Unterholz wurde dichter und wuchs so nahe ans Wasser, dass Arwa dem Bach nicht länger folgen konnte. So drängte sie sich durch die Büsche, besorgt, die Eier dabei nicht zu zerdrücken.

Als sie wieder im Freien stand, blieb sie überrascht stehen. Bei einer Esche, den Rücken an den Stamm gelehnt, stand der fremde Junge. Er hielt einen kleinen Fellbeutel in der Hand. Er bemerkte Arwa erst, als ihr Schatten auf ihn fiel. Doch dann zuckte er zusammen und schloss den Beutel.

Arwa sah erstaunt, dass er geweint hatte und nun die Spuren der Tränen mit dem Handrücken wegzuwischen versuchte. Verwirrt blickte sie den fremden Jungen an. Was war mit ihm geschehen? Warum war er hier im Wald? Dann erinnerte sie sich an Kiras Worte. Sie dachte an Vater und an ihre eigene Trauer und plötzlich begriff sie, wie einsam Ained war. Sie ging näher, öffnete ihre Hand und hielt ihm die Vogeleier hin. Der Junge regte sich nicht. Er hob nur den Kopf und starrte die Eier wortlos an. Doch Arwa zog ihre Hand nicht zurück. Endlich bewegte sich der fremde Junge.

„Ist es für mich?", fragte er.

Als Arwa nickte, nahm er eines der blauen, getupften Eier. Er musterte sie dabei, als ob er zu verstehen suchte, warum sie freundlich zu ihm sei. Arwa war erstaunt zu sehen, wie schön seine Augen waren: ganz dunkel waren sie und trotzdem sah es aus, als ob sie leuchten würden. „Denkst du immer daran?", begann sie zögernd. Als sie Aineds fragenden Ausdruck bemerkte, fuhr sie fort: „Ich meine, an das Dorf, aus dem du kommst."

„Ja", sagte er bestimmt. Nach einem kurzen Zögern fügte er an: „Am besten wäre es, ich wäre auch gestorben."

„Jetzt bist du in unserem Dorf", versuchte sie ihn zu trösten. „Du wirst sehen, es wird dir bald gefallen."

Ained schüttelte den Kopf. „Ich bin nicht gerne hier. Die

Leute sind ganz anders als in den Bergen. Ich wäre lieber dort geblieben. Doch Madrin hat mich mitgenommen. Neisin Turam gefiel mir schon. Ich dachte, wir gehen zu ihm. Ich möchte auch einmal ein Schwert haben wie er."

„Magst du Madrin nicht? Er ist der beste Jäger im Dorf. Vielleicht nimmt er dich einmal zum Jagen mit."

Ained blickte sie plötzlich verächtlich an. „Jagen kann ich selbst. Da brauche ich niemanden, der mich begleitet. Und jetzt lebe ich bei Skarin. Der weiß nicht einmal, wie man Fallen stellt."

Er verstummte. Sein Gesicht war wieder finster geworden. Arwa aber wurde bei seinen Worten zornig. Was war der Junge aufgeblasen. Ein Jäger! Vielleicht hatte er ein paarmal Vögel gefangen, wenn sie im Herbst über die Berge flogen. Er war so mager und vermochte sicher nicht, einem Reh oder einem Fuchs zu folgen. In Kernu An war Madrin der Einzige, der richtig jagen konnte und vor der Siedlung dafür mit Pfeil und Bogen übte.

„Ich weiß, dass du mir nicht glaubst." Ained drehte sich um und ging an der Esche vorbei zum Bach. „Es ist mir auch gleich", rief er ihr über die Schulter noch zu.

Arwa blickte ihm böse nach. Es geschah ihm ganz recht, wenn niemand freundlich zu ihm war. Sie hatte keine Lust mehr, mit ihm zu reden. Entschlossen wandte sie sich um und ging auf ihrem Weg weiter.

4. Das Frühlingsfest

Die Sonne hatte ihren höchsten Punkt schon überschritten und begann wieder zu sinken. Arwa ging mit den anderen Frauen des Dorfes durch den Sumpf den Männern entgegen. Schon von weitem sah sie den Baum der Ackergöttin. Dicht daneben stieg der Rauch des Opferfeuers auf und der Wind trug den Geruch von verbranntem Fett bis zu ihr. Arwa dachte daran, wie schön der Opferstier ausgesehen hatte. Geschmückt mit Blumen und begleitet von allen Männern hatte er das Dorf verlassen. Im nächsten Jahr würde es ihr Bruder sein, der den Stier am roten Wollseil durch die Felder führte, hinüber bis zur großen Buche, die Darnai als Ruheort wählte, wenn sie auf dem Weg zum Donnergott das Land durchquerte. Wenn die Göttin gesättigt und zufrieden mit dem Opfer war, bat sie Dewar, dem Land den Regen zu bringen, den die Pflanzen brauchten, um unter ihrer Obhut auf den Feldern zu wachsen.

Von weit her sah Arwa den Zug der Männer kommen. Foirgan, in seinem schönsten Gewand, hielt vor sich die geschweiften Hörner des Stiers und zeigte sie allen. Doch er sah nicht stolz und zufrieden aus wie in anderen Jahren.

„Die Leber war nicht richtig gewachsen", sagte einer der Männer leise, als sie auf den Zug der Frauen trafen. „Lugran konnte nicht sehen, ob die Ernte gut wird in diesem Jahr", fügte ein anderer an.

Der Bronzegießer stand in der Mitte der Gruppe, nur mit einem Hüfttuch bekleidet, den Oberkörper voll gespritzt mit dem Blut des Stiers. Als er den Kopf hob, wurden alle still. An seinem Ausdruck konnte Arwa erkennen, dass die Sorgen der Männer begründet waren. Sie hatte plötzlich Angst.

„Ich konnte nicht erkennen, ob Darnai das Opfer will", sagte der Bronzegießer schließlich. „Wir wollen nehmen, was die Götter uns bringen."

Ein ungehaltenes Murmeln war zu hören, doch niemand wagte, mehr zu fragen, und auch Lugran fügte seinen Worten nichts mehr hinzu. Der Dorfälteste wandte sich um und ging allen voran auf die Siedlung zu. Die kleinen Kinder, die nichts von diesen Dingen verstanden, liefen wie in anderen Jahren jauchzend durch den Sumpf neben ihm her. Arwa aber folgte still den Erwachsenen auf ihrem Weg zur Siedlung. Da drängte sich jemand an ihr vorbei und stieß sie mit der Schulter an. Es war der fremde Junge. Im ersten Augenblick wurde sie zornig. Wären sie nicht alle auf dem Rückweg vom Opfer gewesen, so hätte sie ihm ein Schimpfwort nachgerufen.

Ained wandte sich um. „Es tut mir Leid", sagte er. „Ich habe nicht gesehen, dass du es bist." Er hielt den Fellbeutel in der Hand und blickte sie unbeweglich an, wie schon vorher im Wald. Als sie keine Antwort gab, drehte er sich um und drängte weiter durch die Leute. Verwundert bemerkte Arwa, wie er zu Lugran ging und der die Hand auf seine Schulter legte.

„Die Götter zürnen uns, weil wir den Fremdling aufgenommen haben", zischte eine Stimme in ihrem Rücken. „Und jetzt kümmert sich Lugran auch noch um den Jungen. Es ist wohl nicht genug damit, dass er die Vorzeichen nicht verstanden hat."

Arwa wollte sich drehen, um zu sehen, wer so sprach. Doch Kira nahm sie bei der Hand und zog sie mit.

Nachdem Foirgan die Hörner des Opferstiers an der Säule der Göttin befestigt hatte, ging Arwa mit der Mutter ins Haus zurück. Daigra legte das Fleischstück, das sie vom Opferstier erhalten hatte, in einen schön verzierten Teller. Diesen stellte sie mit einem Becher Honigwein auf die kleine Erhöhung beim Herdfeuer, auf der sie sonst besondere Geschenke liegen hatten und wo schon die blutbespritzten Brottiere standen. Urma bat die Göttin mit leiser Stimme um einen guten Sommer und um eine reiche Ernte. Dann begann sie zu husten. Es war nicht das erste Mal. Sie war in diesem Winter schnell älter geworden und war heute so schwach, dass sie nicht mitgekommen war, um die Männer nach dem Opfer abzuholen. Daigra, die auf der Hinterseite des Raumes die Truhe mit den Kleidern öffnete, hob besorgt den Kopf. Sie brachte das kleine Fläschchen mit dem Mohnsaft, goss davon einige Tropfen in ein mit Wasser gefülltes Schälchen und stellte dieses neben die alte Frau. „Wir gehen bald, doch Tairi bleibt bei dir. Wenn der Husten schlimmer wird, kann er die alte Dubra holen. Trink den Saft, wenn du schlafen willst." Urma lächelte. „Mach dir keine Sorgen", sagte sie beruhigend, doch gleich setzte der Husten wieder ein. Arwa ging zu ihr und streichelte ihren Rücken.

Die Mutter kehrte zur geflochtenen Truhe zurück und suchte die schönsten Stoffe für sich und Arwa aus. Sie waren in einem fein gewürfelten Muster gewoben und ringsum an den Rändern in einem breiten Streifen reich bestickt. Daigra faltete die Stücke so, dass man sie nachher nur noch zusammenheften musste. Urma aber löste Arwas Zöpfe und fing an, sie zu kämmen. Das Mädchen freute sich, dass ihre Haare länger waren als beim letzten Frühlingsfest und schon ihren ganzen Rücken bedeckten. Sie sahen aus wie lebendig und ließen sich vom Holzkamm fast nicht bändigen. Die alte Frau teilte eine Haarsträhne ab und flocht ihr über der Schläfe gelbe Iris aus den Sümpfen ein. Die fertigen Zöpfe band sie mit einem Streifen aus weißem Leder zusammen. Dann half sie Arwa, das Kleid zu wechseln. Sie steckte die Nadeln an den Schultern in den neuen Stoff und fasste ihn mit dem Gürtel über den Hüften zusammen. Dort ordnete sie die Falten des Stoffs.

Daigra kam im neuen Kleid von der Hinterseite des Raumes. Der Saum streifte den Boden, so wie dies bei den erwachsenen Frauen an Festtagen immer war. Sie musterte ihre Tochter. „Schön siehst du aus", lobte sie. „Die Göttin wird sich über dich freuen."

„Kommt Igrain auch zum Fest?", fragte Arwa.

Daigra blickte sie erstaunt an.

„Sicher kommt er. Er ist schon mit Skarin auf dem Weg."

„Können die Frauen vom oberen See am Frühlingsfest auch einen fremden Mann wählen und mit ihm tanzen?"

„Denkst du, er könnte eifersüchtig werden, wenn ich die Nacht nicht mit ihm verbringe?" Daigra lachte. „Er wird die Eifersucht schnell vergessen, wenn eine der Frauen ihn in den Kreis beim Feuer zieht. Es ist das Fest der Göttin und nicht die Zeit, sich über solche Dinge Gedanken zu machen. Darnai liebt nur Menschen, die zufrieden sind."

Urma nickte. „Darnai wird stark vom Glück der Frauen. So war es immer. Bald wirst auch du im Kreis stehen. Ich hoffe, dass ich es noch erlebe, wie du die farbigen Bänder ins Haar flechten kannst."

Arwa sah das Leuchten in den Augen der alten Frau. Wie lange würde es wohl dauern, bis auch sie ans Feuer durfte? Heute sah sie nur zu, so wie Kira, wie Ersa, wie all die anderen Mädchen, die noch nicht erwachsen waren. Wenn nur das Blut bald kam und sie von Mutter die farbigen Haarbänder erhielt! Wenn sie nur bald tanzen konnte!

Der See war übersät mit Booten. Alle waren bemalt und mit farbigen Tüchern und Matten reich geschmückt. Die Menschen lachten und riefen sich Scherzworte zu. Arwa musterte neugierig die Männer in den Einbäumen, die aus Seski En herüberfuhren. Als sie in die Nähe des Festplatzes kamen, tauchten die ersten Boote aus Deir Ardon auf. Sie waren reicher geschmückt und die Leute besser gekleidet als die der umliegenden Orte. In Deir Ardon lebten die Menschen nicht nur vom Fischfang und von der Arbeit auf den Äckern, viele von ihnen fuhren mit Händlern über den See und erhielten dafür Ringgeld oder Schmuck aus Bronze. Sie ließen die fremden Leute manchmal in ihren Häusern wohnen. Es war auch viel besser befestigt als ihr Dorf. Sie wäre gerne einmal dorthin gegangen, um die Waren anzuschauen, die diese brachten. Nirgends gab es so schönen Schmuck wie dort. Mitten in ihren Gedanken stieß Kira sie an: „Was hast du? Du redest ja nicht."

„Ich habe über etwas nachgedacht. Woher kommt wohl der Armreif, den Ersa trägt? Ich habe ihn genau angesehen. Es sind andere Menschen als wir, die so etwas machen."

Kira nickte: „Letztes Jahr habe ich eine Frau aus Deir Ardon getroffen, die einen ähnlichen Armreif trug. Es ist sicher darum, weil ihre Verwandten Neisin Turam kennen."

Fast gleichzeitig sahen sie zum Drachenberg hinüber, an dessen Fuß der Hof von Neisin Turam lag. Der Herr war sehr reich, sogar noch reicher als die Händler. Es hieß, er trinke den Honigwein aus einer Schale ganz aus Gold. Er hatte Pferde, die seinen Wagen zogen, und junge Männer, die ihn schützten.

„Denkst du, dass die Lanzenträger von Neisin Turams Hof diesmal kommen?", fragte sie.

Kira zuckte die Schultern: „Wie soll ich das wissen? Doch sicher lässt sie der Herr nicht gerne gehen. Er hat es lieber, wenn sie in seiner Nähe sind."

Einige Männer hatten den Festplatz am Nachmittag von Buschwerk gesäubert und nun standen die Besucher beim Holzstoß, der für das Fest vorbereitet worden war. Die meisten von ihnen kannte Arwa nicht. Als sie sich umsah, war die Mutter schon in der Menge verschwunden und auch Ardun konnte sie nicht mehr sehen. Neben Kira ging sie auf eine Gruppe junger Frauen zu. Sie wollte genau verfolgen, wie diese das Feuer entzündeten. Vielleicht dauerte es nicht mehr lange, bis sie an ihrer Stelle stand.

„Siehst du, Isan ist schon gekommen." Kira deutete auf einen jungen Mann mit wilden, roten Haaren. Er lachte gerade und legte seine Hand auf die Schulter der Frau, die neben ihm stand. Diese warf den Kopf zurück, als ob sie sagen wollte, er müsse sich noch gedulden. Er ließ die Hand wieder sinken.

„Was würdest du machen, wenn eine andere Frau den Mann wählt, den du dir wünschst?", fragte Arwa neugierig.

„Ach!" Kira zuckte die Schultern. „Was kann man da schon machen? Dann habe ich Pech gehabt."

„Ich glaube, ich würde wütend."

„Warum? Es ist doch Frühlingsfest. Das ist doch anders, als wenn mir meine Eltern einen Mann suchen, mit dem ich zusammenleben werde."

Als die ersten Sterne am Himmel erschienen, wurden die Menschen still und verfolgten gespannt, wie zwei der jungen Frauen in die Mitte des Platzes gingen, das Feuer schlugen und den Holzstoß entzündeten. Es dauerte nicht lange und die Flammen stiegen steil in die Höhe. Foirgan und die Ältesten der anderen Dörfer gingen auf das Feuer zu und warfen Opfergaben auf das knisternde Holz. Für einen Augenblick waren die Menschen ganz still. Dann begann die Melodie der Flöte. Arwa schaute sich um, bis sie die Flötenspielerin entdeckte. Diese war ganz in ein Fell gehüllt. Hinter ihr saßen die Trommler und warteten, bis es dunkler wurde. Arwa bemerkte das große Gefäß, aus dem sie immer wieder den Becher füllten und ihn dann untereinander weitergaben. Sicher war es Gerstenbier. Wenn der Tanz begann, würden sie in guter Stimmung sein.

Plötzlich schob sich der volle Mond über die nahe Hügelkuppe. Die Leute wurden unruhig und sahen angespannt zu, wie einige der Männer neues Holz ins Feuer warfen. Endlich setzten die Trommeln ein. Die jungen Frauen begannen, in einer langen Reihe zu tanzen, zuerst scheu, dann immer ausgelassener. Arwa sah auf der anderen Seite des Platzes die Mutter stehen. Ihre Augen leuchteten. Sie lachte und klatschte in die Hände, um den jungen Frauen Mut zu machen. In Arwa drin wurde es plötzlich warm. Sie wünschte sich noch stärker, sie könnte im Inneren des Kreises stehen. Dann lösten sich die ersten Tänzerinnen aus der Schlange. Sie gingen auf die Männer zu und zogen einen um den anderen in den Kreis. Manche von diesen sträubten sich zuerst. Es war so Brauch. Doch keiner hätte sich getraut, die Frau abzuweisen, die ihn am Frühlingsfest wählte. Jeder gab dem Werben bald nach, schloss sich der Schlange an und begann zu tanzen. Arwa entdeckte Madrin, den Jäger. Er stand ganz vorne bei den Zuschauern und hatte wie alle ein verändertes Gesicht. Die junge Frau, die ihn holte, war bestimmt zum ersten Mal am Feuer. Trotzdem ging sie ohne Zögern auf ihn zu. Sie legte ihre Hand auf seine Schultern und zog ihn in den Kreis. Dort schlossen sie sich der langen Reihe von Tänzerinnen und Tänzern an, die das Feuer schon fast umgaben. Madrin tanzte, die Arme auf den Schultern seiner Nachbarinnen, ausgelassen und wild. Die Schnur mit dem Reißzahn des Bären, den er im letzten Winter getötet hatte, hüpfte mit. Auch Igrain war da. Eine junge Frau aus Seski En hatte ihn gewählt. Zu Beginn hatte er mit dem fremden Tanz einige Mühe. Doch bald verstand er, wie er sich bewegen musste. Er war ein guter Tänzer und wurde als solcher auch von den Zuschauern angefeuert. Arwa war plötzlich stolz auf ihn. Die Schlange wand sich in immer neuen Kreisen um das Feuer. Als die Flammen kleiner wurden, verließen die ersten Paare den Kreis. Die Männer, die nicht gewählt worden waren, gingen zu den Töpfen mit Gerstenbier, schenkten sich von der schäumenden Flüssigkeit ein und erzählten sich Geschichten von früheren Abenteuern. Arwa suchte ihre Freundin und entdeckte sie am Rand der Lichtung. Ardun stand neben ihr. Die beiden neckten sich.

„Sie passen gut zusammen", dachte Arwa bei sich. Sie wollte ein anderes Boot suchen, um die beiden nicht zu stören. Doch Kira bemerkte sie. „Kommst du mit? Wir gehen nach Kernu An zurück. Die neuen Trommler mag ich nicht", rief sie ihr zu und ging mit einem glücklichen Gesicht neben Ardun zum Ufer. Sie fuhren über den vom Vollmond beschienenen See zurück, die Fackel vorne im Boot. Nur das Geräusch der Ruder war zu hören und manchmal der Schrei eines Vogels. Der Mond legte eine Spur ins ruhige Wasser. In seinem Schein sahen sie das Dorf schon von weitem. Tairi stand neben einem kleinen Feuer beim Landeplatz und verfolgte, wie der Einbaum knirschend auf den Uferkies fuhr. Mit glühenden Wangen sprang Ardun aufs Land und half Kira und Arwa auszusteigen. Dann watete er ins Wasser und zog das Boot auf den festen Boden. Tairi begann, ihn über das Fest auszufragen, aber Ardun ließ ihn stehen und lief mit Kira über den Uferstreifen zum Dorf. Arwa half dem kleinen Bruder, das Feuer zu löschen. Doch auch sie mochte auf seine Fragen keine Antwort geben.

„Ist Mutter noch dort?", drängte er.

Sie nickte nur.

„Wann kannst du tanzen?"

Plötzlich hörte sie wieder den wilden Klang der Trommeln und ihre Augen begannen zu leuchten: „Wenn ich eine Frau geworden bin. Dann tanze ich mit einem Jäger. Mit einem, der so tapfer ist wie Madrin und mit den Pfeilen die Wölfe trifft." Wenn sie doch nur schon erwachsen wäre. Wenn sie nur Madrin wählen könnte. Wenigstens für eine Nacht. Warum nur ging es nicht?

Tairi spürte, dass er keine Antwort mehr bekommen würde, und lief neben der Schwester auf die Häuser zu. Im Dorf war es ganz still. Nur hinter dem Zaun hörten sie jemanden flüstern und ein leises Lachen.

„Kommt ihr endlich?" Es war Arduns Stimme. Er löste sich zusammen mit Kira aus dem Schatten der Palisade.

„Hast du Ained gesehen?" Kiras Stimme tönte geheimnisvoll.

Arwa sah die Freundin erstaunt an. „Nein. Warum denn? Ist er zum Fest gekommen?"

„Er sitzt dort drunten im Schilf, gerade neben dem Landeplatz. Ich habe ihn nur bemerkt, weil der Hund geknurrt hat. Er lebt jetzt nicht mehr bei uns. Nach dem Opfer ist er gekommen und hat sein Bündel geholt. Ich bin ganz erleichtert. Die Gerste von Neisin Turam können wir trotzdem behalten."

„Aber er hat doch keinen Hund."

„Es war Madrins Hund. Neben ihm hat er gesessen. Ganz nah", erwiderte Kira.

„Teru? Der lässt doch niemanden an sich heran?"

„Ich weiß auch nicht, wie er das macht. Ich kenne Madrins Hund. Er hat sogar mich einmal gebissen, als ich ihn berühren wollte. Doch den fremden Jungen mag er. Er hat sich an ihn gedrängt und mit dem Schwanz gewedelt." Ardun lachte. „Er ist auch der Einzige, der sich mit Ained versteht."

5. Der Weg in die Anderswelt

Nach dem Frühlingsfest blieb der fremde Junge bei Lugran, dem Bronzegießer. Er lebte zusammen mit den beiden Gesellen in einem eigenen Bereich des Hauses. Doch nach wenigen Tagen schon gab es am Morgen Streit. „Kannst du in der Nacht nicht ruhig wie die anderen Menschen sein?", schrie einer der Gesellen zornig. „Ich kann nicht schlafen, wenn du neben mir liegst. Du hast mich immer wieder angestoßen."

„Lass mich in Ruhe", entgegnete Ained düster und legte seine Schlafdecke zusammen. Doch der junge Mann hörte nicht auf: „Geschrien hast du auch. Ich dachte zuerst, ein Geist hätte sich ins Haus geschlichen. Das nächste Mal hau ich dir eine runter!"

Lugran, der schon am Feuer saß, sah auf. „Hier wird niemand geprügelt", sagte er scharf.

Der Geselle verstummte. Missmutig blickte er vor sich in die Flammen. Noira rief den Jungen zu sich und reichte ihm einen Becher voller Körner. Er näherte sich ihr mit einem scheuen Lächeln, als ob er sich für die unruhige Nacht entschuldigen wollte, und setzte sich an den Mahlstein, um die Gerste für die Suppe am Abend zu zerklopfen. Widerspruchslos tat er dies jeden Morgen, seit er hier lebte, obwohl es sonst eine Arbeit der Frauen war. Vor ihm in der Glut stand ein Topf mit dem Brei, den sie vor der Arbeit essen würden. Die Gesellen setzten sich auf die andere Seite ans Feuer und verfolgten seine Tätigkeit. „Das passt zu dir", spottete einer. „Warum gehst du nicht zur Mutter zurück? Die kann sicher ein Mädchen brauchen. Doch vielleicht will sie dich ja gar nicht. Hat sie dich fortgejagt?"

Ained blickte starr vor sich ins Feuer. Lugran stand auf. „Sie ist tot", sagte er. Er verließ den Raum und ging hinüber in die Werkstatt. Ained blickte ihm nach.

„Muss das sein?", fragte Noira böse. „Jetzt isst Lugran wieder nichts."

Der Sohn des Gießers war die ganze Zeit im hinteren Teil des Raumes bewegungslos auf seinem Fell gesessen. Sein Blick traf nun den von Ained und hielt ihn fest. Der dunkle Junge wurde plötzlich ruhig. Er schob die zerklopften Körner zusammen und schaufelte sie in den Becher zurück. Dann stand er auf und wollte Lugran folgen.

„Bleib hier!" Tarin kam vom Schlafplatz herüber, legte die Hand auf Aineds Schulter und forderte ihn auf, neben das Feuer zu sitzen. Die Gesellen rückten missmutig weg, doch sie getrauten sich nicht, etwas zu sagen. Obwohl sie älter als Tarin waren, hatten sie zu viel Respekt, um zu widersprechen.

„Ained kann draußen unter dem Vordach schlafen", entschied Noira, als sie zu ihnen kam, um den Hirsebrei zu schöpfen. „Es ist warm genug. Mich stören die Schreie auch. Du kannst frisches Heu in die Ecke neben die Werkstatt legen. Dort kommt der Wind nicht hin."

Der Junge nickte. Er stand auf, stellte die noch volle Schale auf die Herdplatte und ging in den angrenzenden Raum, in dem Lugran schon an der Arbeit war.

Es wurde wärmer und Noira bereitete den Acker für die Aussaat der Hirse vor. Tarin und Ained halfen ihr. Der Boden war schon vor dem Frühlingsfest gepflügt worden. Nun zerschlugen sie Erdklumpen, die mit dem warmen Wetter härter geworden waren und machten die Oberfläche des Bodens eben. Dann kamen auch der Gießer und die Gesellen auf das Feld und verschlossen die Öffnungen in der Hecke, damit Wildtiere und Ziegen nicht in den Acker einbrechen und die keimenden Pflanzen fressen konnten. Am nächsten Tag trug Noira zusammen mit der kleinen Tochter das Saatgut in einer großen Tasche zum Feld, während die Männer in der Werkstatt blieben. Ained saß bei Tarin und half ihm, Gusstropfen aus der Asche zu lesen und von der Kohle zu trennen.

„Warum bleibt Lugran heute hier?", fragte er leise.

„Ich weiß nicht", gab Tarin zurück. „Bei uns ist das immer so. Nur Mutter geht aufs Feld und nimmt das Mädchen mit. Früher ist meine ältere Schwester mitgegangen."

„Lebt sie nicht mehr bei euch?"

„Sie ist vor zwei Wintern gestorben." Tarin fuhr mit der Hand durch die weiße Asche, die neben der Gießergrube lag. Nachdenklich fügte er an: „Ich habe auch einen jüngeren Bruder, etwa so alt wie du. Er lebt bei Verwandten der Mutter. Vater sagt, dass nur ein Sohn Gießer werden kann. Trotzdem denke ich oft an die Zeit zurück, als wir noch zusammenlebten. Du erinnerst mich an ihn."

Ained hatte vorher nicht verstanden, warum der Gießerjunge ihn mochte. Es hatte ihn verwirrt. Nun begriff er es. Mit einem Lächeln wollte er Tarin eine Antwort geben.

„Hol Wasser!", rief in diesem Augenblick ein Geselle durch den Raum. „Muss ich dir alles sagen? Hast du selbst keine Augen?"

Ained fuhr zusammen. Das große Gefäß, aus dem sie bei der Arbeit das Wasser schöpften, war wirklich fast leer. Er schämte sich, dass er es nicht früher gesehen hatte. Er hob den Krug auf die Schulter und lief so schnell er konnte durch die Ebene zum Wald. Dort floss eine kleine Quelle aus dem Felsen. Der Weg war weit und der Krug schwer, wenn er gefüllt war. Doch Lugran bestand darauf. Und Ained hätte für den Gießer das Wasser auch auf der anderen Seite des Sees geholt. Er würde für ihn alles tun, was er verlangte. Wenn er nur bleiben konnte!

Es gab nicht viele Leute aus dem Dorf, die das Wasser an dieser Stelle holten. So war Ained überrascht, als er auf die Lichtung trat und eine der jungen Frauen erblickte. Sie stand mit dem Rücken zu ihm neben einem kleinen Teich, der sich unterhalb der Quelle gebildet hatte, und warf Blütenblätter ins Wasser. Sie sah so schön aus, dass Ained unvermittelt innehielt und sie gebannt betrachtete.

Die Blüten fielen eine nach der anderen ins Wasser. Auf der Oberfläche bildeten sich feine Kreise. Die farbigen Tupfer drehten sich ein paarmal, bevor sie versanken. Als alle Blüten verstreut waren, wandte sie sich um. Sie hatte vorher nicht bemerkt, dass jemand in ihrer Nähe stand, und erschrak nun, als sie Ained neben dem Buschwerk erblickte. Dieser begriff erst jetzt, dass es das Mädchen war, das ihm am Tag des Frühlingsfests im Wald die Eier hingehalten hatte. „Es tut mir Leid", entschuldigte er sich. „Ich wollte dich nicht erschrecken."

Für einen Augenblick trafen sich ihre Augen. Dann zog das Mädchen den Umhang über den Schultern etwas zusammen. „Ich heiße Arwa!"

„Ich bin Ained", gab er zurück, obwohl sie bestimmt seinen Namen kannte. Er hätte gerne gefragt, warum sie hier stand und Blüten ins Wasser geworfen hatte. Doch er getraute sich nicht.

„Kommst du oft hierher?", fragte er schließlich.

Sie nickte. „Mir gefällt der Teich. Das Wasser ist auch gut zum Trinken, viel besser als das Wasser aus dem See."

Sie blickten sich wortlos an. Ained bemerkte den Anflug eines Lächelns in ihrem Gesicht. Doch sonst bewegte sie sich nicht. So sah er an ihr vorbei auf die Oberfläche des Teiches, auf der die letzten Blüten schwammen. Tiefer unten im klaren Wasser glänzte es leicht. Ained entdeckte zwischen Algenbüscheln verborgen eine Nadel aus Bronze. Nun sah er genauer hin: Der Boden des Teiches war übersät mit Schmuckstücken. Sie mussten schon lange hier liegen, denn die Wasserpflanzen hatten sie fast völlig überwachsen. Ihr Anblick erstaunte ihn so, dass er alle Scheu vergaß.

„Nimmt sie niemand weg?", fragte er.

Arwa wusste gleich, wovon er sprach. Sie schüttelte den Kopf: „Sie sind Geschenke für die Göttin. Die Frauen kommen hierher, wenn sie sich vor der Geburt fürchten. Oder nachher, wenn alles gut gegangen ist und sie dafür danken wollen."

„Aber du bist doch noch keine Frau!"

Arwa wurde rot. „Vielleicht bald", sagte sie leise. Nun hatte sie den Blick gesenkt und verfolgte die tanzenden Blütenblätter. Ained gefiel die leichte Röte auf ihrem Gesicht. Arwa hatte schöne Wimpern und dichte, golden glänzende Haare, das war ihm schon bei der ersten Begegnung aufgefallen.

Wie wenn sie zu sich selbst spräche, fuhr das Mädchen fort: „Vielleicht finde ich dann einen Mann, der mir gefällt. Einen Mann, der stark ist und mutig."

Plötzlich fassungslos starrte Ained das Mädchen an. Wie konnte sie in seiner Gegenwart so über Männer reden? Kein Mädchen tat dies vor einem Jungen. Wie gleichgültig musste es ihr sein, dass er neben ihr stand. „Du meinst einen Jäger? Einen, der die Wölfe mit Pfeil und Bogen trifft?", sagte er gereizt.

Verblüfft hob sie den Kopf. „Woher weißt du das?", fragte sie scharf.

Ained zuckte die Schultern. „Ich habe es irgendwo gehört." Er wandte sich wortlos um, ging zur Quelle, die nebenan aus dem Felsen rann und stellte das Gefäß unter den dünnen Wasserstrahl. Hinter sich hörte er einen Ast knacken. Arwa ging weg. Er hatte sich so gefreut, sie beim Teich zu treffen und dabei zu überraschen, wie sie mit den Blüten spielte. Schön hatte sie ausgesehen. Einen Augenblick lang hatte sie ihn wirklich angesehen, wie dies im Dorf sonst kaum jemand tat.

Warum hatte sie ihn nachher beleidigt? Warum war er für sie plötzlich nur noch Luft gewesen? Er war nur ein Fremder. Auch sie hatte es ihm zeigen wollen.

Das Gefäß war halb voll, als ein blonder Haarschopf zwischen den Büschen auftauchte. Jemand kicherte. Ein Stein fiel vor seinen Füßen auf den Boden. Der nächste Stein traf den Topf. Ained erschrak und stellte sich vor das Gefäß. Was konnte er Noira sagen, wenn es zerbrach? Da war das Kichern wieder. Im Gebüsch raschelte es.

„Du getraust dich doch nicht", hörte er eine Stimme. „Feigling. Du bist wie Lugran. Der kämpft auch nie."

Da packte ihn die Wut. Er ließ sich im hohen Gras zu Boden fallen und kroch auf die Haselstauden zu. Er würde den Jungen schon erwischen. Alles konnten sie mit ihm nicht machen. Er merkte erst, dass er in eine Falle geraten war, als sie von allen Seiten auf ihn eindroschen. Er sprang auf den einen Jungen los, der gerade vor ihm stand. Der war immer dabei, wenn sie ihn verspotteten. Wenigstens dem würde er es zeigen. Doch bevor er ihn erreichte, hatten sie ihn von hinten umgeworfen und hielten ihn fest.

„Geh weg", schrie einer. „Wir wollen dich nicht im Dorf. Du störst uns nur."

„Und unsere jungen Frauen gehen dich auch nichts an", zischte ein anderer. „Vergiss das nicht."

Er wollte etwas sagen, aber sie lagen so dicht auf ihm, dass er kaum Atem holen konnte. Er versuchte, den Kopf zu heben, doch einer stieß ihn ins feuchte Gras zurück.

„Du dreckiger Fremder", rief der Junge, der sie anzuführen schien. „Jetzt geben wir dir die Schläge zurück, bis du dich nicht mehr getraust, einen von uns anzurühren."

Sie ließen ihn erst los, als er sich nicht mehr wehrte. Dann liefen sie lachend weg. „Dem haben wir es gezeigt", hörte er sie noch rufen. Mühsam stand er auf. Wenigstens atmen konnte er wieder. Als sie ihn gehalten hatten, war ihm schwarz vor den Augen geworden.

Als er zur Quelle zurückkam, floss das Wasser über den Rand des Gefäßes. Er stellte es zur Seite und wusch sich die Wunde aus, dort, wo ein Stein ihn getroffen hatte. Warum hassten sie ihn? War es darum, weil er bei Lugran war?

„Euch werde ich es zeigen", sagte er zu sich und biss die Zähne zusammen. „Lugran lasse ich nicht verspotten."

Er nahm den Krug und hob ihn auf die Schulter, die ihn weniger schmerzte. Langsam ging er zurück. Er musste aufpassen, dass er nicht strauchelte. Einmal schwankte er und wenig fehlte, dass er das Gefäß fallengelassen hätte. Er wollte nicht daran denken, was die Gesellen sagen würden, wenn er so spät mit dem Wasser zurückkam. Wenn nur Tarin dort war. Dem wenigstens konnte er vertrauen. Für einen Augenblick hatte er dies auch bei Arwa geglaubt. Mitten im Gedanken blieb er stehen. Was war, wenn sie gewusst hatte, dass die Jungen auf ihn warteten? Vielleicht war sie darum so erschrocken, als sie ihn gesehen hatte? Oder vielleicht hatte sie sich sogar gewünscht, dass sie ihn verprügelten, und war darum schnell weggegangen. Doch warum hatte sie ihm vorher zugelächelt? Hatte er sich sogar darin getäuscht? Erst jetzt bemerkte er, dass ihm vor Wut und Enttäuschung die Tränen über die Wangen liefen und der Geschmack im Mund ganz salzig geworden war.

Nur wenige Tage später ging Lugran mit Ained in den Wald. Er hatte am Tag zuvor mit den Gesellen eine große Eiche gefällt und begonnen, sie aufzuspalten. Nun zerkleinerte er den Baumstamm und Ained schichtete das Holz davon zu einem großen Haufen auf, um es später ins Dorf zu tragen; Holz, das draußen unter dem weiten Dach der Werkstatt gestapelt und getrocknet werden sollte. Der Junge spürte, wie ihn der Gießer manchmal ansah. Er schämte sich über den großen blauen Fleck unter seinem linken Auge und darüber, dass er sich nicht so schnell bewegen konnte wie sonst, weil ihm von der Rauferei noch alles wehtat. Er biss die Zähne zusammen und arbeitete so gut es ging weiter. Als sie fertig waren und Ained schon glaubte, sie würden ins Dorf zurückkehren, winkte ihm der Gießer. „Wir gehen noch etwas weiter zu einer Lichtung, auf der Birken wachsen. Ich brauche das Holz, um die Hitze des Feuers beeinflussen zu können."

Auf der Lichtung angekommen, suchte Lugran zwei der größeren Birken aus. Wenig über den Wurzeln begann er, die Rinde in einem breiten Streifen abzuschälen. Als Ained begriffen hatte, wie die Arbeit angepackt werden musste, kauerte er sich auf der anderen Seite des Stammes hin und half mit.

„Warum fällst du die Bäume nicht im Herbst, wenn die Blätter abgefallen sind?", fragte er plötzlich.

„Das Holz ist im Herbst anders als jetzt", erwiderte der Gießer. „Seine Kraft ist am Ende des Frühlings so, wie ich sie brauche. Sobald die Blätter auszutrocknen beginnen, werde ich die beiden Bäume schlagen."

Ained nickte, aber er fragte nicht weiter. Nachdenklich betrachtete Lugran den Jungen. Seit ein paar Tagen stritt er sich viel häufiger als früher mit den anderen Jungen im Dorf. Er arbeitete nicht mehr gut und schrie fast jede Nacht. Obwohl die Wand zwischen ihm und Ained lag, konnte er alles hören. Der Gießer hätte ihm gerne geholfen.

„Die Birke ist für uns Menschen wichtig", fuhr er deshalb fort. „In einem Stück der weißen Rinde hat Erad den Göttern das Feuer geraubt und auf die Erde gebracht. Vorher haben die Menschen in den Wäldern zerstreut gelebt wie die Tiere. Erst mit dem Feuer sind sie zusammengekommen und haben Plätze gesucht, um dort gemeinsam zu wohnen."

Plötzlich wurden Aineds Augen lebendig. „Was haben die Götter dazu gesagt? Warum haben sie den Menschen nicht schon vorher das Feuer gegeben?"

„Die Götter dachten, dass die Menschen dann vergessen würden, wie klein und unbedeutend sie sind. Sie würden nicht mehr annehmen wollen, dass sie alle sterben. Und damit würden sie sogar die Götter vergessen."

„Warum haben die Götter das Feuer dann nicht zurückgeholt?"

„Was geschehen ist, ist geschehen. Rückgängig machen lässt es sich nicht. Das wissen auch sie."

Ained überlegte lange. In den Bergen erzählte man sich auch eine Geschichte, wie das Feuer zu den Menschen gekommen war. Der Gott, der den Menschen hatte helfen wollen, hatte das Feuer auch in einem Rindenstück versteckt. Aber er hieß anders als bei den Menschen am See. Über die Folgen des Feuerraubs hatte sich Ained noch nie Gedanken gemacht.

„Hat denn Erad gewollt, dass die Menschen die Götter vergessen?"

Mitten in der Bewegung hielt Lugran inne. Erstaunt blickte er den Jungen an: „Eine Antwort auf diese Frage gibt die Geschichte nicht. Selbst glaube ich nicht, dass Erad dies wollte. Doch sicher hat er sich an der großen Macht der Götter gestört und daran, dass sie ihren Überfluss nicht mit den sterblichen Menschen teilen wollten."

„Und Erad? Hat er nachher bei den Menschen gelebt?"

„Für ihn hat sich alles verändert. Die Götter haben ihn für seine Tat bestraft. Sie haben ihn am Baum fest gebunden, der Himmel und Erde auseinander hält. Er hat dort lange gehangen, so lange, bis Anai sich erbarmte und die Götter bat, ihn freizulassen."

„Wer ist Anai? Ich habe noch nie von ihr gehört. Ist sie mächtiger als die Götter?"

Lugran suchte nach Worten. „Anai hat die Welt erschaffen", sagte er schließlich.

„Auch die Götter?"

„Auch sie."

„So haben sie ihr gehorchen müssen?"

„Sogar die Götter können sich ihr nicht widersetzen. So wurde Erad befreit."

„Haben die Menschen ihm auch helfen wollen?"

Lugran schüttelte den Kopf. „Die Menschen haben ihn vergessen, wie er am Baum hing und ihnen nicht mehr half. Sie hatten ja das Feuer und dachten, dass er ihnen nun nichts anderes mehr geben würde."

Erschrocken starrte Ained den Gießer an. „Das kann ich nicht verstehen. Die Götter haben Erad doch nur des Feuers wegen bestraft. Sicher ist er den Menschen nun böse."

Lugran lächelte. „Da kennst du Erad schlecht. Er hat von den Menschen nichts anderes erwartet und wusste, wie leicht sie vergessen. Als er frei war, wollte er ihnen nochmals helfen; ihnen zeigen, wie sie die neue Kraft, die sie mit dem Feuer erhalten hatten, richtig nutzen konnten. So ist er für uns in die Anderswelt hinuntergestiegen und zu Nurgaid gegangen, der mächtigen Göttin der Dunkelheit. Er hat die große Einöde durchquert und den Ort erreicht, an dem die Welt beginnt und wieder endet." Der Gießer zögerte, wie wenn ihn eine Erinnerung bewegen würde. „Dort liegt der See, in dem sie, die die Welt erschaffen hat, die Tränen der Menschen sammelt."

Ained hörte nur noch zerstreut zu und der Gießer begriff, dass ihn der Junge nicht verstand.

„Erad ist für uns Gießer wichtiger als für die anderen Menschen", fuhr er deshalb fort. „Er hat uns auch gezeigt, wie man Metalle sucht und welche man beim Schmelzen mischt, um Schmuck und Geräte zu machen."

Nun horchte der Junge auf. „Bei uns im Dorf sind manchmal die Kupferleute vorbeigekommen und haben von ihrer Arbeit erzählt. Ich war noch klein und habe nicht viel begriffen. Trotzdem habe ich mich immer gewundert, wohin sie in den Bergen gehen. Weißt du, wie sie das Kupfer finden?"

Lugran lächelte. Es war das erste Mal, dass Ained das Dorf erwähnte, aus dem er kam. „Ja", gab er zurück, „ich kenne das. Die Berge halten die grünen Steine gut verborgen. Wer weiß, vielleicht wirst auch du es eines Tages sehen."

Sie waren mit der Arbeit fertig. Lugran schickte den Jungen ins Dorf zurück und verfolgte mit einem Lächeln, wie er zwischen den Bäumen verschwand.

Als der Bronzegießer nach Hause kam, standen Foirgan und einige andere Männer des Dorfes auf dem Platz vor seinem Haus. Er blieb erstaunt stehen, als er den düsteren Ausdruck in ihren Augen sah, und grüßte den Ältesten.

„Ained hat sich mit meinem Sohn geprügelt", begann Foirgan gleich, ohne den Gruß zu erwidern.

„Jungen tun das oft", gab der Gießer zurück. „Es wird wegen einer Kleinigkeit gewesen sein."

„Nein, Lugran. So einfach ist das nicht. Er hat Erun mit einem Stock auf den Kopf geschlagen. Jetzt liegt er zu Hause und erbricht sich. Ich will nicht meinen Ältesten wegen eines hergelaufenen Fremden verlieren."

„Hast du ihn gefragt, worum sie sich gestritten haben? Ained wird schnell zornig, wenn man ihn beleidigt. Vielleicht hat dein Junge ihn ausgelacht."

Die Männer schwiegen. Lugran verstand, dass er mit Beschwichtigungen nichts erreichen würde. Es war nicht das erste Mal, dass sie sich bei ihm über Ained beklagten. Doch auch dieser war schon oft genug mit einem zerschlagenen Kopf nach Hause gekommen und der Gießer hatte gesehen, wie ihn mehrere der Jungen gemeinsam überfallen hatten. Er hatte keine große Lust, die Klagen anzuhören.

„Was willst du von mir?", fragte er den Ältesten.

Der sah ihn unbeweglich an: „Schick ihn weg. Er bringt dem Dorf nur Streit. Soll er wieder zu seinen Leuten zurück. Wir geben ihm jemanden mit, wenn er den Weg nicht allein findet, und ein Geschenk, damit er nicht mit leeren Händen dasteht, wenn er ankommt."

„Das Dorf ist abgebrannt."

„Ich weiß. Aber er wird Verwandte in der Nähe haben."

Lugran blickte die Männer prüfend an. Sie waren zornig und schienen entschlossen, nicht mit sich reden zu lassen.

„Ich habe ihn in mein Haus aufgenommen", sagte er.

Einer der Männer brauste auf: „Du hast deine Gesellen und deinen Sohn. Was geht dich der Junge an."

„Er gehört zu uns."

„Du kannst wohl keine eigenen Söhne mehr machen", spottete der Mann.

Lugran trafen die Worte unerwartet und auch die anderen schienen zu erschrecken. Aber keiner der Männer reagierte. Keiner brachte den Spötter dazu, die Beleidigung zurückzunehmen. Die Stimmung war gespannt, weil alle warteten, was er nun unternehmen würde. Eine Auseinandersetzung war unvermeidlich geworden. Allein fürchtete sich jeder von ihnen vor dem Gießer, doch nun standen sie zusammen und fühlten sich stark. Lugran sah dem Mann ins Gesicht und schien nach Worten zu suchen, um die Beleidigung zurückzugeben. Doch plötzlich schüttelte er den Kopf. Er drehte sich um und ging an Noira vorbei hinüber zur Werkstatt.

Die Frau war während des Streites vor das Haus getreten und hatte stumm und bewegungslos verfolgt, was geschah. Tarin, der Sohn, war ihr gefolgt. Er musterte nun die Männer, spürte die Betroffenheit der Mutter und stellte sich vor sie. Niemand rührte sich. Endlich löste sich der eine, der Lugran angegriffen hatte, von der Gruppe. Er ging zu Noira und entschuldigte sich für seine Worte. Sie nickte bloß.

„Sag du es ihm, dass er den Jungen gehen lässt", bemerkte Foirgan, noch immer finster, bevor er den anderen Männern ein Zeichen gab und sie zusammen den Ort verließen.

Der Gießer war in die Werkstatt gegangen. Dort saß Ained ängstlich in einer Ecke. Er musste gehört haben, was draußen geschehen war.

„Schickst du mich weg?", fragte er bange.

Lugran ging zu ihm und fuhr ihm über das Haar. „Die Menschen verstehen nicht immer, was sie sagen. Auch wenn die Worte schmerzen, muss man sich nicht gleich prügeln."

Der Junge senkte den Kopf.

„Geh jetzt und hole mir die alte Sandsteinform für die Lanzenspitzen. Ich zeige dir, wie man sie nachschleift, damit die Flächen genau aufeinander passen und das Wachs nur den Hohlraum füllt."

„Gießt du nicht mit den Formen aus Stein?", entgegnete Ained erstaunt. „Ich habe sie angesehen. Sie sind ganz sorgfältig gemacht."

„Die Sicheln und viele Nadeln gieße ich in steinernen Formen. Doch bei den Armringen oder bei den Lanzenspitzen mache ich zuerst eine Form aus Wachs." Er zeigte auf den Gegenstand, an dem er am Vortag gearbeitet hatte.

Ained sprang auf und holte ihn.

„Siehst du diese Nadel? Der Kopf ist abgebrochen. Aus Wachs habe ich einen neuen Kopf angesetzt. Im Wachs ist eine Kugel aus Lehm verborgen. Hier an den Öffnungen kannst du sie sehen. Rundum werde ich vom feinen Ton streichen und alles mit einer Hülle aus Lehm verschließen. Wenn ich die Lehmform brenne, schmilzt das Wachs und ich kann es durch das Gussloch schütten. Den Hohlraum fülle ich mit Bronze. Hast du die fertigen Nadeln mit den großen Köpfen schon einmal gesehen? Sie sind schwierig zu gießen."

Ained nickte. „Ja. Foirgans Frau trägt ein paar. Es hat mich gewundert, wie man sie macht. Jetzt habe ich es verstanden." Er stand auf und kam mit der Sandsteinform zurück. „Gießt du in diesen Formen Lanzenspitzen aus Wachs, die du nachher auch mit Ton umgibst?"

Als Lugran nickte, lachte er. „Jetzt habe ich es verstanden. Kannst du mir zeigen, wie man sie schleift? Ich möchte es lernen."

Lugran hatte erstaunt Aineds schnelle Veränderung verfolgt. Wie schön der Junge aussah, wenn er lachte. Und wie stark er war. Er hatte sich so davor gefürchtet, weggehen zu müssen, und nun fragte er ihn schon wegen der Gussformen aus. Er würde Ained mehr arbeiten lassen, so würde er schneller lernen und auch weniger Gelegenheit haben, mit anderen zu streiten.

6. Der Mann mit den leeren Augen

Nach diesem Tag war Ained wie verwandelt. Er prügelte sich nur noch selten mit den Jungen des Dorfes und wenn er nicht Noira auf dem Acker half, war er fast den ganzen Tag in der Werkstatt beschäftigt. In seiner freien Zeit ging er mit Tarin in den Wald. Sogar Lugran war erstaunt, wie gut sich die beiden verstanden. Die Gesellen bemerkten voller Neid, dass der Fremde für den Gießersohn immer wichtiger wurde. Der eine fragte ihn an einem Abend, was sie im Wald zusammen machten. Tarin sah den dunklen Jungen an und sagte dann: „Ich lerne die Pflanzen kennen."

„Das ist doch nicht nötig", gab der Geselle verächtlich zurück. „Du wirst Gießer. Du musst nur die Heilkräuter kennen und die Gräser, die man beim Schmelzen auf das Feuer legt. Das zeigt dir dein Vater. Alles Übrige ist für die gewöhnlichen Leute."

Ained wurde bei diesen Worten so rot, dass es trotz des Dämmerlichtes für alle sichtbar war. Doch er fuhr nicht auf wie sonst und sagte nichts.

Tarin ließ sich nicht beirren. „Das habe ich auch einmal gedacht. Doch ich habe meine Meinung geändert. Ained weiß vieles, selbst welche Moose man essen kann. Er kennt die Vögel genauso gut wie Madrin, der Jäger. Er trifft sie mit dem Schleuderstein sogar im Flug."

Der junge Mann spottete: „Das glaubst du doch selbst nicht. Es wird ein Zufall gewesen sein."

Der Gießersohn blickte vor sich ins Feuer, ohne Antwort zu geben. Lugran sah an den Grübchen in seinen Wangen, dass er lachte und doch versuchte, es nicht zu zeigen, um den Gesellen nicht zu beleidigen.

Ained setzte sich neben ihn.

„Erzähl keine Geschichten", sagte er bestimmt. „Das glaubt dir doch niemand."

Nun musste auch Lugran lächeln. Die beiden hielten wirklich zusammen und waren sich ihrer Zuneigung so sicher, dass sie diese einander nicht zu zeigen brauchten. Nur – die Geschichte mit dem Schleuderstein, die schien sogar ihm reichlich übertrieben. Ained wusste wohl, warum er nicht darauf bestand.

Als Ained alle Sandsteinformen neu geglättet und auch gelernt hatte, wie man die Hohlräume schliff, zeigten ihm die Gesellen, wie die fertigen Güsse überarbeitet werden mussten. Lugran war damit streng; er ließ nicht zu, dass ein Werkstück das Haus verließ, bevor nicht jede Gussnaht eben abgeschliffen war und die Oberfläche glänzte. Sogar die Teile bei Messern und Sicheln, die geschäftet wurden, durften keine unerwünschten Kanten zeigen. Die Gesellen schimpften oft darüber und sagten, dass ihre Väter es auch nicht täten. Doch bei Ained bestanden sie darauf, die Oberfläche der Sichel überall fleckenlos glänzen zu sehen. Sie gaben dem Jungen das Werkstück mehrmals zurück und hörten mit ihrem Mäkeln erst auf, als Tarin meinte, das Stück würde bald ganz verschwinden. Dann nahm ein Geselle die Sichel, trieb die äußerste Kante der Schneide aus und zog sie mit dem Schleifstein ab.

„Schön poliert und scharf ist sie, aber lange genug habt ihr dafür gebraucht", bemerkte Lugran nur, als der Geselle ihm die Sichel brachte. „Ich hoffe, Ained wird bald mehr Übung haben. Doch jetzt sollte er zu Noira gehen. Sie erwartet ihn schon lange im Bohnenfeld. Und dich auch!" Er deutete zu Tarin hinüber, der mit einem feinen Stichel die Verzierung einer Nadel nachzog. Der Junge legte das Stück auf die Matte und zog den Lederschurz aus. Ohne ein Wort zu verlieren, verschwand er mit Ained aus der Werkstatt. Nebeneinander liefen sie auf dem Feldweg. Der Gießersohn bemerkte, dass Aineds Ausdruck düster war.

„Was hast du?", fragte er. „Ist etwas geschehen?"

Ained nickte: „Ich habe an heute Morgen gedacht. Noira ist böse auf mich."

„Komm, nimm es nicht so ernst", versuchte Tarin ihn aufzumuntern. „Meine Mutter zeigt einfach offen, was sie empfindet. Es wird bald wieder gut."

Ained schüttelte den Kopf. „Sie mag mich nicht, ich weiß es. Und heute Morgen war der Dorfälteste wieder da. Jetzt ist sie wirklich zornig."

„Ich habe Foirgan nicht gesehen."

„Du warst mit deinem Vater in der Werkstatt."

„Was hat das mit dir zu tun?"

Ained blieb stehen und sah zu Boden. „Ich habe mich wieder mit Erun geprügelt."

„Und deswegen rennt Foirgan zu uns? Ja, wenn es um seinen Sohn geht, vergisst er, dass es seine Aufgabe wäre, für den Frieden im Dorf zu sorgen. Erun weiß das und sucht mit allen Streit, die nicht so sind, wie er es will."

„Ich weiß das auch. Darum gehe ich ihm aus dem Weg. Doch heute Morgen hat er mich überrascht."

„Allein hat er sich sicher nicht getraut?"

„Allein war er nicht." Ained studierte seine Zehen, als ob sie ihn plötzlich besonders interessieren würden. Nach langem Zögern fuhr er fort: „Sie haben Lugran verspottet. Da habe ich Erun verprügelt. Die anderen sind weggerannt."

„Bist du dumm", fuhr es aus Tarin heraus. Als Ained erschrocken zurückwich, fügte er beschwichtigend an: „Die wissen doch, dass sie dich so zum Streiten bringen. Mein Vater weiß auch ohne Kämpfe, dass du gerne bei ihm bist."

„Du streitest nie?" Es war mehr eine Feststellung als eine Frage.

„Vater sagt, dass ein Gießer nicht streiten kann, weil er die Kraft für seine Arbeit braucht. Wenn ein Gießer kämpft, dann mit den Göttern. Was er damit meint, verstehe ich nicht. Trotzdem schlage ich mich nicht mehr mit den Jungen des Dorfes."

„Wieso verspotten sie dich nicht?"

„Du hast mich noch nicht bei den Ringkämpfen am Herbstfest gesehen", erwiderte Tarin selbstbewusst. „Gegen viele der

Jungen gewinne ich. Beim Gießen wird man klar und entschlossen, das wirst du bei dir selbst auch sehen. Und als ich klein war, hat Vater oft mit mir gerungen. Er sagt, ein Gießer muss kämpfen können, auch wenn er es selten braucht."

„Das stimmt. Dein Vater streitet nie. Sogar dann nicht, wenn Foirgan ihn beleidigt. Und der tut es oft. Meist sind es kleine Dinge, mit denen er Lugran zu ärgern versucht."

„Kannst du das sehen?" Tarin schien sich darüber zu freuen. „Die meisten Menschen bemerken solche Dinge nicht. Vater ist daran gewöhnt. Foirgan beleidigt ihn nur, weil er sich vor ihm fürchtet. Fast alle Menschen im Dorf fürchten sich vor ihm. Nur die alte Dubra nicht, die die Heilkräuter sammelt, und Madrin, der Jäger, mit dem du ins Dorf gekommen bist."

Mit einem Mal wurde Aineds Ausdruck abweisend: „Ich bin mit Neisin Turam gekommen, nicht mit dem Jäger."

Tarin lachte: „So? Mit dem Herrn?"

Ained wandte sich ab und begann, schneller zu laufen. Sie hatten die Äcker erreicht und gingen nun auf einem schmalen Weg zwischen zwei Hecken. Als Tarin den dunklen Jungen wieder eingeholt hatte und ihm die Hand auf die Schulter legen wollte, schüttelte der sie ab. Nun bemerkte der Gießersohn, dass Ained weinte.

„Was hast du?", fragte er betroffen.

Der dunkle Junge wich ihm aus. „Es ist nichts."

Schweigend liefen sie weiter. Sie kamen in die Nähe der Äcker, die Noira in diesem Jahr bebaute. Plötzlich blieb Ained stehen. „Ich habe gedacht, dass wir zu ihm gehen", sagte er entschlossen. „Ich habe gedacht, dass er mich mag."

„Wärest du lieber bei Neisin Turam als bei uns?"

„Ich bin gerne bei dir und deinem Vater. Auch Keiri habe ich gern. Doch – Neisin Turam hat von seiner Frau erzählt. Sie hat schwarze Haare wie die Leute aus den Bergen. Schwarze Haare wie meine Mutter."

Nun begriff Tarin die Tränen. Ained sehnte sich nach Hause zurück. Noira tat ja nicht gerade viel, um dieses Heimweh zu erleichtern. Doch seine Mutter war es auch, die wegen des fremden Jungen am meisten zu leiden hatte. Sie war es, an die sich alle mit ihren Klagen wandten. Sie musste die Sticheleien der anderen Frauen hören, wenn sie am See das Wasser holte.

„Auch wenn du mit Neisin Turam gegangen wärest, so hättest du seine Frau nicht oft gesehen", versuchte Tarin zu trösten. „Und gekümmert hätte sie sich auch nicht um dich. Selbst wenn es schwierig ist, so ist es für dich immer noch besser hier im Dorf."

„Warum hätte sie sich nicht um mich gekümmert? Sie lebt doch sicher im gleichen Haus wie der Herr?"

Tarin lachte. „Neisin Turam lebt auf einem großen Hof. Es gibt dort viele Gebäude, fast wie in einem Dorf. Im größten lebt er mit seiner Frau. Dort trifft er sich auch mit den Händlern und bewirtet in der Halle die Gäste. Er hat große Speicher mit Vorräten für viele Jahre und Ställe für die Pferde. In den kleinen Häusern wohnen die Dienerinnen und die Diener. Dort ist es ganz eng. Mutter hat es einmal gesehen und mir davon erzählt. Es würde dir nicht gefallen, da bin ich sicher. Auch mit den Lanzenträgern, die Neisin Turam bewachen, hättest du bald Streit bekommen."

„Kommen die Lanzenträger auch in euer Dorf?"

„In Kernu An haben sie nichts zu suchen, doch nach Deir Ardon gehen sie oft. Neisin Turam sagt, sie müssten die Händler schützen. Sie mischen sich aber auch in ganz andere Dinge ein. Die Ältesten entscheiden dort nichts, von dem sie wissen, dass es Neisin Turam nicht gefällt. Wenn die Leute miteinander streiten, fragen ihn viele nach dem Schiedsspruch. Und niemand getraut sich, das Urteil später anzuzweifeln. Die meisten der Bewohner in Deir Ardon mögen ihn. Sie sagen, in seiner Nähe herrsche Friede. Bei uns ist es anders. In Kernu An sind wir stolz darauf, dass wir noch selbst entscheiden können. Doch sogar in unserem Dorf gibt es solche, die sagen, es würde uns besser gehen, wenn Neisin Turam mehr Einfluss hätte."

„Müssen die Leute auf seinem Hof tun, was er sagt?"

„Die meisten schon. Viele sind dort, weil sie bei ihm Schulden haben, die sie nicht zurückgeben können; manchmal ist es nur das Saatgut eines Jahres oder ein Ochse, den sie von ihm genommen und nicht zur rechten Zeit entgolten haben. Neisin Turam ist sonst freundlich, doch in diesen Dingen kann er erbarmungslos sein. Andere gehen nach einem schlechten Jahr zu ihm, um den Winter zu überstehen. Der Herr nimmt sie manchmal als Diener auf, so haben sie wenigstens genug zu essen. Bei den Leuten von Deir Ardon geschieht das oft. Wir aber sind zu stolz, ihn um Hilfe zu bitten. Wir halten stärker zusammen und helfen uns aus, wenn jemand in Not geraten ist." Neugierig blickte er Ained an. „Doch auf dich hat Neisin Turam Eindruck gemacht?"

„Er ist ein guter Jäger, schnell und entschlossen. Am schönsten aber war sein Schwert."

Tarin nickte: „Das hat mein Großvater zusammen mit Lugran gegossen. Ich war damals noch nicht geboren. So lange ist das her."

Aineds Augen wurden groß. „Wirklich?", sagte er bewundernd. „Ein Schwert? Ein Schwert zu gießen ist noch viel besser als eines zu tragen. So etwas würde ich gerne lernen."

Die Sonne begann schon wieder zu sinken, als sie endlich den Acker erreichten. Noira sah die beiden Jungen vorwurfsvoll an: „Kommt ihr endlich? Ich habe euch beim Verlassen des Dorfes gesehen und schon lange erwartet. Habt ihr nichts anderes zu tun als zu schwatzen? Wenigstens kann jetzt Keiri eine Pause machen. Sie ist müde."

Tarin hätte gerne der Mutter von Aineds Heimweh erzählt. Es wäre wirklich nötig gewesen. Doch irgendwie ging es nicht. Ained war wieder ganz verschlossen geworden. Mit gesenktem Kopf lockerte der Junge die Erde und las Steine auf. Tarin ging zu ihm und arbeitete in seiner Nähe, während Noira begann, die Bohnenkörner einzugraben. Keiri, die sich nicht um die gedrückte Stimmung kümmerte, lief neben dem großen Bruder her und erzählte ihm von einem gelben Sommervogel, den sie am Morgen neben dem Mohnfeld schlüpfen gesehen hatte. „Seine Flügel sind immer größer geworden", sagte sie mit leuchtenden Augen. „Ganz durchsichtig waren sie und haben gezittert. Plötzlich ist er weggeflogen. Ich wäre gerne mit ihm gegangen. Ich möchte einmal über das Dorf fliegen und über den See, immer weiter, bis ich zu den Bergen komme." Nun sah sie Ained an. „Bis dorthin, wo du zu Hause bist."

„Ained lebt nun bei uns", wies Tarin sie zurecht.

„Bleibst du wirklich?", fragte Keiri mit einem Lächeln.

„Ja, ich möchte gerne bei euch bleiben", erwiderte der Junge. Unsicher blickte er zu Noira hinüber. Sie hob den Kopf, doch eine Antwort gab sie nicht. Dann steckte sie wortlos weiter Körner in den Boden.

Am Abend, als Ained in den Wohnraum hinüberging, hörte er von weitem, wie sich Noira mit Lugran stritt. Das kam sonst nicht vor.

„Schick ihn weg", hörte er beim Eintreten Noiras Stimme. „Ich möchte ihn nicht mehr im Haus."

Der Junge wusste gleich, es ging um ihn. Sein Herz zog sich zusammen. Er musterte ängstlich die Frau.

„Warum?", hörte er Lugran fragen. „Wir haben es doch besprochen. Du hast mir zugestimmt."

„Ja", gab sie zurück, „das habe ich nicht vergessen. Ich wusste auch, dass es schwierig werden würde, doch nun ist es zu viel. Seit er hier ist, haben wir Streit mit den anderen im Dorf. Warum ist er dir so wichtig?"

Lugran bemerkte die beiden Gesellen, die ihn erwartungsvoll musterten. Auch sie wären froh, den Fremdling loszuwerden. Tarin saß neben dem Herdfeuer und sah ihm gerade in die Augen. Ained stand mit herabhängenden Armen hinter ihm. In seinem Gesicht lag wieder die schreckliche Angst. Der Blick des Gießers blieb lange auf dem Jungen liegen. Dann wandte er sich Noira zu.

„Es muss so sein", sagte er bestimmt. „Beim Frühlingsopfer ist Erads Bote gekommen und hat sein Tier weggetragen. Ich war nicht sofort sicher. Doch dann habe ich den Schmetterling mit den Mondaugen über seinen Haaren spielen gesehen. Das Zeichen war klar genug. Er bleibt hier."

„Doch wozu?"

„Das weiß ich nicht. Alles, was ich weiß, ist, dass er gefordert werden muss. Nicht ich habe es beschlossen. Es ist entschieden worden."

„Vom Feuergott?"

„Von ihm oder wer auch immer solche Dinge bestimmt."

„Und das ist dir wichtiger als der Friede im Dorf?", fragte sie scharf.

Lugran starrte Noira erschrocken an. Dann wurde sein Ausdruck hart: „Gegen solche Zeichen kann man nicht verstoßen, was es auch für Folgen hat. Du solltest das wissen."

Die Frau senkte den Kopf. „Ich werde nicht mehr darüber sprechen", gab sie nach.

Sie ging zum Feuer und legte Äste in die Glut. Im aufflackernden Licht bemerkte Lugran den entschlossenen und ernsten Blick in Aineds Augen und das zufriedene Lächeln seines Sohnes. Die beiden Gesellen, die nebeneinander an der Lehmwand saßen, flüsterten leise. Er wusste, sie sahen es nicht gerne, dass ihn mit dem Fremdling ein Geheimnis verband. Sie waren Söhne von Gießern und auch ihre Söhne würden wieder Gießer werden. Für sie war das so richtig. Doch es gab Zeichen, die wichtiger als ihre Herkunft waren. Daran konnte niemand etwas ändern.

Trotz der späten Aussaat und der unklaren Vorzeichen beim Opfer trieben die Bohnen schnell aus und die Gerste wurde stark. Als auch die Hirse auf den Feldern dichter wurde, ging Lugran mit den beiden Gesellen nach Deir Ardon, dem Handelsplatz am See. Er schob vor der Abfahrt den kleinen Beutel mit Goldstaub in seinen Ärmel. Mit den glänzenden Flittern ließ er sich während des Jahres von Neisin Turam die angeforderten Schmuckstücke bezahlen und nun wollte er dafür wie jedes Jahr Kupfer, Zinn und andere Rohstoffe tauschen, die er in der Nähe der Siedlung nicht fand.

Am Abend nach der Rückkehr erzählte er am Feuer, wie er Barun, den Händler, getroffen hatte. Tarin und Ained saßen neben den Gesellen und warteten gespannt auf die Einzelheiten der Geschichte. Sogar Noira hörte neugierig zu. Keiri kauerte zufrieden an den Vater geschmiegt. Eine blaue, durchschimmernde Perle aus Glas, um die eine feine, weiße Schlange gewickelt war, hing an einem Wollfaden um ihren Hals.

„Ich habe Barun gleich getroffen", erzählte Lugran. „Er übernachtet immer beim gleichen Schiffer und verkauft seine Ware an die Leute, die er kennt. Er hat mir auch diesmal das gute Kupfer gebracht. Ich werde damit Gefäße treiben können." Er lächelte. Es war wichtig, einen Händler so gut zu kennen, dass man sich auf die Rohstoffe, die er brachte, verlassen konnte. Die Werkzeuge und die meisten Nadeln goss er aus alten, zerbrochenen Bronzestücken, die die Leute ihm brachten. Doch wenn er Schalen austreiben oder Waffen und besondere Schmuckstücke anfertigen wollte, musste er die Mischung der Metalle von Anfang an selbst bestimmen. Und dafür brachte Barun ihm die Ware, die er wollte. Der Weg hatte sich auch diesmal gelohnt. Plötzlich aber wurde sein Ausdruck finster.

Noira bemerkte es. „Hast du etwas Schlechtes erlebt?"

„Ich weiß nicht, wie ich es beschreiben kann", gab er zögernd zur Antwort. „Mir ist etwas begegnet, das ich nicht vergessen kann."

Alle am Feuer wurden still. Das kleine Mädchen drängte sich noch enger an ihn. Lugran suchte nach Worten. In seinen Augen lag plötzlich etwas wie Angst.

„Was ist?", drängte Noira beunruhigt.

„Nach dem Handel bin ich mit Barun durch den Ort gegangen", begann der Gießer endlich. „Es gibt dort oft durchreisende Händler, die in einem der Häuser des Herrn übernachten und sich von seinen Leuten auf dem Weg auch beschützen lassen. Auf dem Platz, der von den Gebäuden umgeben ist, legen sie ihre Waren aus. Wenn man genug Ringgeld aus Bronze bei sich hat, kann man Dinge kaufen, von denen die meisten sonst nicht einmal hören. Dort habe ich auch deine Perle gefunden", wandte er sich an Keiri. Sie nahm sie in die Hand und lächelte glücklich. Der Gießer aber blieb ernst.

„Ich habe die Perle bezahlt und wollte schon gehen. Da ist ein fremder Händler aus dem Haus gekommen. Er war klein und hatte eine braune Haut, wie das bei den Menschen aus dem Süden so ist. Er hat selbst Baruns Sprache nur zögernd gesprochen, doch dieser fragte den Händler gleich aus. Es zeigte sich, dass der mit seltenen, schön gefärbten Stoffen handelt und dafür Bernstein aus dem Winterland in den Süden bringt. Er hatte einen unruhigen Blick. Er ging mit Barun ins Haus zurück, um ihm die Stoffe zu zeigen. Ich blieb draußen und sah mir den Ort genauer an. Dort habe ich ihn bemerkt ..." Lugran verstummte.

„Wen?", drängte Noira weiter.

Der Gießer blickte sie an. „Den Mann", sagte er leise. „Ganz leer waren seine Augen. Er hat unbeweglich vor dem Stall gesessen, in dem die reicheren Händler über Nacht ihre Reitpferde lassen. Nicht einmal die Fliegen hat er verscheucht, die um seine Augen gekrabbelt sind. Dann ist der Händler aus dem Haus gekommen, in dem Neisin Turam lebt, wenn er nach Deir Ardon kommt und sehen will, wie die Geschäfte laufen. Er hat ihn angeschrien und der Mann ist aufgestanden und hat die Last aufgenommen, die neben dem Eingangstor stand. Sie war viel zu schwer für ihn. Wie kann man so mit einem Menschen umgehen? Auch Barun hat einen Diener, der ihm gehört und den er mitnehmen kann, wohin er will. Er macht das den Menschen aus dem Süden nach. Auch er ist manchmal rücksichtslos mit ihm, ich habe es gesehen, doch die Augen des Mannes sind lebendig und er wehrt sich, wenn ihm zu viel wird, was Barun verlangt. Der Mann mit den leeren Augen aber wird nicht mehr lange leben. Eigentlich ist er jetzt schon tot."

Lugran schwieg. Die Gesellen sahen betroffen vor sich auf den Boden. Ained starrte den Gießer erschüttert an. Sein eigenes Schicksal erschien ihm plötzlich in einem anderen Licht. Auch er hatte seine Heimat verloren, wie jener Mann. Doch er lebte bei Menschen, die sahen, was mit ihm geschah. Ausgenützt wurde er hier nicht. Er wollte etwas sagen, ohne dafür die Worte zu finden. Noira aber stand auf und ging zu ihrem Mann. Sie kniete vor ihn hin und fuhr mit der Hand langsam über seine Stirn, auf der sich während der Erzählung zwei tiefe Furchen eingegraben hatten.

„Lass es", sagte sie leise. „Du kannst ihnen doch nicht helfen."

Ained sah das traurige Lächeln in ihrem Gesicht. Es war voller Mitleid für Lugran und den fremden Mann, den sie nur aus seinen Worten kannte. Ihr Ausdruck berührte den Jungen so, dass er die Ablehnung, mit der sie ihn oft behandelt hatte, völlig vergaß.

„Auch Neisin Turam erlaubt sich viel bei seinen Leuten", hörte er sie sagen. „Ich habe es gesehen, als ich seiner Frau den neuen Bronzering brachte. Seine Diener tun mir Leid. Es ist, als ob sie in seinen Augen kein eigenes Leben hätten." Sie beugte sich wie schützend über Lugrans Kopf. Ihr Haar schimmerte hell im Licht des Feuers. Ained sah ihr zu und wunderte sich, warum ihm nicht früher aufgefallen war, wie schön ihre Bewegungen waren.

„Ja", gab Lugran zurück. „Er hat große Macht. Doch die Seele eines Menschen stehlen, das kann er nicht. Das weiß ich und er weiß es auch. Es ginge nicht lange und er würde dafür umgebracht."

7. Die blauen Vögel

Arwa stieg über die Schwelle und schloss die Türe hinter sich. In der Hand hielt sie einen Korb. Kira hatte auf sie gewartet und hob den Korb auf ihren Rücken. Arwa verschob die Nadeln vorne auf der Schulter so, dass sie nicht störten, und befestigte das Tragband über der Brust. Dann wandte sie sich zur Freundin um.

„Jetzt hast auch du die farbigen Bänder im Haar", stellte sie fest. „Wie geht es dir?"

Kira lachte: „Nun ist alles wie früher. Am ersten Tag war mir nicht gut. Ich bin auch ein bisschen erschrocken, wie ich das Blut gesehen habe."

„Du bist lange im Haus geblieben. Ich habe dich vermisst."

Nebeneinander gingen sie durch das Dorf. Auch an ihrem Kleid konnte man gleich sehen, dass Kira eine Frau geworden war; es war mit einem breiten Band gegürtet und fiel fast bis auf den Boden. Daneben kam sich Arwa mit ihrem Rock fast wie ein Kind vor. Sie war etwas scheu, doch gleichzeitig auch neugierig darauf, was der Freundin geschehen war.

„Als das Blut gekommen ist", begann sie zögernd, „hat es dir wehgetan?"

„Ein bisschen schon", gab Kira zurück. „Aber dann hat mir Mutter gesagt, dass man sich nicht dagegen wehren darf. Es ist wichtig, was geschieht. Die Erde trinkt das Blut und wird wieder stark. Darnai ist glücklich darüber und beschützt uns in dieser Zeit auch mehr als sonst. Die Männer opfern den Stier beim Frühlingsfest, weil sie das nicht verstehen."

Sie lächelte. „Es sind die Frauen, die machen, dass Darnai zufrieden ist und die Erde Früchte trägt."

Kira überlegte einen Augenblick. Dann fuhr sie fort: „Mehr kann ich darüber nicht sagen. Für dich ist die Zeit noch nicht gekommen. Ich habe mich zuerst ein bisschen gefürchtet, doch jetzt verstehe ich es und die Angst ist gegangen. Mutter hat mir auch gezeigt, wie sie die feinen Stoffe mit dem eingewebten Muster macht. Und dann – am Abend, nachdem das Blut wieder gegangen war, hat sie mir ein neues Kleid gegeben und die farbigen Bänder ins Haar geflochten. Vater hat die Flammen auf dem Herd gelöscht und ich habe mit dem Stein ein neues Feuer geschlagen."

„Jetzt bist du wirklich eine Frau", sagte Arwa bewundernd. „Kommst du trotzdem mit mir aufs Feld?"

„Sicher. Daran ändert sich doch nichts!"

Sie verließen das Dorf und gingen durch den Sumpf auf die Äcker. Ihre Familien hatten in diesem Jahr den Mohn auf angrenzenden Flächen ausgesät. Die Pflanzen waren noch nicht stark und der Boden musste gejätet werden, doch zusammen ging die Arbeit viel leichter. Arwa bemerkte, dass bei ihnen die Mutter schon einen großen Teil der wilden Pflanzen ausgerissen hatte. So wechselte sie bald den Acker und half der Freundin. Nebeneinander gingen sie über die weiche Erde, sorgfältig, um die kleinen Mohnpflanzen nicht zu beschädigen. Sie lockerten mit der Hacke den Boden und entfernten die Unkräuter, die viel zu schnell wuchsen und zwischen denen die feinen Pflanzen oft schwer zu entdecken waren. Die beiden kannten ein Lied, das zur Arbeit passte und das sie gerne mochten. Es war ein langes Lied, das von einer jungen Frau erzählte, die sich beim Frühlingsfest in einen Mann verliebte, ohne zu wissen, aus welchem Dorf er kam. Nach dem Fest suchte sie ihn lange, ohne ihn zu finden, und vergaß darüber ihre Freundin und die Eltern:

„Sie verschwand eines Nachts, ohne etwas zu sagen.
Ihre Freundin fragte den Wind,
ihre Freundin fragte die Wolken,
doch niemand hatte sie gesehen.
In den klaren Nächten fielen Sterne
wie große Tränen vom Himmel.
Da wusste die junge Frau,
dass sie Aruna nie mehr treffen würde."

Es war ein trauriges Lied und trotzdem sangen sie es gern. Als sie es beendet hatten, arbeiteten sie schweigend weiter.

„Madrin hat eine Frau genommen", sagte Kira plötzlich. „Ich habe sie gestern gesehen. Sie können im Haus der alten Dubra wohnen."

Arwa hielt in der Arbeit inne. Sie nickte stumm.

„Gefällt sie dir?", fragte die Freundin weiter.

„Ich weiß nicht", gab Arwa zurück. „Ich habe gedacht, dass Madrin eine schönere Braut findet. Er hat niemandem gesagt, dass er sie schon lange kennt. Sie haben in der Familie der Frau das Hochzeitsfest gefeiert. Sie heißt Feirla und hat keine Verwandten hier im Dorf. So ist sie vor wenigen Tagen zu meiner Mutter gekommen, weil Vater Madrins Freund gewesen ist, und hat sie gebeten, ihr zu helfen, wenn das Kind geboren wird. Ihr Bauch ist schon ganz rund."

„Ich habe gehört, dass sie in die Zukunft sehen kann!" Arwa ließ die Hacke fallen und stemmte die Fäuste in die Seite. „So", sagte sie gedehnt, „sagt man das im Dorf?"

„Foirgans Tochter hat es gesagt."

„So!", wiederholte das Mädchen. „Foirgans Tochter. Die klatscht wohl gern." Sie bückte sich wieder und arbeitete weiter.

„Bist du böse?", fragte Kira plötzlich. „Du sagst ja nichts."

„Ich muss überlegen."

„Woran denkst du denn?"

„An Madrins Frau. Es ist wahr. Feirla ist nicht wie die anderen. Mir scheint, dass sie Dinge kennt, die nicht allen Menschen begegnen. Irgendwie – ich weiß nicht – sie ist noch jung und hat doch Augen fast wie eine alte Frau. Fast wie Urma, wenn sie am Feuer sitzt und spinnt. Aber sag's nicht weiter. Du weißt, wie schnell die Leute im Dorf über fremde Frauen reden."

„Mach dir keine Sorgen. Es wird ihr schon nichts geschehen. Madrin wird sie beschützen", sagte Kira beruhigend. Zufrieden arbeiteten sie weiter.

„Arwa, Arwa", hörten sie plötzlich eine Stimme. Von weitem sahen sie Tairi auf den Acker zulaufen. Atemlos blieb er an der Hecke stehen.

„Arwa, komm schnell. Die Kuh hat Junge bekommen."
Das Mädchen wandte sich unsicher der Freundin zu.
„Geh nur", sagte diese. „Ich mache hier allein weiter."
„Wo sind sie?", fragte Arwa den jüngeren Bruder.
„Auf der Lichtung neben der großen Eiche. Man muss sie nach Hause bringen." Aufgeregt zog er sie mit. „Aber als sie gekommen sind, war ich ganz allein. Es sind zwei. Ich habe ihr geholfen. Nur ich. Doch ins Dorf zurücktragen kann ich sie nicht und die anderen Jungen müssen die Herde hüten. Sie haben gesagt, dass sie auch unsere beiden Rinder am Abend in den Pferch treiben. Komm, du musst die Jungen sehen. Sie sind noch ganz nass. Eines versucht schon aufzustehen."

Arwa hatte sich auf die Butter gefreut und auf den Quark, den Daigra aus der Milch machen würde. Nun aber wollte die Mutter beide Tiere aufziehen und es blieb keine Milch für die Menschen. Trotzdem war Arwa froh, dass die Kälbchen überlebten. Sie brachte der Kuh zusammen mit Tairi jeden Tag Gras oder Blätter in den Pferch, solange sie wegen der Jungen nicht mit der Herde auf die Weide gehen konnte. Vergnügt sah sie zu, wie die Kälbchen immer durstig der Mutter folgten. Im Pferch neben dem Dorfzaun blieben alle Rinder in der Nacht, wenn nicht genügend junge Männer die Herde draußen bewachen konnten. Am Tag trieben die Jungen des Dorfes die Tiere zusammen in den Wald, doch in der Nacht waren sie nicht erfahren genug, um sich gegen Diebe zu wehren. Rinder waren begehrt. Selbst von Neisin Turam sagte man, dass sich seine Herde schneller vermehre, als die Kühe Nachwuchs bekommen könnten.

Urma hatte nicht mehr aufgehört zu husten. An einem Morgen polsterte Daigra ihr Bett mit neuem Moos und legte ein Fell darüber. Dann nahm sie Urma den Mahlstein weg und bat sie, sich niederzulegen.

„Wir wollten doch Brot backen", wehrte sich die alte Frau zuerst.

„Arwa wird das Mehl mahlen. Ruh dich bitte aus." Daigra sagte es bestimmt. Dann machte sie eine Suppe aus Wurzeln und brachte ihr eine dicke Decke.

Urma stand nicht mehr auf. Sie hatte glänzende Augen und wurde immer schwächer. Manchmal schlief sie auch am Tag oder gab keine Antwort, wenn man mit ihr sprach. Eines Abends bat sie, Ardun nochmals sehen zu können. „Es eilt nicht", fügte sie an.

Arwa stand auf und blickte die Mutter an. „Ich gehe auf dem Weg noch beim Pferch vorbei."

Sie hatte seit dem Frühlingsfest kaum mehr mit ihrem älteren Bruder gesprochen. Er war ihr in diesem Sommer noch fremder geworden. Doch wenn es Urma wünschte, war es für sie selbstverständlich, dass sie zu den Verwandten ging und ihn holte.

Saima, die Fischersfrau, hieß das Mädchen willkommen und bat es, sich noch ein wenig zu gedulden. Ihr Mann, Salgan, und Ardun kämen bald. So setzte sich Arwa auf den Vorplatz. Schräg vor dem Fischerhaus, in der Nähe des Dorfschreins, lag das Haus des Gießers. Es war nicht größer als die meisten Häuser des Dorfes, doch es war sorgfältiger gezimmert. Die Eingangspfosten bei der Tür waren sogar geschnitzt und die Werkstatt, in der immer noch gearbeitet wurde, war angebaut. Ained saß in der Nähe der Türe, ein Gussstück in der Hand. Er schliff daran herum mit einem zufriedenen Ausdruck im Gesicht, den sie nicht verstand. Warum sah er nur so knochig aus? Sicher bekam er nicht genug zu essen. Es konnte nicht nur die Arbeit sein.

„Warum liegt die Holzkohle noch immer in der Feuerstelle?", hörte sie jemanden rufen. „Und neues Holz gibt es auch noch keines."

Ained legte das Werkstück auf den Boden, stand auf und verschwand im Inneren der Hütte. Arwa war verblüfft. Mit den Jungen des Dorfes hatte er sich oft wegen Kleinigkeiten geprügelt, doch hier nahm er die bösen Worte hin, ohne den Ausdruck in seinem Gesicht zu verändern. Hatte der Gießer den Jungen verzaubert? Aber Ained sah gar nicht so aus. Er kam durch die Öffnung vor die Werkstatt, um Holz zu holen, das dort bis unter das Dach aufgestapelt war. Er bemerkte sie und winkte ihr zu.

„Besuchst du deinen Bruder?", fragte er.

Bevor sie antworten konnte, schrie es wieder und Ained ging, die Arme voller Holz, in den Raum zurück.

„Du solltest erst sehen, wie Noira ihn behandelt", sagte eine Stimme. „Ich möchte nicht mit ihm tauschen."

Sie wandte sich um. Ardun stand neben ihr und hielt ihr zwei große Fische hin. „Bring sie Mutter", bat er. „Ich hätte gern Aale gefangen, doch in diesem Sommer vergraben sie sich den ganzen Tag im Schlamm."

Arwa schüttelte den Kopf: „Ich komme nicht wegen der Fische. Urma ist krank. Ich glaube, sie wird nicht mehr lange leben. Sie hat gesagt, dass sie dich sehen will."

Ardun ließ die Fische sinken. „Urma", sagte er leise. Für einen kurzen Augenblick sah er auf den See hinaus. Seine Augen waren plötzlich dunkel. Dann nahm er Arwas Hand wie zurzeit, als sie noch Kinder gewesen waren. Nebeneinander gingen sie auf den Dorfplatz zu. Ein Mädchen rannte an ihnen vorbei auf der Suche nach einem Versteck. Neben Foirgans Haus stand ein kleiner Junge an die Wand gelehnt und hielt sich die Augen zu.

„Eine, deine, keine, die Ente schwimmt im See,
der Hirsch rennt durch die Wälder, die Zecken tun mir weh.
Wenn ich die Lachse fange und Aale packen kann,
dann steck ich sie an Spieße und fang mit Braten an."

Dann wandte sich der kleine Junge um. „Ich komme", schrie er und begann, mit seinen Augen die Häuserzeilen abzusuchen.

Arwa musste lachen. Wie oft hatte sie früher mit den Kindern des Dorfes Verstecken gespielt. Auch Ardun war immer dabei gewesen. Sie spürte seine Hand, die vom Rudern ganz schwielig geworden war. Er war nun älter geworden. Darum hatte er sich verändert und sprach nicht mehr auf die gleiche Art wie früher mit ihr. Sie sah auf und bemerkte, dass auch der Bruder sie mit einem Lächeln betrachtete. Getröstet ging sie neben ihm auf das Haus zu, in dem Urma auf sie wartete.

Urma bestand am nächsten Morgen mit leiser, aber fester Stimme darauf, dass sie keine Rücksicht auf sie nahmen und auf den Acker gingen. Doch in der Mitte des Tages schickte die Mutter Arwa ins Dorf zurück, um nach der alten Frau zu sehen. „Ich möchte nicht, dass sie allein ist, wenn ihr etwas geschieht", sagte sie dabei.

Arwa lief durch die Ebene. In der Ferne hörte sie ein Wiehern. Sie war in Gedanken versunken und achtete nicht darauf. So war sie überrascht, als sie beim Eingang zum Sumpf den Wagen von Neisin Turam bemerkte. Einer seiner Diener stand vorne bei den Pferden und redete beruhigend auf die Tiere ein.

„Der Herr ist da", rief ein Kind aufgeregt, als sie das Dorf betrat. Einer der Lanzenträger stand bei der Palisade und musterte sie neugierig. Arwa vergaß Urma. Sie lief neben dem Kind zum Dorfplatz. Vor dem Eingang zum Gießerhaus war eine Menschentraube versammelt. Auch hier war einer der Männer vom Hof. Er kauerte nachlässig an die Wand gelehnt und hielt sich an seiner Lanze fest. „Geht doch weg", sagte er zu den Leuten. „Es gibt nichts zu sehen. Er bespricht nur einen Auftrag mit dem Gießer."

In diesem Augenblick öffnete sich die Türe. Der junge Mann sprang auf und Neisin Turam kam heraus, mit einem einfachen Umhang über den Schultern, wie er ihn sonst zum Jagen trug. Noira begleitete ihn und gab ihm beim Eingang das Schwert zurück, das er beim Eintreten dort abgelegt hatte.

„Schickt nach dem nächsten Vollmond einen eurer Männer vorbei", sagte sie. „Bis dann werden die Lanzenspitzen fertig sein. Wollt ihr sie selbst schäften lassen?"

Neisin Turam nickte und verabschiedete sich. Die Menschen wichen auseinander, um ihm Platz zu machen.

„In den Hügeln sind wieder Händler überfallen worden", flüsterte eine der Frauen. „Die Lanzenträger haben es mir erzählt. Ein Mann wurde dabei getötet. Sogar die Lastenträger haben sie angegriffen. Es sind nicht die Ausgestoßenen vom Berg, die manchmal Reisende plündern. Es muss eine ganze Bande gewesen sein."

„War Neisin Turam darum hier?", fragte Arwa.

„Ja. Er hat bei Lugran Lanzenspitzen bestellt, um mehr seiner Leute bewaffnen zu können." Die Menschen auf dem Platz murmelten betroffen. Die Zeiten waren nicht mehr sicher.

„Das alles kommt vom Handel mit den kostbaren Dingen." Kiras Vater lachte bitter. „Wer denkt schon daran, einfache Leute auszurauben? Mit den vielen Händlern wird das Leben schwierig für uns alle."

Arwa kam plötzlich wieder die alte Frau in den Sinn. Sie erschrak. So schnell sie konnte, lief sie durch die Gassen. Sie hörte Urma von weitem husten und schlüpfte in den halbdunklen Raum, um nach ihr zu sehen. Die alte Frau lag neben dem Feuer unter den warmen Decken. Sie hustete nicht mehr, doch ihr Atem war noch immer hart. Arwa bemerkte die glänzenden Augen, die ihre Bewegungen verfolgten. Sie legte ein neues Scheit ins Feuer und kniete bei ihr nieder.

„Wie geht es dir?", fragte sie.

Urma gab keine Antwort, doch langsam kam ihre Hand unter der Decke hervor und legte sich auf Arwas Knie. Das Mädchen sah die weiße, durchsichtige Haut, die fast nur noch über Knochen lag. Mit seiner Hand strich es scheu darüber und hielt sie dann fest. Plötzlich lächelte die alte Frau.

„Nun ist es gut", sagte sie leise. „Geh nur. Ihr habt sicher viel Arbeit auf dem Feld."

„Möchtest du etwas vom Mohnsaft trinken?"
Urma nickte. Ein neuer Hustenanfall schüttelte sie. Als sie wieder atmen konnte, hob Arwa den Kopf, der in den letzten Tagen ganz leicht geworden war, und flößte ihr etwas von der Flüssigkeit ein. Dann schob sie die Ränder der Decke unter die dünnen Arme. Die alte Frau hatte die Augen geschlossen und ihre Atemzüge gingen wieder ruhig.

So verließ Arwa den Raum. Die Helligkeit draußen blendete sie fast. Vor ihr standen dicht gedrängt die anderen Häuser der Gasse mit den schindelgedeckten Dächern. Eines der Schweine wälzte sich vor ihr in der feuchten Erde. Ein Säugling schrie. Das Schwein stand auf und trottete durch die Gasse auf der Suche nach Abfall. Sie sah die gebogenen Hauer und die langen, weichen Borsten auf der dunklen Haut. Alles war plötzlich ganz deutlich, viel schärfer als sonst. Sie hörte Urma wieder husten und wie ein kalter Hauch berührte sie der Gedanke, dass der Tod auch auf sie einmal so warten würde. Durga trat auf der anderen Seite der Gasse vors Haus. Sie trug den Säugling in einem Tuch vor der Brust und sang ihm leise ein Lied. Sie lächelte, als sie Arwa sah, und diese gab den Gruß zurück, bevor sie das Haus verließ, um der Mutter im Linsenfeld zu helfen.

In der nächsten Vollmondnacht starb Urma. Es war, wie wenn eine Flamme erlöschen würde. Arwa bemerkte nichts. Als sie erwachte, sah sie, wie ihre Mutter neben dem Feuer kniete und weinte. Daigra kämmte der alten Frau das Haar und sang dazu das Lied von den blauen Vögeln, die die Barke mit den Seelen über den Fluss ins Reich der dunklen Göttin bringen. Plötzlich liefen auch Arwa die Tränen über das Gesicht. Sie dachte daran, dass ihr nun niemand mehr in der Nacht die alten Geschichten erzählen würde, wenn sie aus einem bösen Traum erwachte und nicht mehr schlafen konnte. Niemand würde ihr über die Haare streichen und leise sagen: „Die Götter schicken die Träume, damit die Menschen die Anderswelt kennen lernen. Du musst mutig sein."

Tairi schluchzte laut, als er das eingefallene, weiße Gesicht sah. Er kannte die alte Frau, solange er sich zurückerinnern konnte.

„Igrain ist gegangen, um es den Nachbarn zu sagen", sagte die Mutter ganz ruhig. „Wollt ihr Blumen holen? Wir wollen Urma schmücken, damit sie schön aussieht, wenn die Menschen aus dem Dorf kommen und Abschied nehmen."

8. Die Fackel der Göttin

Daigra trug auch nach dem Begräbnis die Haare offen, nur mit einem weißen Band zusammengehalten. Sie hatte die Schläfenlocken abgeschnitten und neben die alte Frau auf den Scheiterhaufen gelegt. Jetzt sah das Gesicht der Mutter viel strenger aus. Auch Arwa hatte eine Locke mitgegeben, doch sie und Tairi trauerten nicht lange. Das Wetter war schön und sie vergnügten sich wie alle jungen Leute im warmen See. Sie suchten im Wasser Muscheln und machten Wetten, wer länger und tiefer tauchen konnte. Die Muscheln und Schnecken, die man essen konnte, lagen tief. Arwa hatte ein Netz an ein Stück Holz gebunden und füllte es mit allem, was sie fand.

Ganz in der Nähe ruderten die älteren Jungen in Booten. Beim Sommerfest gab es ein Rennen mit den Leuten von Deir Ardon und schon die Kinder übten dafür. Der Einbaum war schmaler als die, die man zum Fischen brauchte. Auf beiden Seiten war er mit langen Schlangen verziert, deren Köpfe sich vorne am Bug fast trafen. Ein solches Boot hielt nun auf das Ufer zu. Arwa hörte die Jungen tuscheln. Sie ruderten an ihr vorbei und liefen auf einem Sandstreifen auf. Erst jetzt bemerkte Arwa Ained, wie er am Wasser kauerte und seine Kleider wusch. Er trug seit einiger Zeit nicht mehr die Kleider aus Leder, in denen er ins Dorf gekommen war, sondern Jacke und Hose aus Stoff, wie die anderen Männer in Kernu An. Arwa fragte sich, warum Noira nicht für ihn wusch wie für die anderen Bewohner des Gießerhauses. Vielleicht war es ihr zu viel. Sicher war es ihr auch gleichgültig, wenn die Leute im Dorf Ained deswegen verspotteten. Die Jungen im Boot fuhren bestimmt auch nur dazu ans Ufer.

„Hast du nicht genug vom Waschen?", hörte Arwa eine Stimme. „Du bist doch ein Mann. Wir müssen alle für das Rennen üben."

Einer der Jungen lächelte freundlich, doch Arwa sah, wieAined zurückwich. „Ich habe zu tun", entgegnete er verschlossen.

„Dein Kleid ist sicher schon sauber", rief ein anderer. „So schmutzig bist du nun auch wieder nicht."

Erun, der Sohn des Dorfältesten, stieß ihn an. „Sei still, so kommt er nicht mit."

„Steig ein", sagte der Junge, der vorher gelächelt hatte. „Du musst die Kleider bestimmt in die Sonne legen. Trocknen können sie auch ohne dich."

Unsicher blickte Ained die Ruderer an. Arwa bemerkte, dass er nicht wusste, ob er ihrer unerwarteten Freundlichkeit trauen konnte. Da sprang Erun aus dem Boot, blieb im seichten Wasser stehen und hielt die Spitze des Einbaums fest.

„Wir sind für dich hierher gefahren", sagte er. „Komm, lass uns nicht warten."

Ained blickte sich um, doch nichts geschah in der Nähe, das ihm Grund für eine Absage gegeben hätte. Er sah nur die erwartungsvollen Gesichter der Ruderer vor sich. So legte er die nassen Kleider zum Trocknen auf den Uferkies, watete ins Wasser und stieg über die Spitze ins Boot. Ained setzte sich und nahm das Ruder, das sie ihm gaben. Dann fuhren sie hinaus. Arwa hatte erwartet, dass Erun die Spitze loslassen würde, im Augenblick, in dem Ained über die Bordwand stieg. Sie hatte schon ihr Lachen gehört, wenn sie zusahen, wie er das Gleichgewicht verlor und ins Wasser fiel. Doch nun saß er zwischen ihnen. Einer zeigte ihm, wie er das Ruder drehen musste, bevor er es im gleichen Rhythmus wie sie wieder aus dem Wasser zog.

Arwa wandte sich um und begann, von neuem zu tauchen. Sie wurde erst wieder auf die Jungen aufmerksam, als sie anfeuernde Schreie neben sich hörte. Arwa schwamm näher ans Ufer und stand im seichten Wasser auf. Nun sah auch sie die beiden Schlangenboote. Sie schossen Seite an Seite über die glatte Fläche. Die Boote wurden immer schneller, doch keiner

Mannschaft gelang es, einen Vorsprung zu gewinnen. Dicht nebeneinander jagten sie vorwärts, auf das Ufer zu.

Plötzlich hörte man Kreischen und dann Gelächter. Eines der Boote war gekentert. Es trieb leer auf dem Wasser. Die Jungen schwammen zu ihm zurück und hielten sich am Holz fest. Sie waren so nahe, dass man vom Ufer aus die lachenden Gesichter sehen konnte. Doch dann wurden alle mit einem Schlag ruhig und blickten auf eine Stelle, wo jemand mit den Armen verzweifelt um sich schlug. Der Junge verschwand im Wasser, kam wieder hoch und schrie. Da wusste Arwa, dass es Ained war. Sie sah erstarrt den Jungen zu, die bewegungslos den Kampf verfolgten. Warum half niemand? Machte es ihnen nichts aus zuzusehen, wie er versank? Der Kopf mit den aufgerissenen Augen verschwand und die Schreie wurden vom Wasser verschluckt. Arwa wollte um Hilfe rufen, doch ihre Kehle war wie zugeschnürt. Sie stand da und presste die Fäuste gegen die Brust. So war es auch bei Vater gewesen. Auch er hatte geschrien. Sie hatte es im Pfeifen des Sturmes deutlich gehört. Auch er war nicht wieder aufgetaucht. Tränen liefen ihr über das Gesicht. Diesmal stürmte es nicht, diesmal konnte man doch etwas tun!

Dann war der Einbaum da. Es war Tarin, der kam. Zornig schrie er die Jungen an. Zwei schwammen zu ihm und hielten das Boot fest. Er beugte sich über den Rand und zog den bewegungslos treibenden Körper an den Haaren zu sich. Sie halfen ihm, ihn ins Boot zu heben. Er wendete wortlos und jagte dem Ufer zu, wo einige Fischer, aufmerksam geworden, ihm entgegenkamen. Einer hob den schlaffen Körper und wartete, bis kein Wasser mehr aus Mund und Nase floss. Dann legte er Ained auf den Boden und stieß mit beiden Händen in seinen Magen, immer wieder, bis man das Husten hören konnte. Der Mann schien den Gießersohn etwas zu fragen und als der nickte, kehrten die Fischer zu den aufgespannten Netzen zurück.

Arwa wischte sich die Tränen aus dem Gesicht und ging näher. Tarin legte den zitternden Körper auf die Seite, sah zu ihr auf und sagte: „Wir brauchen eine Decke." Sie nickte wortlos und rannte in die Siedlung. Als sie zurückkam, standen die Jungen aus den beiden Booten verlegen herum.

„Er war es, der das Boot zum Kentern brachte", sagte Erun, wie um sich zu entschuldigen.

„Er kann nicht einmal richtig rudern", fügte Dogan, Kiras Bruder, an.

Tarin beachtete sie nicht. Er war dabei, Ained in seinen Umhang einzuwickeln. Erst jetzt bemerkte er Arwa. „Hilf mir", sagte er nur.

Zusammen schoben sie den Körper mit den blauen Lippen auf die Decke. Dann wies der Gießersohn zwei der Jungen an, ihm und Arwa zu helfen. Zu viert hoben sie Ained in der Decke hoch und gingen auf das Dorf zu. Das Tuch schlingerte unregelmäßig hin und her. Ained stöhnte. Arwa starrte in das blutleere Gesicht. Seine Augen waren halb geschlossen. Die dunklen Haare bildeten wirre Strähnen, wie an jenem ersten Tag, als er ins Dorf gekommen war. Wo Tarins Umhang ihn nicht ganz einhüllte, sah man die blasse Haut. Zwischen den Falten des Stoffes lugte der Fellbeutel hervor, den er wie immer um den Hals gehängt hatte. Arwa erinnerte sich wieder an die Tränen, die sie damals im Wald in seinen Augen gesehen hatte. Plötzlich wurde sie wütend. So etwas konnte man doch nicht tun, auch wenn man jemanden nicht mochte! Sie presste die Lippen zusammen. Ihre Hände krallten sich in den Stoff. Die Haut über den Knöcheln wurde ganz weiß.

Tarin bemerkte es und sah zu ihr hinüber. Er nickte ihr aufmunternd zu. „Er ist stark", sagte er bestimmt. „Er wird nicht sterben. Du musst dir keine Sorgen machen."

Bei diesen Worten begriff sie, wie wichtig Ained ihr war. Es war nicht wegen Vater gewesen, dass sie geweint hatte, es war wegen ihm. Es hatte sie nicht einmal gestört, dass alle die Tränen gesehen hatten und sie ihretwegen hänseln würden. „Arwa ist verliebt", würden sie rufen. „Arwa hat einen Schatz. Einen Dreckspatz aus den Bergen." Sollten sie doch sagen, was sie wollten. Sie würde sich nicht darum kümmern. Zu solchen Leuten wollte sie nicht gehören, die zusahen, wie jemand vor ihnen ertrank.

Es kam nicht so, wie Arwa es erwartet hatte. Am nächsten Tag spottete niemand über ihre Tränen. Vermutlich hatte auch nur Tarin sie bemerkt. Die Dorfbewohner waren zu sehr damit beschäftigt, was auf dem See geschehen war. Alle wussten, dass Lugran zu Foirgan gegangen war, um das Geschehene zu besprechen. Nun verbreiteten sich verschiedene Gerüchte über den Inhalt des Gesprächs, denn die beiden Männer schwiegen sich darüber aus. An einem dieser Abende ging Arwa wie sonst so oft zu Kira hinüber, um mit ihr zu spinnen. Nebeneinander saßen sie an der Außenwand des Hauses, den Spinnrocken in der einen Hand. Mit der anderen Hand drehten sie in einem Schälchen die Spindel, an der der Fadenknäuel immer dicker wurde. Sie hörten einer Geschichte zu, die Kiras Mutter den kleinen Kindern erzählte. Arwa war nur mit halbem Ohr bei der Erzählung. Immer wieder kam ihr die Erinnerung an das Geschehen am See. Sie hätte gerne in Erfahrung gebracht, wie es Ained ging, doch sie hatte sich nicht getraut nachzufragen. Dem Gießersohn war sie nicht begegnet und einfach so ins Gießerhaus gehen, das konnte sie nicht.

„Ained schläft nicht mehr draußen", sagte Kira plötzlich.

Arwa wurde verlegen. Hatte die Freundin ihre Gedanken erraten? „Sicher nicht", gab sie zurück. „Er ist doch krank."

„Überhaupt nicht. Er ist ganz gesund. Ich habe ihn auf dem Dorfplatz gesehen. Die ganze Aufregung seinetwegen war umsonst."

Arwa legte den Spinnrocken in ihren Schoß. Sie schüttelte den Kopf. Wie konnte Kira so etwas sagen? Auch wenn es Ained wieder gut ging, war es nicht gleichgültig, was geschehen war.

„Heute Morgen beim Wasserholen habe ich gehört, dass Tarin gedroht hat, neben Ained im Freien zu übernachten, wenn der nicht neben ihm schlafen dürfe", fuhr Kira fort. „Nicht bei den Gesellen! Dort, wo Lugran und Noira und das Mädchen ihre Schlafstelle haben. Tarin hat sich bei seiner Mutter durchgesetzt. Ich konnte es kaum glauben."

„Von wem weißt du das?"

„Die Tochter des Ältesten, Ersa, hat es erzählt. Sie hat den Streit zwischen Tarin und Noira gehört. Sie hat gesehen, wie Tarin nach draußen gegangen ist und die Schlafdecke von Ained holte. Ersa meint, es sei alles gar nicht so schlimm. Er schreit auch nicht mehr in der Nacht."

Ungläubig starrte Arwa Kira an. Merkte sie denn nicht, dass die Tochter des Dorfältesten dies alles nur erzählte, weil sie die Leute beschwichtigen wollte, die ihrem Bruder vielleicht Vorwürfe machten.

„Eigentlich verstehe ich nicht, warum Tarin Ained so mag", erzählte Kira weiter. „Der Fremde bleibt sowieso nicht lange im Gießerhaus. Wenn er alt genug ist, dass er für sich selbst sorgen kann, schickt Lugran ihn weg. Das weiß ich genau. Einer der Gesellen hat es gesagt."

Arwa erschrak. Sie dachte an Ained, wie er zitternd vor ihr auf der Decke gelegen hatte, an die schwarzen Haarsträhnen und die blauen Lippen. So schutzlos und schwach hatte er ausgesehen. Sie war froh gewesen, dass wenigstens Tarin sich um ihn kümmerte und ihn auch jetzt beschützte.

Kira schien Arwas Erschrecken nicht zu bemerken. „Auch Ained mag den Gießersohn", fuhr sie unbekümmert fort. „Er hat Tarin sogar seinen Bogen geschenkt, obwohl ihm die Waffe wichtig ist. Er hat das Holz am ersten Tag gesucht, an dem er zu uns gekommen ist. Er versteht etwas davon, das hat sogar Vater gesagt."

Skarin, der neben dem Hauseingang saß und an einem Weidenkorb flocht, blickte auf. „Ich habe noch nie gesehen, dass jemand so schnell einen Bogen gefertigt hat. Auch seine Pfeile sind gut. Ich habe ihn kürzlich im Wald damit gesehen. Er ist zwar nur ein Bergmensch, doch von Jagdwaffen versteht er viel."

Kira nickte: „Vielleicht mögen ihn die Jungen darum nicht? Mit meinem Bruder hatte er sofort Streit."

Dogan saß neben dem Vater und bereitete die Weidenzweige vor. „Wir mögen ihn nicht, weil er dumm ist", sagte er bestimmt.

Arwa schoss zu ihm herum: „Auch du warst im Boot. Warum hast du Ained nicht geholfen? Du hast ihn doch gekannt. Er hat bei euch gelebt."

Der junge Mann fuhr zusammen: „Denkst du, ich will mein Leben riskieren, um so einen zu retten? Er ist selbst schuld, wenn er nicht schwimmen kann." Seine Stimme klang gereizt.

Doch Arwa gab nicht nach. Sie wollte nun wissen, was geschehen war. „Du kannst gut schwimmen. Du hättest dich nicht davor fürchten müssen, dass er dich in die Tiefe zieht. Am Schluss hat er sich ja nicht einmal bewegt."

„Du hast aber genau zugesehen. Warum hast du ihm nicht geholfen, wenn er dir so wichtig ist?"

Arwa wurde rot. „Ich war viel zu weit weg. Ich stand am Ufer."

„Gefällt er dir so gut, dass du dich seinetwegen mit meinem Bruder streitest?", fiel Kira ein.

Arwa schüttelte den Kopf. „Das ist es nicht. Auch wenn man jemanden nicht mag, kann man ihn doch nicht einfach ertrinken lassen." Obwohl sie unsicher geworden war, starrte sie noch immer Dogan an. „Warum habt ihr ihn im Schlangenboot mitgenommen? Ihr habt doch sicher gewusst, dass er nicht schwimmen kann."

„Das stimmt nicht", stritt der Junge ab. „Das wussten wir nicht. Und überhaupt – ich war im anderen Boot. Es war Ained, der uns mit dem Ruder angestoßen hat. Sicher sind die anderen darum gekentert. Aber mir ist es gleich. Die Hauptsache ist, dass er nicht mehr bei uns lebt."

„So, das reicht", fuhr Skarin mit scharfer Stimme dazwischen. „Ob ihr ihn mögt oder nicht – solange er bei Lugran ist, gehört er zu uns. Er ist kein Fremder mehr. Ihr hättet ihm helfen müssen. Jetzt arbeiten wir weiter."

Dogan duckte sich und legte dem Vater schweigend neue Weidenzweige hin. Arwa musterte Skarin überrascht. Von ihm hatte sie eine solche Stellungnahme nicht erwartet. Er hatte Ained oft rücksichtslos behandelt. Doch irgendwie gab es für ihn trotzdem eine Grenze, die man nicht überschreiten durfte. Gerne hätte sie den Mann gefragt, wo für ihn der Unterschied lag. Doch der saß wieder abweisend über seinem Korb. Auch sonst war die Stimmung unangenehm geworden. Kira schielte unzufrieden zu ihr hinüber, als ob sie ihr Vorwürfe machen wollte. So nahm Arwa ihre Wolle und ging nach Hause.

Nur wenige Tage später kam der Regen, stark und während eines halben Mondes fast ohne Unterbrechung. Der See schwoll an und reichte bald bis zum Dorfzaun. Der Weg, der durch den Sumpf zu den Feldern führte, war überschwemmt. Es regnete selbst nach dem Vollmond weiter. Als das Wasser die Pfosten der Speicher umspülte und die ersten Häuser erreichte, begannen die Menschen, sich Sorgen zu machen.

Salgan, bei dem Ardun noch immer lebte, nahm seine Geräte, die in einem kleinen Anbau neben der Palisade lagen, und legte sie ins Innere des Hauses auf den Dachboden. Arwa war am Morgen hingegangen und verfolgte nun, wie ihm seine Töchter und Ardun halfen. Salgan stand auf dem Dachboden und Ardun auf dem schmalen Baumstamm, der vom Boden in die Höhe führte und in den Kerben für die Füße geschnitten waren. Die beiden Mädchen reichten ihm das große Netz und die Fischspeere. Ihr Bruder gab sie dem Fischer weiter. Das kleine Netz und die Ruder des Einbaums blieben beim Eingang an die Wand gelehnt. Der Boden neben der Feuerstelle war feucht.

„Wenn nur der Regen bald aufhört", sagte Saima, Salgans Frau. „Auf dem Acker verdirbt das Getreide. Wir haben in der Nähe des Feenbaums ein Stück Land mit Gerste bepflanzt, auf dem die Nässe schon stehen bleibt. Die Erde kann das Wasser nicht mehr schlucken."

„Bei uns ist es die Hirse", erwiderte Arwa und blickte auf den Boden. „Das ganze Feld ist überschwemmt und wir wissen nicht, ob wir viel ernten können. Darum hat mich Mutter auch geschickt. Die Vorräte vom letzten Jahr sind nicht mehr groß. Wenn wir im Herbst nicht genug ernten können, müssen wir das meiste, was uns bleibt, durch den Winter als Saatgut aufbewahren. Können wir von euch in der nächsten Zeit mehr Fische bekommen als sonst? Igrain geht selbst auf den See, so oft es ihm möglich ist, doch mit dem Netz fischen, das kann er nicht."

Der Fischer blickte freundlich vom Dachboden auf sie hinunter: „Für die Familie meiner Schwester gebe ich die Fische gern. Ardun ist ja hier und kann mir helfen. Wir werden jeden Morgen etwas länger draußen bleiben. Das geht, weil es auf dem Acker weniger Arbeit gibt. Wir alle werden in diesem Winter hungern. Die Götter wollen es."

Ardun sah ihn dankbar an. Arwa lachte. Sie war glücklich, dass sie mit einer guten Nachricht nach Hause gehen konnte. Sie blickte durch die offene Türe zum See hinüber. Vor der Öffnung troff das Wasser vom Schindeldach.

Eine der Töchter kam durch den Eingang mit einem großen Büschel Wiesenkerbel im Arm und gab es der Mutter. Saima hängte es an einen Pfosten beim Feuer auf. Arwa verfolgte ihre Bewegung. „Brauchst du die Pflanzen auch zum Färben?", fragte sie. „Meine Mutter hat noch Brennnesseln und Erlenrinde geholt. Sie sagt, dass ihr beim schlechten Wetter nichts anderes übrig bleibt, als mit der Winterarbeit zu beginnen."

„Auch ich färbe die Wollstränge in diesem Jahr früh", gab Saima zurück. „Holz hat es genug, um das Farbbad warm zu halten. Man muss die Äste nur lange genug trocknen."

„Etwas verstehe ich nicht." Nachdenklich musterte Arwa die Frau. „Wenn ein großer Regen kommt, fault das Getreide, und wenn er zu lange wegbleibt, werden Linsen und Bohnen gelb und vertrocknen. Aber die Gräser und die Bäume wachsen immer."

Saima nickte: „Die Bäume und die wilden Gräser sind da, seit die Erde geschaffen wurde. Aber das Getreide und die anderen Pflanzen, die wir jedes Jahr säen, hat die Ackergöttin den Menschen gebracht."

Arwa hörte aufmerksam zu. Das konnte sie gut verstehen. Für die wilden Pflanzen machte man kein Opferfest und auch die Fische und die Vögel gab es ohne die Menschen. Sie kamen immer wieder, selbst in den schlechten Jahren. Vater hatte gesagt, sie müssten dankbar sein, dass sich die Fische von ihm einfangen lassen. Sie sollten sich darüber freuen und alles, was sie erhielten, mit anderen Menschen teilen. Irgendwie war Arwa froh, dass sie sich an diese Worte erinnerte. Vater war ein erfahrener Fischer gewesen und hatte auch von seiner Beute immer großzügig abgegeben. Sie wollte so werden wie er.

Obwohl sich die Ähren schon zu bilden begannen, verfaulte fast aller Weizen auf den Äckern. Erst kurz vor dem Sommerfest kam die Sonne und sog das Wasser aus den Feldern. Es lag in tanzenden Nebeln über dem Boden und fing die Sonnenstrahlen auf. Die Menschen schöpften Hoffnung. Die Hirse und die Gerste standen zwar viel dünner als sonst, aber sie reiften.

Arwa ging an einem warmen Sommerabend glücklich durch die Ebene nach Hause. Sie hörte die Grillen zirpen und alles war voll mit dem Gesang der Vögel. Sie kam am Acker von Dubra, der alten Heilerin, vorbei und verfolgte von weitem, wie diese zusammen mit Feirla die Hecke entlang Pflanzen suchte. Sie wollte unbemerkt vorbeigehen, doch Madrins Frau erkannte sie und rief sie zu sich. So verließ Arwa den Weg und ging zu den beiden Frauen. Feirlas Kind war im letzten Mond geboren worden und nun trug die Frau den Säugling in einem Tuch vor der Brust. Sie lachte, als Arwa näher kam. „Kommst du mich einmal besuchen? Madrin wird sich bestimmt auch freuen."

„Meinst du?", frage Arwa zögernd.

„Sicher. Hast du gesehen, wie Kalai gewachsen ist?" Sie öffnete das Tuch und das Mädchen beugte sich vor, um den Säugling anzusehen. Er hatte die Augen geschlossen und die kleinen Fäuste neben dem Kopf geballt.

„Ich komme bestimmt bald vorbei", versprach Arwa, froh, dass Feirla nicht böse auf sie war, obwohl sie ihr so lange ausgewichen war. Zufrieden erreichte sie ihr Haus.

„Hast du gesehen, dass sogar etwas Mohn gewachsen ist?", fragte sie die Mutter. „Wir werden Kuchen backen können."

Daigra nickte. „Wir beginnen morgen auf den Feldern neben der Quelle mit der Getreideernte. Die Wintergerste ist reif. Wir müssen das gute Wetter nutzen."

Vom Nebenhaus hörte man laute Dengelschläge. Jemand schärfte schon die Sicheln. Auch Igrain achtete auf das Geräusch.

„Wir werden zusammen mit Skarin ernten", sagte er. „Es wird Zeit, dass wir unsere Geräte holen." Er stieg über den Schrägbalken auf den Dachboden und reichte Tairi die in Leder verpackten Sicheln. Dann setzte er sich mit dem Jungen ans Feuer und begann, die Holzgriffe mit Fett einzureiben und die Schneiden zu polieren, bis sie golden glänzten. Arwa sah ihm zu. Wenn sie es sich richtig überlegte, war sie eigentlich ganz froh, dass Igrain bei ihnen war. Ohne ihn würden sie sicher schon jetzt weniger zu essen haben als in anderen Jahren, denn Daigra teilte die Vorräte sorgfältig ein.

„Der Winter wird hart", sagte sie oft. „Wer weiß, wie viel wir ernten werden."

Und es war Igrain, der von Haus zu Haus ging, Steingeräte ausbesserte oder neue anfertigte, genau wie es ihre Besitzer wollten. Immer wieder brachte er dafür etwas nach Hause, das den Speisezettel bereicherte und mithalf, die Vorräte zu schonen.

Die Ernte des Wintergetreides dauerte bis zum nächsten Mond. Dann begann der Regen wieder. Die frisch geernteten Garben wurden ins Haus genommen und hingen dicht nebeneinander an langen Stangen unter dem Dach. Die Ähren mussten gut trocknen, damit sie nicht zu faulen begannen. In einigen Familien röstete man sie schon jetzt am Feuer und drosch sie aus. Die Menschen im Dorf warteten immer verzweifelter auf besseres Wetter. Es brauchte noch einige Zeit, damit das Sommergetreide reifen konnte. Doch die Sonne kam nicht, auch wenn das Wasser des Sees sich aus dem Dorf zurückgezogen hatte und nur noch bis zur Palisade reichte.

„Es wird ein schlimmer Winter", murmelten die alten Leute und erzählten von früheren Jahren. Sie wussten, was es hieß, wenn die Speicher schon im Verlauf der kalten Jahreszeit leer wurden und die Menschen das Saatgut aßen, das sie in ihren Häusern auf dem Dachboden aufbewahrten. Die Kinder, die solche Erfahrungen nicht kannten, kümmerte dies wenig. Sie freuten sich auf das Fest, auf das Bootsrennen und die Schilfsäulen am See. Es würde ein Opfer geben und alle im Dorf würden vom Fleisch der Opfertiere essen, so viel sie wollten. Für das Übrige würden die Eltern sorgen.

Am Morgen des Sommerfests kamen die Leute von Deir Ardon trotz des schlechten Wetters in ihren Booten über den See. In der Mitte der Gruppe fuhr das geschmückte Schlangenboot. Die Ruderer sangen. Die Menschen von Kernu An warteten dicht gedrängt am Ufer. Arwa stand bei den anderen Mädchen. Sie wäre sehr gerne wie früher zu Kira gegangen, um das Rennen der Schlangenboote zu verfolgen, doch diese stand bei den anderen jungen Frauen. Ihre Freundin sprach mit Ersa und plötzlich lachten die beiden laut auf. Arwa blickte ihnen missmutig zu. Die Tochter des Dorfältesten klatschte sicher wieder über Ained. Warum bloß hörte Kira ihr zu und glaubte ihr alles? Arwa schüttelte den Kopf. Sie konnte daran nichts mehr ändern. Kira war seit kurzem lieber mit den anderen jungen Frauen zusammen als mit ihr. Es war nicht wahr gewesen, dass sich nichts an ihrer Freundschaft verändern würde, nur weil Kira die farbigen Bänder in den Haaren trug. Wie lange würde es bei ihr selbst noch dauern, bis sie erwachsen wurde?

Arwa blickte wieder auf den See. Die jungen Männer ihres Dorfes fuhren den Leuten von Deir Ardon entgegen, ein großes Gefäß voller Honigwein in einem Boot. Ein leichter Nieselregen fiel. Die Männer verteilten das Getränk. Am Ufer hörte man das Lachen und die Scherze, die sie beim Trinken tauschten. Plötzlich wurde es still. Die Boote fuhren zum Anlegeplatz beim Dorf. Die beiden Schlangenboote hielten sich nebeneinander bereit, das schön geschmückte Heck dem Dorf zugewandt. Die jungen Männer, die in den leicht schwankenden Booten saßen, hielten bewegungslos ihre Ruder in die Höhe. Ein kleiner Einbaum fuhr auf den See hinaus, um den Wendepunkt der Rennstrecke anzugeben. Als er anhielt und wendete, tauchten die Ruder ins Wasser und die Sänger in den Schlangenbooten standen auf. Die Spannung wuchs. Am Ufer bewegten sich nicht einmal die kleinen Kinder. Alle starrten auf den Einbaum draußen im See. Als der Mann dort ein rotes Stoffstück hob, ging ein Schrei durch die Menge und die beiden Schlangenboote schossen zusammen los, so nahe, dass sich die Ruder fast berührten. Der Wind trug Fetzen des Gesangs und der anfeuernden Rufe ans Ufer. Lange blieben die Boote auf gleicher Höhe, doch dann schob sich das Boot von Deir Ardon langsam vor.

„Schneller, schneller." Die Leute von Kernu An feuerten ihre Mannschaft an. Aber das Schlangenboot von Deir Ardon erreichte als erstes den Wendepunkt. Jetzt würde es schwierig sein aufzuholen.

„Hast du gesehen?" Vor Arwa umklammerte ein kleines Mädchen aufgeregt den Arm seiner Freundin und zeigte auf den See. Das Schlangenboot von Kernu An fuhr nicht mehr hinter dem ersten Boot, sondern schwenkte vor dem kleinen Einbaum ab und fuhr um die Wendemarke dem Boot von Deir Ardon entgegen. Sie berührten sich dabei fast. Das unerwartete Manöver überraschte die Ruderer aus dem ersten Boot, dass sie Mühe hatten, den Rhythmus wieder zu finden. Einer von ihnen hatte sogar sein Ruder verloren. Auf dem Rückweg holte das Schlangenboot von Kernu An schnell auf. Die Zuschauer aus beiden Dörfern feuerten ihre Mannschaft begeistert an. Alle hatten den Regen vergessen, der in dünnen Fäden vom Himmel fiel. Da geschah es. Das Boot von Deir Ardon versuchte dem zweiten Boot den Weg abzuschneiden. Die Ruderer reagierten nicht schnell genug und die Boote stießen so heftig zusammen, dass beide kenterten. Arwa schrie vor Schrecken. Doch dann fasste sie sich wieder. Niemand schlug draußen auf dem See mit den Armen um sich. Ained stand ja in der Nähe neben dem Gießer und die jungen Männer in den Schlangenbooten konnten alle schwimmen. Erleichtert atmete sie auf und verfolgte wieder das Geschehen auf dem See.

Die Fischer fuhren in ihren Booten hinaus, um den jungen Männern zu helfen. Arwa sah Ardun, wie er zu einem der Schlangenboote fuhr, es festhielt und drehte. Es war noch immer voll Wasser. So ließ er einige Ruderer in seinen Einbaum steigen. Diese hielten das Schlangenboot fest und kehrten so ins Dorf zurück. Viele der jungen Männer schwammen nebenher und wurden mit Spott und Neckereien am Ufer empfangen, als ob auf diese Art verhindert werden könnte, dass die Göttin das Missgeschick bemerkte. Trotzdem spürte Arwa das ungute Gefühl, das in allen war.

Nach dem Festessen kehrten die Leute von Deir Ardon früher als sonst zurück. Das Schlangenboot von Kernu An begleitete die Gruppe. Arwa stand am Ufer und wartete mit den anderen Bewohnern des Dorfes auf die Rückkehr der jungen Männer. Wieder gut gelaunt und sich ihrer Kraft bewusst, legten diese am Ufer an. Zusammen gingen sie alle den See entlang zu den Säulen aus Schilf, welche die Kinder und jungen Leute am Vortag für die Ackergöttin und den Gott des Donners errichtet hatten. Die Blumen an ihrer Spitze leuchteten in der Feuchtigkeit frisch, doch die farbigen Bänder klebten traurig am Schaft. Ein feiner Nieselregen fiel. Auf dem

Festplatz hatten die Männer eine kleine Hütte errichtet, damit die Trommler im Trockenen sitzen konnten. Dicht daneben, noch unter dem Dach, entzündeten die jungen Frauen das Feuer. Auch Kira war zum ersten Mal unter ihnen. Die Trommler begannen zu spielen. Die jungen Männer kamen mit harzgetränkten Hölzern, zündeten sie am Feuer an und steckten damit die Schilfsäulen in Brand. Die Säule von Dewar, dem Donnergott, brannte trotz des Regens bald. Doch die Säule der Ackergöttin fing kein Feuer, obwohl die Fackelträger es mehrmals versuchten. Alles wurde still. Beim Kentern der Boote hatten man noch gelacht, doch nun war es anders. Die Ernte des Getreides war nicht gut gewesen, doch auch so hatte man der Göttin danken wollen. Arwa verstand die Furcht in den Gesichtern der Alten und den hilflosen Ausdruck in Foirgans Augen, der wie immer das Opfer leitete und für das Wohl des Dorfes verantwortlich war. Verzweifelt betrachteten sie den Rauch, der wie eine dunkle Wolke über den See trieb. Als sogar die Fackeln erloschen, wussten die Menschen, dass die Göttin das Opfer nicht wollte.

9. Der Alte Mann

Das Wetter wurde nicht besser. Ein Teil des Sommergetreides verdarb auf den Feldern. Der Rest wurde an den wenigen sonnigen Tagen geerntet. Die Menschen wussten, dass sie im Wald alles sammeln mussten, was essbar war, wenn sie im Winter nicht verhungern wollten: Nüsse, Wurzeln, Pilze und alle Pflanzen, die sich trocknen ließen. Auch Arwa ging viel in den Wald. Sie war stolz darauf, dass sie seltene Pflanzen kannte und wusste, wie sie gebraucht werden konnten.

Kira kam nur noch selten mit, obwohl Arwa immer wieder fragte. Die junge Frau schien den ganzen Tag im Haus oder auf dem Acker beschäftigt zu sein. Wenn sie in den Wald ging, so mit Ersa und den beiden anderen Frauen, die im gleichen Jahr wie sie erwachsen geworden waren. Arwa war enttäuscht und zornig auf die Tochter des Dorfältesten, die ihr die Freundin weggenommen hatte. Ersa nahm sich immer alles, was sie wollte. Doch daran etwas ändern konnte Arwa nicht. Es war schon immer so gewesen, dass die jungen Frauen oft zusammen waren. So versuchte sich Arwa auf den Winter zu vertrösten. Sie würde Kira wieder häufig sehen, wenn es kalt war und beide nicht weit gehen wollten, um eine Gefährtin zu finden, mit der sie am Feuer die Wolle spinnen konnten.

An einem Abend nach dem Ende der Linsenernte ging Arwa zu Feirla, um das kleine Kind zu sehen und ihr eine seltsame Beere zu zeigen, die sie am Rand der Sümpfe gefunden hatte. Sie empfand noch immer etwas Furcht vor Madrins Frau, doch diese hieß sie so herzlich willkommen, dass Arwa ihre Scheu bald vergaß. Sie aß die süße Paste aus Bohnen, die Feirla ihr in einer kleinen Schale gab. Dann setzte sie sich zu der jungen Frau ans Feuer und sah zu, wie diese den Säugling stillte. Neben einem der Dachpfosten kauerte Madrin und rieb seinen Jagdbogen mit Ziegenfett ein. In diesem Winter würde er ihn häufig brauchen. Teru, der Hund, lag vor seinen Füßen. Er schien zu schlafen. Doch an den aufgestellten Ohren, die jedes Geräusch verfolgten, erkannte Arwa, dass er genau wusste, was im Raum geschah. Arwa blickte zu Madrin. „Du hast im letzten Mond ein Wildschwein gejagt", begann sie. „Alle im Dorf haben davon erzählt. War das schwierig?"

„Du meinst den Keiler, der mit den Bachen in die Felder beim Baum der Göttin eingebrochen ist?"

Arwa nickte gespannt. Sie hoffte, mehr über die Jagd zu erfahren, als der große Bruder von den Jungen gehört und ihr weitererzählt hatte. Madrin strich mit der Hand über Terus Rücken. „Der Älteste hat mich gefragt, ob ich die Jagd nach den Wildschweinen übernehmen könnte. Du weißt ja, Foirgan macht solche Sachen nicht gern. So bin ich in einer Nacht hinausgegangen und habe die Tiere in Durgas Acker entdeckt. Der alte Keiler führte sie an, den ich schon im letzten Jahr einmal in der Nähe von Seski En aufgestöbert habe. Als ich wusste, wo er sich untertags aufhielt, habe ich Kairun und Ained gefragt, ob sie mit mir kommen."

„Ained war auch dabei?", unterbrach ihn Arwa staunend.

Madrin lachte. „Ja. Er war dabei. Er ist ein guter Jäger."

Arwa bemerkte, wie der Jagdhund bei der Erwähnung Aineds den Kopf gehoben hatte. Er schien mit dem Jungen so vertraut zu sein, dass er sogar seinen Namen kannte. Madrin zauste ihn an den Ohren. Teru legte die Schnauze auf das Knie des Jägers. Dieser erzählte weiter. „Wir sind früh am nächsten Morgen mit Lanzen in den Wald gegangen. Die Spur war so deutlich, dass es einfach war, ihr zu folgen. Wir kamen zum Bach, der vom Drachenberg herfließt. Es dauerte nicht lange und die Hunde hatten gesträubte Nackenhaare. Wir haben uns angesehen, um abzumachen, wer der erste ist, der den Keiler reizt. ‚Ich gehe', hat Ained gesagt. ‚Ich bin doch nicht stark genug, um ihn mit der Lanze aufzuhalten.' Er ist mit Teru verschwunden und war so lange weg, dass ich mir Sorgen zu machen begann. Dann kehrte er plötzlich ganz langsam durchs

Unterholz zurück und gab mir mit den Augen ein Zeichen. Der Keiler folgte dicht hinter ihm. Er war nicht wütend, wie die Tiere es sonst sind, wenn sie Menschen begegnen. Er sah eher neugierig aus. Als Ained fast vor mir stand, hat er sich umgedreht und hat geschrien. Das Tier ist losgerannt, geradewegs in meine Lanze hinein."

„Habt ihr bei der Jagd keine Angst?"

„Bei den anderen weiß ich nicht, ob sie sich vor dem Wildschwein gefürchtet haben. Ich aber kannte den Keiler und wusste, dass er gefährlich war. Wenn man ein solches Tier mit der Lanze nicht genau trifft, weiß man wirklich nicht, was geschieht. Sie sind schnell und aufhalten lassen sie sich durch nichts." Er sah zu seiner Frau hinüber. „Früher hat mir die Gefahr nicht so viel ausgemacht. Sie hat mich eher noch gereizt. Doch jetzt – wenn ich an Kalai denke, so ist es mir lieber, Fallen zu stellen oder Füchse zu jagen – selbst wenn Feirla sagt, dass sie mich mag, weil ich so verwegen bin."

Arwa bemerkte, wie die junge Frau mit einem Lächeln in die Flammen blickte. Das Kind schlief in ihren Armen.

„Ich möchte dich etwas fragen", sagte Arwa plötzlich zum Jäger. „Wie war es, als du Ained gefunden hast? Ist es wahr, dass dort alle Menschen dunkel sind?"

„Die anderen Menschen seines Dorfes habe ich nicht gesehen", gab der Jäger zurück. „Doch Ained ist schon anders als wir. Es gibt Leute, die sagen, dass sein Volk einmal an unserem See gewohnt hat und nicht wusste, wie man das Land bebaut. Sicher ist, dass die Äcker in den Bergen noch heute klein sind und die Menschen viel häufiger jagen als wir. Doch mehr weiß ich nicht über sie. So tief in die Berge bin ich nur gegangen, weil Neisin Turam mit seinen Leuten einen Freund begleitet hat, der mit Händlern ins Südland gezogen ist. Es soll dort ein Wasser geben, das so groß ist, dass man das andere Ufer nicht sieht. Von dort kommen auch die feinen Stoffe, die die Herrin manchmal trägt und die mit einem Muschelsaft gefärbt sind. Es hat mich gereizt, mehr über diese Menschen zu erfahren. Ich habe es nicht bereut, auch wenn die Händler am Lagerfeuer nicht über alles reden, wenn Fremde in der Nähe sind."

„Bist du Ained dort begegnet?"

Madrin nickte. „Wir wurden auf dem Rückweg von einem Wetterwechsel überrascht. Wir haben kein Dorf gefunden und sind in der Nacht draußen geblieben. Ich habe unruhig geschlafen. Plötzlich ist das Gewitter gekommen. In den Bergen ist das noch schrecklicher als hier. Ich habe mich mit Neisin Turam und seinen Leuten unter einem Felsen verborgen. Von dort aus haben wir die Häuser brennen sehen."

„Der Ort, aus dem Ained kommt?"

„Ja. Wir sind am Morgen hingegangen, um zu sehen, ob wir noch helfen könnten, doch die ganze Siedlung war abgebrannt. Es hat sich nichts mehr bewegt außer der Asche, die vom Wind durch die verkohlten Reste der Häuser getrieben wurde. Wir sind durch die rauchenden Trümmer gegangen. Vor uns flogen schreiend die Krähen auf. Wir waren erstaunt, wie viele Menschen beieinander lagen. Der Blitz muss das Haus getroffen haben, in welchem sie sich in ihrer Angst versammelt hatten. Wenn es Bewohner gegeben hat, die überlebten, so haben sie den Ort in der Nacht verlassen. Wir wollten schon gehen. Da habe ich den Jungen gefunden.

Er lag ganz dicht bei einer Frau, die wohl seine Mutter gewesen ist. In den Armen hielt er ein kleines Kind. Er selbst schien nicht verwundet und seine Augen – die der anderen starrten aufgerissen ins Leere – waren geschlossen. Und plötzlich habe ich die Tränen gesehen, die über seine Wangen liefen und in die warme Asche tropften.

Vielleicht ist er in der Nacht draußen gewesen und erst am Morgen in die Siedlung zurückgekehrt. So haben wir ihn mitgenommen. Er hat sich zuerst gewehrt und wollte bleiben. Schließlich ist er uns doch gefolgt. Neisin Turam hat sich auf dem Rückweg sehr um Ained gekümmert. Ich habe dort gedacht: Er wünscht sich einen Sohn, einen, der so entschlossen ist wie dieser Junge. Es hat mir nachher Leid getan, dass ich nicht mit meinem Vater gestritten und Ained zu mir genommen habe. Doch nun ist er bei Lugran. Das ist der richtige Ort."

„Vielleicht würde er lieber mit dir jagen", wandte Arwa ein. Sie war sicher, dass es Ained bei Madrin besser gefallen hätte. Lugran war so streng mit ihm, viel strenger als mit den Gesellen. Und freie Zeit ließ er ihm auch fast nie.

„Warum hast du niemandem erzählt, dass er bei der Wildschweinjagd geholfen hat?", fügte sie an. „Wenn sie wüssten, wie tapfer er ist, würden ihn die anderen Jungen nicht mehr so schlecht behandeln."

„Da bin ich nicht so sicher. Sie würden eher neidisch werden. Und Lugran hat es nicht gern, wenn andere über Aineds Jagdglück reden. ‚Das verwirrt den Jungen nur', hat er mir einmal gesagt. ‚Er ist nun Gießer und sollte nicht zu viel an andere Dinge denken.' Er hat schon Recht, doch mir tut es Leid, Ained nicht öfters in den Wald mitnehmen zu können."

„Ist es wahr, dass er mit dem Schleuderstein Vögel trifft?"

„Wer hat das erzählt?"

„Die Gesellen von Lugran. Sie lachen darüber und sagen, dass es nicht möglich ist."

„Doch. Es ist wahr. Mich wundert nur, dass die Gesellen dies wissen. Ained jagt nicht mit der Schleuder, wenn die Dorfleute in der Nähe sind."

„Du gehst auch oft in den Wald", warf Feirla ein. „Daigra hat mir gesagt, dass du schon bessere Sammelplätze kennst als sie selbst und manchmal Sachen heimbringst, die sie noch nie gesehen hat."

„Ich jage auch Vögel mit dem Netz", erwiderte Arwa stolz. „Ich kenne einen guten Ort, wo ich nie lange warten muss, bis sie kommen." Sie war glücklich, dass die Mutter lobend über sie gesprochen hatte.

„Ich gehe morgen meine Fallen ab", sagte Madrin plötzlich. „Kommst du mit? Ich zeige dir, wie ich Rebhühner fange."

Arwa starrte ihn zuerst ungläubig an. Dann begannen ihre

Augen zu leuchten: „Das lerne ich gern. Ich habe Bastschnüre geflochten. Nützen sie etwas?"

„Bastschnüre kann man immer brauchen. Nimm auch eine Tasche mit. Wir gehen weit in die Richtung des langen Wassers. Ich kenne einen Teich, in dem Wassernüsse wachsen."

Am anderen Morgen, als es noch dunkel war, stand Arwa leise auf. Sie nahm den dichten Umhang aus Ziegenhaar, den die Mutter ihr gab, glücklich darüber, dass diese sie trotz der vielen Arbeit gehen ließ. Schnell verließ sie das Haus. Als sie neben Madrin und seinem Hund auf dem Knüppelweg den Sumpf durchquerte, begann es zu regnen. Sie zog den Filz über den Kopf. Im Dämmerlicht sah sie am Waldrand Rehe äsen. Vor ihnen lief ein Fuchs von einem Gebüsch zum anderen. Teru blieb für einen Augenblick angespannt stehen. Madrin pfiff leise. Der Hund wandte sich um und folgte einer anderen Spur. Sie erreichten einen Bach und gingen diesen entlang ins Innere des Waldes. Arwa achtete auf alle Geräusche und als es heller wurde, sah sie auch die Spuren der Tiere im weichen Boden. Madrin bewegte sich leise, obwohl er den Bogen und die Pfeile nicht bei sich trug und also nicht jagen wollte. Sie versuchte es ihm gleichzutun. Einfach war es nicht. Immer wieder trat sie auf kleine Ästchen, die mit lautem Geräusch zerbrachen. Manchmal flog ein Vogel schimpfend dicht neben ihr auf. Einmal wandte sich Madrin um und zeigte auf einen Igel, der eingerollt unter einem Busch lag.

Der Regen hörte auf. Die Wolken lichteten sich und ein feiner Nebel stieg auf. Der Boden wurde steiniger. Bald kamen sie auf eine Lichtung, die nur mit Buschwerk und Seggen bestanden war. Teru folgte einer Dachsspur, doch plötzlich hielt er inne. Er winselte leise. Vor ihm stand ein Mann, den Arwa vorher nicht bemerkt hatte. Er blickte sie an, als ob er sie erwartet hätte. Es musste einer der Männer aus der kleinen Siedlung sein, die zwischen dem Waldrand und dem Sumpf in der Ebene lag. Er trug ein einfaches Gewand, an dem man nicht erkannte, aus welchem Dorf er stammte und welches seine

Beschäftigung war. Er grüßte sie freundlich. Madrin erwiderte den Gruß scheu und respektvoll, wie man sehr alte Leute begrüßt; dabei schien der Mann nicht viel älter als Igrain oder der Gießer in Kernu An. Arwa betrachtete den Unbekannten prüfend und plötzlich nahmen dessen Augen sie gefangen. Wie aus weiter Ferne hörte sie Madrin etwas sagen, doch die Worte verstand sie nicht. Der unbekannte Mann lächelte plötzlich. „Ihr habt sicher noch einen weiten Weg vor euch", sagte er. „Ich will euch nicht länger aufhalten." Damit wandte er sich um und verschwand. Es war, als ob der feine Nebel auf der Lichtung ihn verschlucken würde. Arwa machte einen Schritt auf den Nebel zu, doch da hielt sie Madrin an der Schulter fest.

„Komm", sagte er rau. „Wir kehren zurück."

„Aber wir wollten doch Wassernüsse suchen", erwiderte das Mädchen.

Madrin schüttelte nur den Kopf. Dann lief er ihr voran in den Wald zurück. Arwa folgte ihm verwirrt.

„Kennst du ihn?", fragte sie, als sich das Unterholz hinter ihnen schloss.

„Es ist Fern, der Alte Mann", erklärte der Jäger. „Wir gehen weiter. Ich will ihn nicht stören."

„Warum sagst du, er sei alt?", unterbrach ihn das Mädchen. „Er hat nicht einmal weißes Haar."

„Das weiß ich auch nicht. Man nennt ihn einfach so. Er ..." Der Jäger stockte. Dann sagte er so leise, dass sie seine Worte kaum verstand: „Sogar die Tiere gehorchen ihm. Wo er hinkommt, werden die Vögel ruhig. Auch die Menschen verändern sich, wenn er es will."

Vor ihnen lief etwas durch das Gebüsch. Madrin fuhr zusammen, als er das Rascheln hörte. Doch es war nur ein Marder, der sich hinter einem Baumstamm versteckte. Der Jäger atmete hörbar auf und plötzlich lächelte er. „Es ist nichts, du musst dir keine Gedanken machen", versuchte er sie zu beruhigen. „Komm. Ich wollte dir doch zeigen, wie man die Fallen für die Rebhühner stellt."

Am nächsten Tag traf Arwa unerwartet Kira an. Die junge Frau kam auf sie zu, als ob sie miteinander noch immer so vertraut wie früher wären.

„Hast du schon gehört?", rief Kira aufgeregt. „In diesem Jahr gibt es kein Fest für die jungen Männer. Sie gehen nicht in den Wald, um die Lieder zu lernen. Foirgan hat eine Ziege geopfert und gesehen, dass die Zeichen nicht gut stehen. Es bringe in diesem Jahr kein Glück, wenn sie erwachsen werden. Auch Ardun muss noch ein Jahr warten, bis er von den Männern aufgenommen wird." Das klang, als ob sie es bedauern würde.

Die Lehrzeit der Jungen im Wald war in diesem Jahr wegen des schlechten Wetters immer wieder verschoben worden. Nun wurde sie also endgültig auf das nächste Jahr verlegt.

„Auch Erun und Tarin wären in diesem Jahr an der Reihe", entgegnete Arwa. „Dafür wird im nächsten Herbst das Fest umso größer."

Kira schien etwas enttäuscht, dass die Nachricht ihre Freundin nicht stärker bewegte. Doch sie hatte noch mehr zu erzählen. „Du sollst es niemandem weitersagen", fuhr sie fort. „Vater ist mit einigen Nachbarn zum Herrn gegangen. Sie haben ihn um Saatgut gebeten, weil wir jetzt schon zu viel Wintergetreide aufgebraucht haben. Der Rest wird nie bis zum nächsten Sommer reichen. Vater sagt, sie seien auf dem Hof sehr freundlich empfangen worden. Es hat sogar Hirschfleisch gegeben und Brot aus Weizen, wie bei uns nur am Fest."

„Aber ihr müsst sicher wieder etwas für das Saatgut geben", wandte Arwa ein.

„Schon", gab Kira zu. „Sie haben abgemacht, dass sie das Doppelte in den nächsten Jahren zurückbringen. Doch das wird nicht schwer sein. Das Wetter wird sicher besser und das Saatgut von Neisin Turam ist wirklich gut. Vater ist sehr zufrieden. Er hat beim Herrn die Speicher gesehen, in dem er die Vorräte aufbewahrt. Es gibt dort Getreide für viele Jahre."

Arwa wusste, Neisin Turam hatte Land, das in der Ebene in der Nähe des großen Flusses lag, wo es besonders fruchtbar war. Nur seine Leute bebauten es. Dort lagen auch die offenen Wiesen, auf denen seine Pferde weiden konnten. Den Menschen aus dem Dorf war es nicht erlaubt, im benachbarten Wald zu jagen – außer in strengen Wintern, wo niemand mehr nach Grenzen fragte. Der Herr war wirklich mächtig. Man erzählte auch, die Herrin komme aus einem fernen Land. Eiren Taina hatte langes, schwarzes Haar und trug einen Armreif aus Gold. Arwa hatte sie einmal in der Nähe des großen Sumpfes getroffen. Sie war im Pferdewagen vorbeigefahren und hatte sie angesehen und gelächelt. Doch nun – wenn die Not so groß war, dass man um Saatgut bitten musste – war ein Lächeln etwas, das nicht viel half.

„Hat dein Vater keine Angst, dass die Ernte im nächsten Jahr so schlecht sein könnte wie jetzt?", fragte Arwa die Freundin weiter aus.

Kira schüttelte den Kopf. „Er sagt, der Herr sei freundlich. Er würde sicher warten, bis die Zeiten besser sind. Was wollen wir sonst machen? Mutter ist wieder krank und arbeitet wenig auf dem Feld und die meisten meiner Geschwister sind zu klein, um viel zu helfen." Plötzlich sah sie ganz unglücklich aus. „Manchmal wird es auch mir zu viel", seufzte sie müde. „Ich kann nicht so viel sammeln wie du, weil ich für die Kleinen sorgen muss. Mein großer Bruder, der auf dem Feld helfen könnte, übt lieber für das nächste Rennen im Schlangenboot oder er geht im Nachbardorf seine Freunde besuchen. Ich weiß nicht, wie das alles weitergehen soll."

Arwa verstand nun, warum Kira wieder mit ihr gesprochen hatte. Die junge Frau wusste, dass sie sich eher auf die Freundin verlassen konnte als auf die Tochter von Foirgan, die sicher keinen Mangel litt und darum auch anderen nicht half. Sie beide aber hatten immer zusammengehalten und sich in allen Schwierigkeiten unterstützt – solange wenigstens, wie die farbigen Bänder in Kiras Haar nicht zwischen ihnen gestanden hatten. Oder war es jener Abend gewesen, an dem sie sich mit Dogan wegen Ained gestritten hatte? Arwa wusste es nicht. Trotzdem tat ihr Kira Leid. Sie würde versuchen, ihr zu helfen. Es war auch für sie selbst gut, wenn sie sich im Winter, der sie erwartete, wieder verstehen würden.

Wenige Tage später ging Arwa allein in den Wald. Sie hatte eine große Lichtung entdeckt, die voll war mit Sträuchern, an denen Hagebutten reiften, und hatte einen ganzen Korb voll dieser glänzend roten Früchte gesammelt. Sie hatte Kira versprochen, die Ernte mit ihr zu teilen, und niemandem sonst etwas gesagt. Nun war sie auf dem Heimweg und hielt Ausschau nach Pilzen. Da entdeckte sie am Boden den Beutel aus Marderfell, der Ained gehörte. Sie nahm ihn in die Hand. Trotz der Neugier getraute sie sich nicht, den Beutel zu öffnen. Wenn Ained sie dabei entdeckte, würde er es ihr nie verzeihen. Vielleicht war er in der Nähe? Er würde sicher erschrecken, wenn er den Verlust bemerkte, und den Beutel sofort suchen. Sie konnte ihm ein Stück entgegengehen. So folgte sie der Spur, die sie am Boden fand. Sie überquerte einen kleinen Bach, dann führte ein fast unsichtbarer Weg durch dichtes Unterholz. Der Durchgang war immer schwieriger zu erkennen, doch an den geknickten Ästen sah sie, dass sie ihm noch immer folgte. Bald war sie viel weiter in den Wald vorgedrungen, als sie sich vorgenommen hatte, doch nun ließ es ihre Neugier nicht mehr zu, dass sie die Spur verlor. Sie wollte wissen, wohin der Weg führte und wer mit Ained war, denn er war nicht allein. Das hatte sie aus den Eindrücken im Boden geschlossen. Ganz unerwartet lichtete sich der Wald. Sie sah eine Hütte und einen Mann, der durch die Türe ins Innere ging. Und plötzlich wurde alles in ihr lebendig und wach. Es war Fern, der Alte Mann. Arwa spürte etwas wie ein leises Kribbeln im Nacken. Trotzdem ging sie nicht weg, denn plötzlich war sie sicher: Ained war dort. Durch die halb offene Türe hörte sie jemanden schluchzen. Dann war es wieder still. Sie wünschte sich, sie könnte Ained helfen. So stellte sie den Korb mit den

Früchten auf den Boden und ging auf die Hütte zu. Durch die Öffnung entdeckte sie den Jungen. Er wich vor etwas zurück.

„Nein", sagte er mit einem Ausdruck, den sie an ihm noch nie gesehen hatte. „Nein, bitte nicht."

Als sich ihre Augen an die Dunkelheit gewöhnt hatten, sah sie Fern, die Hände auf seine Schultern gelegt. Der Mann wartete bewegungslos, mit einem leisen Lächeln in den Augen, das Arwa nicht verstand. Dann bemerkte sie Lugran, den Bronzegießer. Er ging mit einer Schale in der Hand auf den Jungen zu und sein Ausdruck war streng und erbarmungslos.

„Nein, bitte", versuchte Ained nochmals, „ich will sie nicht mehr sehen."

Am Ton verstand sie, er hatte den Widerstand schon aufgegeben. Er zögerte noch einen Augenblick, dann löste er sich vom Alten Mann und nahm die Schale. Er trank. Arwa sah, wie ihn die beiden Männer aufmerksam betrachteten. Ganz unerwartet schwankte er. Fern fing die Schale auf und half ihm, sich auf den Boden zu legen. Dann hob er den Kopf und seine Augen berührten Arwa. Sie verstand sofort: Er wusste schon lange, wer sie war und dass sie alles gesehen hatte. Nun kam er auf sie zu.

„Was willst du?", fragte er.

Sie hielt ihm wortlos den Beutel hin und sah erstaunt, wie das Lächeln wieder in seine Augen stieg und er nicht zornig war, obwohl sie heimlich zugesehen hatte.

„Komm morgen wieder", sagte er. Die Art, wie er sie ansprach, gab ihr Mut.

„Muss er diese Dinge wirklich sehen?"

„Wenn er ein Gießer werden will, so muss er es."

Lugran stand plötzlich hinter Fern in der Türe. Er nickte ihr zu: „Geh jetzt. Wir haben keine Zeit."

Hinter den beiden Männern sah sie Ained am Boden liegen. Er stöhnte und plötzlich schrie er auf. Lugran wandte sich um und ging zu ihm. Fern schloss die Tür. Arwa nahm den Korb und hob ihn auf den Rücken. Sie lief so schnell sie konnte ins Dorf zurück, unruhig, wie wenn jemand sie verfolgen würde. Ihre Füße fanden wie von selbst den Weg zu Feirlas Haus. Die Frau des Jägers war mit dem Säugling allein im Raum. Als sie den erschreckten Ausdruck in Arwas Augen bemerkte, legte sie den Stein zur Seite, mit dem sie Nüsse zerschlagen hatte. Das Mädchen setzte sich wortlos zu ihr und sah den Flammen zu, die mit dem Holz zu spielen schienen. Ganz lange blieben sie still so sitzen. Arwa wusste nicht, was sie erzählen konnte. Sie wusste nicht einmal genau, wovor sie sich gefürchtet hatte. Auch Ained hatte sich gefürchtet, viel mehr noch als sie selbst. Warum hatten Lugran und Fern ihm nicht geholfen? Warum hatten sie ihn gezwungen, die Flüssigkeit zu trinken? Was wollte er nicht sehen? Was war daran so schlimm? Vielleicht konnte Feirla es ihr erklären. Madrins Frau verstand viele Dinge, vor denen andere sich scheuten. Doch nun saß sie einfach da, einen feinen Duft nach wilden Kräutern im Haar, und betrachtete Arwa manchmal mit ihrem ruhigen Blick. Sie störte die Stille nicht. Langsam ging die Unruhe aus Arwa weg.

„Ich habe Ained im Wald getroffen", begann sie. „Er war mit Fern und Lugran dort. Er hat sich gefürchtet."

„Vor Fern und Lugran?"

Arwa dachte nach. Sie erinnerte sich an den erbarmungslosen Ausdruck in Lugrans Augen. Und doch – vor Lugran hatte sich Ained nicht gefürchtet. Das hatte sie deutlich gespürt. Auch nicht vor Fern. So schüttelte sie den Kopf.

Feirla betrachtete sie mit einem Lächeln. „Lugran möchte, dass Ained ein guter Gießer wird", erklärte sie. „Sie haben nicht viel Zeit. Es ist nicht so wie bei den Gesellen, die während drei Wintern bei ihm in der Werkstatt bleiben. Wenn Erads Bote wieder kommt, geht Ained weg."

Sogar Feirla dachte so. Wie eine dunkle Wolke stieg die Trauer in Arwa auf. Warum konnte Ained nicht beim Gießer bleiben? Er gefiel ihr besser als all die anderen Jungen im Dorf. Mutig und stark war er auch. Sogar Madrin nahm ihn mit auf die Jagd. Die Götter waren nicht gerecht, wenn sie ihn so bald aus seiner neuen Heimat vertrieben. Trotzig schob sie ein Holzscheit weg und verscheuchte die Spinne, die sich darunter verborgen hatte. Erst jetzt bemerkte sie, dass Feirla sie unverwandt betrachtete. Was wollte sie?

„Tut es dir Leid, dass Ained nicht ein Jäger wird und in der Siedlung bleiben kann?"

Arwa nickte stumm.

„Du hast ihn gern", fuhr Feirla fort. „Du denkst, dass Lugran ihn nicht mag und ihm das Leben schwer macht. Das ist nicht so. Nicht Lugran hat bestimmt, dass Ained bei ihm lebt. Es war der Feuergott."

Auch Arwa wusste dies, sie hatte den Sperber beim Frühlingsopfer ja gesehen. „Warum ist Erad dann so grausam, dass er Ained nicht in Ruhe lässt?"

„Ich weiß nicht, was Erad will. Doch selbst wenn es dir ungerecht erscheint: am Weg der Götter kannst du nichts verändern. Wir sind nur Menschen. Sie kümmern sich nicht um unsere Traurigkeit."

Auf Arwas Stirn bildeten sich zwei Falten. Obwohl Feirlas Worte so bestimmt klangen, dass kein Zweifel möglich war, konnte Arwa die Entscheidung des Gottes nicht einfach annehmen. Was Erad wollte, war zu schwierig! Nicht nur für Ained. Auch sie würde es schmerzen, wenn der Junge ging und sie ihn nie mehr sehen konnte! Warum verstand Feirla das nicht? Warum sagte sie nichts, das Arwa wenigstens ein wenig getröstet hätte? Madrins Frau saß einfach da und blickte der Spinne nach, die einen Stützbalken entlang in die Höhe lief. So verabschiedete sich das Mädchen enttäuscht.

Der Mond stand über den Dächern und leuchtete Arwa auf dem Weg nach Hause. Niemand hatte dort auf sie gewartet. Nur das Feuer glühte noch leise. Sie ging an der Herdstelle vorbei nach hinten, dorthin, wo sie alle schon schliefen: die Mutter, Igrain und der kleine Bruder. Arwa zog die Nadeln aus ihrem Kleid, schob den ausgestreckten Arm von Tairi zur Seite, legte sich auf das Fell und deckte sich zu. Schlafen konnte sie nicht. Alles, was sie erlebt hatte, ging ihr durch den Kopf. Sie sah nochmals den Alten Mann, Lugran mit den harten Augen, Ained, wie er am Boden lag und schrie, und Feirla, die so viel verstand und ihr doch nicht geholfen hatte. Sie musste sich selbst helfen. Sie musste selbst einen Weg finden, damit sie wieder zufrieden werden konnte. Bewegungslos lag Arwa lange Zeit da und überlegte. Durch die Dachluke leuchteten immer wieder neue Sterne, die ihre Gedanken zu verfolgen schienen. In den Weg der Götter eingreifen, das konnte sie nicht. Doch wissen, was für sie selbst wichtig war, daran konnte sie niemand hindern – Lugran nicht, Feirla nicht, selbst nicht der Alte Mann. Das Reisig unter dem Fell knirschte. Arwa hörte die Mutter lachen und Igrain, der ihr flüsternd Antwort gab. Daigra war glücklich, seit der Mann vom oberen See bei ihnen lebte. Die beiden sprachen leise, um sie und Tairi nicht aufzuwecken. Dann war es wieder still. Arwa vernahm den ruhigen Atem der beiden und spürte die Zufriedenheit, die den ganzen Raum erfüllte. Es würde nicht mehr lange dauern, bis ein neues Kind geboren würde. Der Bauch der Mutter war schon ganz rund und einmal hatte sie Arwas Hand genommen und sie fühlen lassen, wie das kleine Wesen sich bewegte.

Am nächsten Morgen nahm Arwa den Beutel und ging hinüber zum Gießer. Vor dessen Haus rief sie ihren Namen. In der Werkstatt hörte sie das Hämmern, mit dem man die gegossenen Schneiden von Sicheln oder Messern härtete und schärfte. Noira öffnete die Tür. „Was willst du?", fragte sie grob.

Arwa zeigte ihr den Beutel.

„So komm herein", sagte die Frau des Gießers, freundlicher geworden.

Arwa trat über die Schwelle. Es war das erste Mal, dass sie im Gießerhaus stand. Die Herdstelle lag wie bei ihnen zu Hause in der Mitte des Raumes, nicht in der Nähe der Wand wie bei Marna und vielen anderen Familien. Sie sah Ained in der Nähe des Feuers sitzen, in weiches Fell gehüllt. Er wandte den Kopf und lächelte, als er sie erkannte. Er sah erschöpft aus und doch entspannt, fast wie ein kleines Kind, das in den Armen der Mutter liegt. Doch er war dort allein. Sie ging zu ihm und hielt ihm den Beutel hin. Er nahm ihn aus ihrer Hand, dankte und knotete die Schnur neu, die gerissen war. Er schien dabei in Gedanken versunken. Als er bemerkte, dass sie noch immer neben ihm kauerte, blickte er sie an, als ob er von weit her kommen würde. Dann öffnete er den Beutel, nahm einen Gegenstand heraus und legte ihn in ihre Hand.

„Es ist von früher, von meinem Vater", sagte er.

Es war ein Kristall, der auf beiden Seiten eine Spitze hatte. Als Arwa ihn gegen die Helligkeit des Feuers hielt, sah sie, dass er klar war und das Licht sich nur an den Kanten brach. Es war ihr, als hätte sie noch nie etwas so Schönes gesehen. Sie legte den Kristall wortlos in Aineds Hand zurück. Er verschloss ihn im Beutel und hängte sich diesen wieder um den Hals. Dann blickte er von neuem in die Flammen, als ob er sie vergessen hätte. Neben ihm stand eine Schale mit Gemüse und jungem Käse, etwas, das es im Dorf nun selten gab, von dem Arwa aber wusste, dass Lugran es vor dem Gießen aß. Doch heute goss er nicht und Ained war noch zu jung, um ihm zu helfen. Noira trat ans Feuer und schalt den Jungen aus, weil er nicht ausgegessen hatte. Er hob den Kopf und blickte sie verwundert an. Dann nahm er die Schale in die Hand. Arwa grüßte die Frau des Gießers und verließ den Raum. Sie war verwirrt. Er hatte doch gestern im Wald geschrien. Jetzt sah er so ruhig und zufrieden aus. Was war geschehen? Sie hatte sich nicht getraut, ihn mehr zu fragen. Sicher war es schwierig, Gießer zu werden. Nicht viele junge Männer versuchten es und die beiden Gesellen, die bei Lugran lebten, waren Söhne von Gießern aus anderen Dörfern. Sie würden später die Arbeit ihrer Väter übernehmen. Auch Tarin musste bald gehen, um in einer anderen Werkstatt zu lernen. Im nächsten Jahr würde er beim Herbstfest die Lanze des ältesten Gießersohnes erhalten und als ein Mann das Dorf verlassen. Wenn Ained dann noch im Dorf war, wer würde für ihn sorgen?

10. Ein unerwartetes Geschenk

Nachdem sie die letzten wilden Äpfel geerntet und die viel zu spärlichen Getreideähren für die Lagerung im Speicher verpackt hatten, bereitete sich jede Familie für das große Opfer vor. Die Hirten kamen mit den Schaf- und Ziegenherden ins Dorf und alle suchten unter ihren Tieren eines für die Schutzgöttin des Dorfes aus.

Igrain wählte den großen Ziegenbock. Am Morgen vor dem Opfer ging er zum See, um sich zu waschen. Als er zurückkam, trug er nichts als ein weißes Tuch um die Hüften geschlungen. Ardun begleitete ihn. Die Mutter kämmte den beiden das Haar und band es mit einer roten Schnur zusammen. Igrain nahm das Messer, das er nur für dieses Opfer brauchte, steckte es in die Basthülle und befestigte es an seinem Gürtel. Angespannt folgte Arwa all seinen Vorbereitungen. Vielleicht war es das letzte Mal, dass sie in seiner Nähe war, wenn er der Göttin das Opfer brachte. Wurde sie eine Frau, durfte kein Blut der Tiere sie mehr berühren. Endlich war Igrain fertig. Zusammen mit Arwa und Ardun verließ er das Haus. Ardun löste den Ziegenbock vom Pfahl und führte ihn durch die Gasse zum großen Platz. Arwa ging ihm voran.

Der Platz war voll mit Menschen. Igrain bahnte sich einen Weg nach vorn zum Schrein und Arwa und Ardun zogen das Tier hinter sich her und folgten ihm. Die Menschenmenge teilte sich und sie erreichten den leeren Platz. Dort, vor allen anderen Dorfbewohnern, blieb Arwa stehen. Sie sah zu, wie Skarin mit seinem ältesten Sohn das Opferschaf an den Hörnern über den Platz zog, um es zu zerlegen. Nun standen Igrain und Ardun neben der geschmückten Säule. Der Kiesplatz, der sonst weiß im Licht der Sonne leuchtete, war rot gefärbt vom Blut. Es blieb an ihren Füßen kleben. Igrain schnitt mit dem Messer ein Büschel der Haare ab und warf es ins Opferfeuer.

„Von Daigras und Igrains Haus", sagte er dazu mit lauter und fester Stimme. Dann hob er den Stein und mit einem Röcheln brach der Ziegenbock zusammen. Ardun hielt den Kopf fest und verfolgte, wie Igrain das Messer nahm, es in den Hals stieß und das Blut herausschoss. Er fing es mit der Schale auf, die er von Foirgan erhalten hatte, und goss es bei der Säule hin. Er sagte etwas, das Arwa nicht verstand.

„Hilf uns", sagte sie leise zur Göttin. „Wir teilen das Fleisch des Opfertieres mit allen Menschen im Dorf. Schütze uns in diesem Winter und mache, dass das Kind, das noch bei der Mutter ist, stark und gesund geboren wird – und dass ihr nichts geschieht."

In den folgenden Tagen war das Dorf voll vom Duft des gebratenen Fleisches und von Weizenbroten, von frisch gebrautem Bier und Honigwein. In diesen Tagen, in denen sich der Kreis des Jahres schloss, dachte niemand daran, Vorräte für den Winter zu horten oder bei der Bewirtung der Gäste knauserig zu sein. Arwa wurde von Skarins Familie und von Feirla eingeladen.

Auch bei Daigra zu Hause gingen die Gäste ein und aus, tranken aus den Töpfen mit dem Gerstenbier, aßen mit Mohn gefüllte Weizenkuchen, gesüßte Bohnen und die gewürzten und gerösteten Bällchen aus Ziegenfleisch. Igrain erhielt von den Familien, für die er während des Jahres Steine geschlagen hatte, Geschenke. Es war nicht viel, denn die Geber waren solche, die sich nicht viele Bronzegeräte leisten konnten. Trotzdem waren die gedörrten Äpfel, ein kleiner Topf mit Honig und die getrockneten Pilze willkommen und die Besucher ließ man nicht gehen, bevor sie nicht reichlich bewirtet worden waren.

Daigra brachte gemeinsam mit Arwa einen fein gewobenen Stoff und einige Stränge gefärbter Ziegenwolle zu Salgan, dem Fischer. Saima, seine Frau, bewunderte den Stoff und die Farben der Wolle.

„Ich habe sie selbst gesponnen und gefärbt", sagte Arwa stolz. „Ich bin froh, dass ihr so gut für Ardun sorgt."

„Er ist uns willkommen", erwiderte die Fischersfrau. Sie bat Daigra und Arwa, sich bei der Feuerstelle zu setzen. „Möchtet ihr Aal? Sie sind fett geworden in diesem Jahr."

Eines der Mädchen brachte geröstete Stücke in einer aus Gras geflochtenen Schale. Der Fisch war mit dem weißen Salz bestreut, das in den Ostbergen gefunden wurde und kostbar war. Es war das gleiche Salz, das Foirgan manchmal gebrauchte, wenn er den Göttern ein Opfer brachte. Auch Arwa nahm eines der Stücke und aß es mit Genuss. Daigra blieb noch bei Salgan und seiner Frau. Sie schickte Arwa ins Haus zurück mit dem Auftrag, ihr mögliche Besucher zu melden. Als Arwa das Fischerhaus verließ, begegnete sie Tarin, der in der Türe des Gießerhauses stand.

„Geht es Ardun gut?", rief er zu ihr hinüber.

Als sie nickte, kam er über den kleinen Platz, der vor der Werkstatt lag, auf sie zu. „Hast du Zeit?", fragte er. „Du hast Aineds Beutel im Wald gefunden. Er möchte dir sicher nochmals dafür danken, jetzt, wo wir alle auf das vergangene Jahr zurückschauen. Komm doch herein."

Sie zögerte, plötzlich scheu.

„Komm nur. Er selbst getraut sich nicht, dich einzuladen. Aber ich weiß – es würde ihn sehr freuen."

So folgte sie dem Gießersohn. Noira begrüßte sie unerwartet freundlich und bat sie, ans Feuer zu kommen. Der Gießer nickte, als sie sich setzte. Ained lächelte ihr über die Flammen hinweg zu. Es war ganz ruhig im Raum. Trotzdem war ihr nicht ganz wohl. Sie wusste nicht, was sie sagen sollte, und niemand schien etwas von ihr zu erwarten. Tarin hatte sie beim Eingang verlassen und saß nun bei einem Gesellen. Sie spielten auf der Herdplatte mit farbigen Steinen. Die Linien hatten sie in die Asche gezeichnet. Sie lachten manchmal, wenn dem einen ein guter Zug gelang. Noira zerrieb auf dem Reibstein frisch geröstete Gewürze. Ihr Duft vermischte sich mit dem verbrannter Gerste. Sie musste vor kurzem am Herdfeuer ein Opfer gegeben haben. Eine geschmückte Figur aus Holz, die

Arwa an die Säule der Göttin erinnerte, stand neben dem einen Stützpfeiler des Hauses und war unten mit frischem Blut bestrichen. Arwa war nicht daran gewöhnt, dass im Inneren des Hauses etwas anderes als Gerste oder Honigwein geopfert wurde. Unsicher blickte sie sich um. Über der Türe, die zur Werkstatt führte, hing ein aus Stroh und Gräsern geflochtener Gegenstand. Die Türpfosten waren mit Wollbinden geschmückt. Arwa fiel auf, dass der Wohnraum auf der Seite, wo die Säule stand, fast nichts enthielt. Keine Geräte, keinen Vorrat. Nur eine Truhe aus Holz stand dort, über die eine Decke gebreitet war, und daneben eine Lanze mit verhüllter Spitze. Vor dieser saß Lugran, seine kleine Tochter auf dem Schoß, und spielte mit ihr ein Fingerspiel. Das Kind lachte immer wieder mit seiner hellen Stimme. Der Gießer hatte einen so zärtlichen Ausdruck, dass Arwa ihn verblüfft betrachtete. Es war nicht möglich, dass dies der gleiche Mensch war, der Ained im Wald erbarmungslos die Schale hingehalten hatte. Auch sonst war er doch immer so streng. Doch hier ... Sie hörte das Kind wieder lachen und plötzlich umarmte es den Gießer und vergrub das Gesicht in den Falten seines Kleides. Arwa sah ihnen zu. Etwas tief in ihr drin tat plötzlich weh.

In diesem Augenblick stand Ained auf. Er ging hinüber zur anderen Wand, suchte in einem Bündel und brachte seinen Beutel aus Marderfell. Er kauerte neben Arwa nieder, nahm den Kristall heraus und legte ihn in ihre Hand. „Gefällt er dir?", fragte er.

Als sie nickte, nahm er ihre Finger und schloss sie über dem Stein: „Ich schenke ihn dir."

Sie starrte ihn ungläubig an. Er aber lachte nur. „Ich freue mich, wenn er dir gefällt. Jemand muss für ihn Sorge tragen."

Sie öffnete die Finger und sah den Kristall glänzend in der Mitte ihrer Hand, die Flammen des Herdfeuers spielten in ihm. „Wirklich?", fragte sie, noch immer staunend.

Ained nickte: „Sicher. Es ist gut, wenn er bei dir ist. Du hast ihn doch gefunden."

Erst jetzt bemerkte Arwa, dass alle, die um das Feuer saßen, sie beobachteten. Sogar die beiden jungen Männer hatten aufgehört zu spielen. Noira stand auf und brachte ihr einen kleinen Beutel aus feinem Bast. Das Mädchen zögerte, ihn anzunehmen.

„Nimm nur", sagte die Frau.

„Er ist schön", flüsterte Arwa endlich, unsicher, warum man sie so reich beschenkte an diesem Ort, vor dem sie sich immer gefürchtet hatte. Doch dann gab sie sich einen Stoß. „Hast du ihn selbst gemacht?", fragte sie Noira. „Meine Mutter flechtet gut, aber diese Art von Beutel habe ich noch nie gesehen."

„Ja, er ist von mir", gab die Frau zurück. Mit einem Blick auf den Gießer fügte sie an: „Wenn du willst, kann ich es dir zeigen." Lugran nickte ihr freundlich zu. „Du bist jederzeit willkommen", fügte er an.

Arwa war so verwirrt, dass sie keine Antwort geben konnte. Sie war stolz, dass Noira sie eingeladen hatte und fürchtete sich gleichzeitig davor. Was würde es heißen, zur Gießerfrau zu gehen? Wenn sie mit ihr so streng wie mit Ained war?

In diesem Augenblick öffnete sich die Tür. Der zweite Geselle kam herein. Er sah sich um und setzte sich neben Tarin ans Feuer. „Foirgan ist zurückgekommen", bemerkte er. „Er steht auf dem Dorfplatz und erzählt allen von seiner Reise."

„So", erwiderte Noira von der Rückseite des Raumes. „Er hat sicher Neisin Turam besucht. Der lädt ja alle Ältesten der Dörfer zu seinem Herbstopfer ein."

„Ja, er war den ganzen Tag auf Neisin Turams Hof. Der Herr habe drei Rinder geopfert, hat er gesagt. Dreijährige Rinder! Wer kann sich das schon leisten!" Er schüttelte den Kopf, als ob er Mühe hätte, das, was er gehört hatte, zu glauben. Dann sah er zu Arwa hinüber. „Was machst du denn hier?", fragte er.

Arwa wurde rot.

„Sie besucht Ained", gab Tarin an ihrer Stelle zurück. „Was hat Foirgan sonst noch gesagt?"

Der Geselle wandte sich Lugran zu und erzählte weiter: „Foirgan hat dem Herrn geräucherte Aale gebracht, einen ganzen Korb voll, und der Herrin einen Armreif. Es war sicher der Bronzering, den er bei dir bestellt und immer wieder so ungeduldig gefordert hat. Eiren Taina hat sich sehr darüber gefreut. Ja, und nach dem Opfer wurden alle bewirtet. Die Dorfältesten und die Lanzenträger des Herrn. Auch ein Besucher von der Bergfeste am Langen See war dort. Es war sogar ein Sänger da, der von den Heldentaten der Eri erzählte. Es gab für alle Honigwein, so viel sie wollten. Bevor sie wieder gegangen sind, haben die Dorfältesten Geschenke erhalten. Foirgan hat allen auf dem Dorfplatz das Trinkhorn mit dem Rand aus glänzendem Goldblech gezeigt und seine Frau hat in einem fein bestickten Kleid in der Türe ihres Hauses gestanden."

Noira lächelte: „Was hat er sonst noch erzählt?"

„Die Geschichte der Heldentaten der Eri habe der Sänger anders gesungen, als wir sie kennen. Ich glaube, das hat Foirgan ziemlich verwirrt."

Der Gießer hatte die ganze Zeit aufmerksam zugehört. „Ist sein Sohn auch mitgegangen?", fragte er nun.

Der Geselle schüttelte den Kopf. „Nein. Der ist schon seit gestern mit seinen Freunden in Seski En auf Besuch und noch nicht zurückgekommen. Aber die Tochter war vermutlich dort. Sie stand die ganze Zeit neben dem Vater und sah so aus – ja – aufgeblasen war sie wie ein Birkhahn bei der Balz."

Noira lächelte bei diesen Worten fast unmerklich, nur zwei Grübchen waren es in ihren Wangen, die tiefer wurden. Aber Arwa sah es und es tat ihr wohl. Der Gießer dagegen lachte laut. „Ihr Vater sucht schon jetzt einen Mann, der ihm bedeutend genug erscheint, und sie hilft ihm viel dabei. Doch auf dem Hof wird sich da nicht viel machen lassen. Eiren Taina hat scharfe Augen und weiß schnell, wen sie vor sich hat. Und sie ist es, die in diesen Dingen bestimmt."

„Ja", fügte Noira an. „Eiren Taina liebt die Zufälle nicht. Ersa wird einen der wichtigen Leute von Deir Ardon für sich gewinnen, einen von denen, die dort Handel treiben. Was kümmert es uns?"

„Nichts", gab der Gießer zurück, „solange Neisin Turam nicht in unserem Dorf bestimmt und Foirgan weiß, wohin er gehört."

Arwa dachte bei seinen Worten plötzlich an Igrain. Nach langem Zögern hatte sie ihm erzählt, dass Skarin von Neisin Turam Saatgut erbeten hatte. Igrain war erschrocken. ‚So ist es also', hatte er gesagt. Und dann, nach einem kurzen Zögern: ‚Lieber würde ich verhungern, als den Herrn um etwas bitten. Es beginnt mit Freundlichkeiten und niemand kann sagen, wohin es später führt.'

Da bemerkte Arwa, wie alle zu ihr hinübersahen. Sie erschrak und stand schnell auf. „Ich hätte schon lange gehen sollen", entschuldigte sie sich. „Es tut mir Leid, ich habe nichts mitgebracht."

„Das ist auch nicht nötig", entgegnete Noira freundlich.

Trotzdem war es Arwa nicht wohl. Etwas hatte sich verändert. Die beiden Jungen auf der anderen Seite des Feuers spielten, als ob sie schon gegangen wäre. Lugran blickte auf das Kind, das in seinem Schoß lag. Ained musterte sie bewegungslos. Er war ihr wieder fremd geworden. „Es tut mir Leid", sagte sie nochmals. „Ich – ich habe mich sehr über den Beutel gefreut und ..." Sie wollte etwas zu Aineds Geschenk sagen, doch sie fand die Worte nicht. „Möge euch das neue Jahr eine reiche Ernte bringen", fügte sie die alte Formel an, die sie von Mutter immer wieder gehört hatte, wenn diese ein fremdes Haus verließ. Doch hier stimmte es irgendwie nicht. Noira hatte wohl einen Hirseacker und sie pflanzte auch Mohn, doch eine gute Ernte zu wünschen, schien ihr plötzlich an diesem Ort nicht das Richtige zu sein. Unsicher blickte sie sich um.

„Komm", sagte Noira und ging ihr voran zur Tür. „Möge Anai dich beschützen." Als Arwa die ernsten Augen der Gießerfrau sah, lächelte sie und ging mit einem kurzen Gruß an ihr vorbei aus dem Haus.

11. Winter

Der Winter begann mit einem Sturm, der über Nacht das Land mit einer hohen, weißen Schicht bedeckte. Am anderen Morgen brachten die jungen Männer zusammen mit den Hirten die Kühe und die Schweine in die Siedlung. Arwa hörte, wie sie sich im Pferch beim Dorfzaun versammelten. Sie legte ein neues Holzstück aufs Feuer und arbeitete an dem Stoffstück weiter, das sie mit der Mutter zusammen wob. Mit dem Webholz bahnte sie den Weg und fuhr mit dem Knäuel durch die geteilten Fäden. Dann schlug sie den neuen Faden fest. Hin und her führte sie das Webschiff mit der Wolle und achtete darauf, dass der Stoff so dicht wie möglich wurde. Er sollte auch gegen den Winterregen schützen, denn lange würde der Schnee nicht liegen bleiben. Sie sang dabei das Lied der Weberin, die am Himmel den feinen Schleier webt, in dessen Netz die Sterne ihre Ordnung finden. Nur der Mond sprang zwischen den Fäden durch, jede Nacht ein Stück, und verlor dabei von seiner Kraft, bis er die Sonne wieder traf und sie ihm das Feuer von neuem gab. So hatte es Urma erzählt. Alle Dinge hatten ihren Weg. Sie gaben und erhielten. So wie das Webschiff von der einen Seite zur anderen ging.

Mitten in ihrem Lied schlug die Türe auf. Igrain trat hastig in den Raum. Er war ganz weiß im Gesicht. „Wo ist Daigra?", fragte er mit einem Blick in den Augen, der Arwa erschreckte.

„Sie ist mit Kiras Mutter Färbepflanzen suchen gegangen. Was ist geschehen?"

„Neisin Turams Leute haben Skarin umgebracht."

Für einen Augenblick war es völlig still. Arwa hielt sich mit der einen Hand am Webrahmen fest. „Warum?", flüsterte sie entsetzt. „Das kann nicht sein."

„Sie haben sich wegen des Saatguts gestritten." Igrain stand da, als ob er das Geschehene selbst kaum fassen könne. Dann ging er zur Herdstelle und ließ sich auf seine Decke fallen. Arwa wusste, Igrain hatte Skarin gern gemocht; sie hatten im Sommer oft zusammen gearbeitet und die Felder gepflügt. Nun war kein erwachsener Mann mehr in Marnas Haus. Was würde aus Kira werden? Wie würde die Familie den Winter überstehen? Vielleicht würden die Verwandten ihnen helfen, doch genug, um mit anderen teilen zu können, hatten auch diese nicht.

Arwa setzte sich zu Igrain ans Feuer. „Was ist geschehen?", fragte sie.

„Ich habe im Wald den Streit von weitem gehört. Als ich auf die Lichtung kam, liefen zwei der Lanzenträger weg. Skarin lag am Boden und schrie und alles war voll mit Blut. Dann wurde er still. Ich konnte ihm nicht mehr helfen!" Er bedeckte die Augen mit seinen Fäusten. Plötzlich aber stand er auf. „Ich muss mit Foirgan reden. Wir können uns das von Neisin Turams Leuten nicht bieten lassen."

Arwa sah ihm nach, wie er zur Türe ging. Eine furchtbare Angst kroch in ihr hoch. Wenn es nun weitere Kämpfe gab? Wenn auch Igrain getötet wurde? „Ich gehe zu Kira", sagte sie leise. „Sie ist drüben und röstet Bucheckern. Sie soll es wissen."

Am Abend hockten sie wortlos am Feuer. Tairi drängte sich ganz nahe an die Mutter. Sie hörten einen schrillen Schrei im Nachbarhaus. „Die Männer haben Skarin gebracht", sagte Daigra, als ob das Schweigen auch ihr unerträglich geworden wäre. Bedrückt blickte sie vor sich auf den Boden. Die Kinder im Nachbarhaus begannen zu schluchzen.

Da kam Igrain in den Raum. Er sah niedergeschlagen aus. „Ein sinnloser Mord!", begann er. „Sie haben sich wegen einer Kleinigkeit gestritten. Dogan war dabei."

„Wegen einer Kleinigkeit? Darum bringt man sich doch nicht um." Daigra sagte es bestimmt, auch wenn sie wusste, dass nichts mehr zu ändern war.

„Skarin und Dogan haben im Wald die Lanzenträger getroffen, wie die gerade einen Dachsbau ausräuchern wollten.

Einer von ihnen hat sie verspottet. ‚Kommt ihr uns die Dachse wegnehmen?', habe er sie gehänselt. ‚Ihr Hungerleider. Im Dorf bringt ihr es ja doch zu nichts. Ohne den Herrn seid ihr verloren.' Skarin sei gleich wütend geworden. ‚Ihr lausigen Knechte', habe er geschrien. ‚Wer seid ihr schon? Ihr könnt ja nichts mehr selbst entscheiden.' Dann sind sie handgreiflich geworden. Ihr wisst selbst, wie stark Skarin war. Dogan ist fortgerannt und ihn hat einer der Lanzenträger mit dem Speer erstochen.'" Igrain senkte den Kopf. „Im Dorf aber wollen sie nichts dagegen machen. Viele der Männer haben bei Neisin Turam heimlich Saatgut geholt. Sie haben Angst. Und Foirgan – der freut sich so an seinem Trinkhorn, dass ihm ein toter Dorfbewohner gleichgültig ist." Er hielt inne. Arwa sah, wie es in seinen Augen zornig funkelte. „Dummköpfe", sagte er dann. „Sie denken nur an sich selbst. Als im Herbst unsere beiden Rinder gestohlen wurden, hat sich niemand eingesetzt. Dabei war Tairi sicher, dass es die Hirten von Neisin Turam waren. Wenn wir uns auch jetzt nicht wehren, werden sie in Zukunft machen, was sie wollen."

Die Mutter sagte nichts, sondern schaute nur bedrückt ins Feuer. Im Haus nebenan schrie Marna noch immer und man hörte die Kinder weinen.

In der Nacht fand Arwa keinen Schlaf und auch die Mutter warf sich unruhig von einer Seite zur anderen. Am Morgen, nachdem Igrain gegangen war, stöhnte sie plötzlich auf. Sie schickte Tairi weg und bat Arwa, Feirla zu holen. Madrins Frau kochte als erstes Wasser, dann setzte sie sich zu Daigra und begann, ihr über den Rücken zu streichen.

„Vergiss alles, was gestern geschehen ist", sagte sie. „Du kannst daran nichts ändern. Denk jetzt nur an das Kind."

Arwa kauerte neben der Herdstelle. Sie kam sich unnütz vor, obwohl sie wusste, dass Mutter froh war, wenn sie zum Feuer sah. Sie beobachtete, wie Feirla Daigra aufhalf und sie zu einem der Stützpfosten führte. Dann holte sie Durga aus dem Nachbarhaus. Die beiden Frauen ermutigten Daigra, die sich mit vom Schweiß nassen Gesicht an einem Seil aufrecht hielt, und unterstützten sie von beiden Seiten, wenn sie erschöpft war und sich auf den Boden kauern wollte.

Arwa verfolgte alles stumm. Obwohl sie als Kind bei Tairis Geburt im Haus gewesen war, konnte sie sich nicht mehr daran erinnern, wie schwierig es für ein kleines Kind war, den Weg in die neue Welt zu finden. Warum nur dauerte es so lange? War das immer so? Als Feirla sie schließlich aufforderte, Igrain zu holen, wusste Arwa, dass die Geburt schwieriger als üblich war. Sofort verließ sie das Haus. Weit suchen musste sie Igrain nicht. Er stand auf der Rückseite des Hauses, an einen Holzstapel gelehnt, und schien erleichtert, dass seine Hilfe gebraucht werden konnte. Hastig betrat er das Haus, ging sofort zu Daigra und hielt sie von hinten fest. Arwa bemerkte voller Erstaunen, dass sich die Mutter sofort entspannte und ihren Kopf auf Igrains Schulter zurückfallen ließ. Auch das Kind schien sich wieder zu bewegen. Feirla hob den Saum des Kleides hoch und half dem kleinen Wesen. Arwa sah, dass es in etwas, das einer Schlange glich, verwickelt war. Feirla zerschnitt die Schlange, zog das Kind ganz heraus und hüllte es in einen warmen Stoff. Erst war es still und fast grau, doch dann begann es zu schreien und Arwa verfolgte, wie das Leben in ihm erwachte und das Gesicht ganz rosig wurde. Die Mutter sah mit einem Lächeln zu.

Feirla nickte befriedigt, wusch das kleine Wesen mit dem warmen Wasser, hüllte es in ein weiches Tuch und legte es in Arwas Arme. Dann ging sie zu Daigra zurück, um zusammen mit Durga auf die Nachgeburt zu warten. Arwa wusste, dass man sie später zusammen mit einer Gabe für die Göttin bei einem Pfosten des Hauses vergraben würde. Das war auch bei ihrem kleinen Bruder so gewesen. Daran konnte sie sich noch erinnern. Nun aber spürte sie Igrains Hand auf ihrer Schulter und sah, wie er den Säugling zärtlich betrachtete. Fast scheu streckte er die Finger aus und fuhr mit ihnen fein über das helle Haar.

„Wir wollen sie Yormi, das Schneekind, nennen", sagte er leise.

Die kleinen Fäustchen des Kindes waren fest geschlossen und es bewegte die Lippen, wie wenn es etwas sagen wollte. Feirla, die Daigra zum Schlafplatz geleitet hatte, sah ihm ernst zu. „Es will schon trinken", sagte sie. „Gebt Acht, dass Daigra genug zu essen hat."

Dann gingen sie und Durga weg. Arwa trug das kleine Kind zur Mutter hinüber und legte es zu ihr unter die warme Decke.

Sie war ganz glücklich, dass es doch gekommen war und leben wollte. Auch Igrains Augen ruhten noch immer auf ihm. Plötzlich aber blickte er Arwa an. Als ihre Augen sich trafen, lächelte er. Sie aber spürte, wie in ihr damit der letzte Rest an Ablehnung verschwand.

Als Daigras Schwester von Yormis Geburt erfuhr, schickte sie zwei Säcke mit Getreide. Sie lebte im gleichen Dorf wie viele von Daigras Verwandten nahe beim Langen See. Dort war die Ernte besser gewesen. Nach einem Gespräch mit Igrain gab die Mutter den einen Sack an Marna weiter. Sie ertrug es nicht, die immer hungrigen Augen von Kira und ihren Geschwistern zu sehen. War es nicht die Familie, mit der sie während des Sommers zusammen die Felder bestellt hatten?

„Seid ihr dumm", hieß es im Dorf. „Die sind selbst schuld, dass sie hungern. Warum haben sie so viele Kinder? Auch Skarin hätte im Wald nicht streiten müssen. Ihr werdet sehen. Niemand wird es euch danken."

Arwa hatte das auf dem Dorfplatz gehört und erzählte es am Abend beim Essen. Igrain schüttelte dazu nur den Kopf. „Wer von uns weiß, ob es ihn nicht auch einmal trifft. Wir wollen den Göttern vertrauen. Sie werden mit dem neuen Mond besseres Wetter bringen."

Er hoffte, dass der Schnee wie in anderen Jahren bald schmelzen werde, damit wenigstens die Tiere im Wald weiden konnten. Nun waren es allein die Schafe, die unter der weißen Decke noch Futter fanden.

Doch selbst als die Tage wieder länger wurden, blieb der Schnee. Bald gab es niemanden im Dorf, der nicht Hunger litt. Die kleine Schwester, die während der ersten zwei Monde zufrieden in ihrem Korb gelegen und alle mit ihrem Lächeln verzaubert hatte, schrie immer häufiger. Die Mutter hatte zu wenig Milch. Igrain ging und suchte in der klein gewordenen Schweineherde einen Eber. Vor dem Haus opferte er und schlachtete das Tier. Sie alle aßen in den nächsten Tagen so viel sie wollten und gaben vom Fleisch auch an die Nachbarn weiter. Sie erhielten dafür von einigen Pilze und einen ganzen Korb voller Eicheln. In guten Jahren aß man diese selten, doch nun waren sie begehrt.

Arwa war glücklich, dass sie mit einem Stück Fleisch zu Marna und den Kindern gehen durfte. Diese hatten das geschenkte Getreide schon fast aufgebraucht und sahen so hungrig aus, dass Arwa sich sonst nicht getraute, sie zu besuchen. Manchmal dachte sie wehmütig daran, wie sie sich nach dem Sommerfest darauf gefreut hatte, im Winter mit Kira am Feuer spinnen zu können. Doch nun hatte sie sie schon lange nicht mehr getroffen. Als sie mit dem Fleischstück das Nachbarhaus betrat, schämte sie sich, dass sie mehr als die Freundin zu essen bekam und nicht so eingefallene Wangen hatte. Kira blickte sie mit einem traurigen Lächeln an: „Es ist gut, dich zu sehen. Bleib doch noch ein wenig hier."

Sie saßen nebeneinander am Feuer und wussten doch nicht, was sie miteinander reden konnten. Als Arwa zusah, wie sich die Geschwister um die kaum gebratenen Fleischstücke stritten, wurde ihr so elend, dass sie sich hastig verabschiedete.

Es dauerte nicht lange und vom Fleisch hingen nur noch die besten Stücke im Rauch über dem Feuer. Es musste wie alle Esswaren gegen die immer dreister werdenden Mäuse verteidigt werden und im Getreidebrei waren oft mehr Wurzeln als Hirse oder Gerste. Yormi schrie wieder oft in der Nacht.

„Der Winter wird noch lange dauern", sagte die Mutter bestimmt, als Igrain sie bat, für sich und das Kind mehr Sorge zu tragen. Sie wies seine Schale mit Suppe zurück, die er ihr aufdrängen wollte. „Es wird noch kälter, ich weiß es. Wer sucht Holz, wenn der Vorrat erschöpft ist und du keine Äste mehr sammeln kannst? Willst du, dass wir erfrieren?"

Wenn die Milch ausblieb, flößte sie dem kleinen Kind einen Brei aus Wurzeln und Blättern ein. Anfangs schlief es gut in der Nacht, doch plötzlich schien es das alles nicht mehr zu ertragen. Es schrie nun auch am Tag und wand sich in den Armen der Mutter. Als das Kind keine Kraft mehr hatte, um zu schreien, wussten sie alle, dass es sterben würde. Daigra verließ den Webrahmen, an dem sie vorher fast den ganzen Tag gearbeitet hatte und setzte sich mit Yormi ans Feuer. Sie hielt sie auf dem Schoß und sah sie stumm an. Die Tränen liefen ihr dabei über die Wangen.

Arwa verkroch sich in der Nacht in Igrains Armen und verbarg den Kopf unter der Decke, um das Wimmern des Kindes nicht zu hören. Am Morgen war es still. Fast erleichtert kroch sie unter dem Fell hervor. Sie ging zur Mutter. Yormi hatte die Augen geschlossen und etwas wie ein Lächeln lag auf ihrem Gesicht. Daigra hob ihren freien Arm und zog Arwa an sich. Sie blieben lange so sitzen.

„Sie geht zu Anai zurück", sagte die Mutter endlich. „Sie gibt das Leben und nimmt es wieder." Und plötzlich schluchzte sie auf. Igrain kam zu ihnen und betrachtete nachdenklich das kleine Kind. „Komm im nächsten Jahr wieder zu uns zurück", bat er. „Wir warten auf dich." Dann begann er leise und mit rauer Stimme, das Lied von den blauen Vögeln zu singen.

Sie begruben Yormi mit einer Gabe für die Totengöttin neben einem der Pfosten des Hauses. Jeder von ihnen legte eine Haarlocke in das Gefäß, das den kleinen Körper enthielt.

Das Wetter veränderte sich nicht und auch der Schnee blieb liegen. Arwa war oft mit Daigra oder Igrain im Wald, um Wurzeln oder Brennholz zu suchen. War sie allein oder nur von Tairi begleitet, blieb sie in der Nähe des Dorfes, denn sie fürchtete sich vor den Wölfen und manchmal sogar vor den Menschen. Es kam nun oft vor, dass sich die Bewohner der verschiedenen Siedlungen beim Sammeln bekämpften, und gegen Erwachsene konnte sich Arwa noch nicht wehren. Sogar zwischen Mitgliedern verschiedener Familien aus Kernu An gab es Streit.

Manchmal traf ArwaAined. Er hatte den Korb immer voll mit Flechten und Wurzeln, die er für die Gießerfamilie sammelte. Sie wusste, dass auch Lugran und seine Leute kaum zu essen hatten. Er lebte nur von dem, was ihm die Bewohner des Dorfes im Austausch für die Bronzen gaben. In diesem Winter war es nicht viel, denn zerbrochene Gegenstände ersetzten nur die wenigsten. Er stand in seiner Werkstatt, schärfte Schneiden, schmückte die Messer mit Mustern oder verzierte Nadeln. Gießen konnte er bei dieser Kälte nicht, denn das Holz der Werkstatt war aufgebraucht und Noira hatte das meiste Feuerholz ins Wohnhaus genommen. Den Rest hatte sie bei Foirgan, dem Einzigen, der noch genug Vorräte hatte, gegen Linsen eingetauscht. Es war nicht viel gewesen. Sie alle wussten, dass Noira kaum davon aß. Ihr Gesicht sah eingefallen aus und sie bewegte sich langsam und bedächtig. Sie sparte sicher das Essen für ihre Kinder auf.

Obwohl Arwa dies wusste und auch selbst oft Hunger litt, tat ihr Ained Leid, wie er in seinem dünnen Umhang und den Sandalen aus Stroh das Eis vom Boden kratzte und darunter Moos und Flechten suchte.

Er war der Einzige im Dorf, der manchmal noch Vögel fing. Er schoss in diesem Winter trotz des Mangels an Nahrung in die Höhe und sah noch knochiger aus als die übrigen Menschen. Arwa war klar, er würde nie so stark werden wie die anderen jungen Männer, weil er in einem Hungerwinter erwachsen wurde. Er selbst wusste es auch. Sie hatte gesehen, wie er die anderen nun vorließ, wenn sie im Eingang der Hütte, in der sich die Jungen am Abend manchmal trafen, um den Vortritt kämpften. Sie hatte Mitleid mit ihm, doch dem Gießer hatte sie dafür keine Schuld gegeben. Sie hatte gedacht, es ginge allen so.

Doch dann schickte Igrain sie eines Abends mit einem zerbrochenen Angelhaken zu Lugran hinüber.

Nun stand sie am Eingang und sah zu, wie Noira das Essen schöpfte. Ganz zum Schluss nahm die Frau Aineds Schale und kratzte für ihn die Reste aus dem Topf. Es war noch weniger als bei ihr selbst. Tarin nahm die Schale und schöpfte vom seinem Brei in Aineds Gefäß.

„Lass das", sagte Noira. „Er ist für nichts gut und isst uns nur alles weg."

Tarin hob den Kopf und blickte die Mutter vorwurfsvoll an. „Die Rüben hat er gesammelt", gab er zurück und schöpfte weiter, bis Ained ihm die Schale aus der Hand nahm.

Der Gießer verfolgte es, ohne etwas zu sagen. Er aß einige Löffel voll vom Brei, dann stellte er die Schale vor die Gesellen hin. Diese dankten und begannen gierig, den Rest unter sich zu verteilen. Arwa betrachtete alles bewegungslos. Obwohl sie schon etwas gegessen hatte, konnte sie kaum verbergen, wie hungrig sie noch war. Sie war froh, dass niemand sie beachtete.

„Was willst du?", fragte Lugran, als sie schon dachte, er habe sie vergessen.

„Ich soll fragen, ob du mir einen Angelhaken für Igrain geben kannst. Ich habe etwas Bronze mitgebracht. Die Hechte kommen nun in der Nacht näher ans Ufer. Aber ..." Sie zögerte. Doch sie wusste, es gab keinen Ausweg, und so fuhr sie tapfer fort: „Wir können euch sonst nichts dafür geben. Könnt ihr bis zum Frühling warten? Ich werde die ersten Vogeleier bringen und Eichhörnchen jagen. Ich weiß, wo sie ganz früh den Bau verlassen."

„Was nützt uns das in diesem Winter", erwiderte Noira grob. „Versprechen können wir nicht essen."

Arwa schossen die Tränen in die Augen. Ained senkte bei diesen Worten den Kopf. Dann stand er auf, nahm von seinem

Hals den Beutel aus Marderfell und holte aus ihm einen Angelhaken aus Bronze. Die Schnur war in einem kleinen Knäuel aufgewickelt. „Nimm ihn", sagte er. „Danke für die Nachricht wegen der Hechte."

Er nahm von der Wand einen Speer, zog die Strohsandalen an und ging an Arwa vorbei aus dem Haus. Sie blickte ihm erschrocken nach. Sie wusste, er würde versuchen, in dieser Nacht Fische zu jagen. Der Mond war fast voll und es war hell genug, doch es war so kalt, dass niemand lange bewegungslos am Ufer oder in einem Einbaum bleiben konnte. In der Gasse hörte sie seine Schritte; unter ihnen zerbrach das Eis, das sich in der Dämmerung auf den Wasserlachen gebildet hatte.

Tarin starrte mit einer Falte auf der Stirn und zusammengepressten Lippen ins Feuer. Arwa wurde zornig. Warum sagte Lugran nichts? Warum wies er Noira nicht zurecht? Ained arbeitete doch in seiner Werkstatt! Um die beiden Gesellen kümmerte er sich doch auch! Er hatte ihnen sogar von seinem Essen gegeben. Nur wie es Ained ging, das war ihm gleich! Wortlos drehte sie sich um und ging nach Hause.

Wie der Regen im Sommer, so wollte auch der Schnee im Winter nicht enden. Die Handvoll Gerste, die die Mutter vor dem Essen für die Schutzgöttin des Dorfes ins Feuer warf, wurde immer kleiner. Sie baten nun beim Opfer um Sonne – nicht nur bei der Göttin, sondern bei allen Wesen der anderen Welt, wer auch immer von ihnen die Kraft besitzen mochte, die grauen Nebel aufzulösen, die aus den Bergen gekommen waren und schwer über dem Wald, den Feldern und dem See lagen. Gab es keinen Gott, der sich erbarmte, wenn er sah, wie die Kinder starben? Arwa konnte nicht verstehen, warum keiner auf das Flehen der Menschen Antwort gab.

Als die Wolkendecke aufriss und die Sonne endlich kam, wurde es nur noch kälter. Vom Rand des Sees her begann sich in den Nächten eine dünne Schicht aus Eis zu bilden, die am Tag wieder zerriss. Arwa blieb wie die meisten Menschen im Haus. Unter einem Haufen von Fellen und eng an den Bruder gedrängt versuchte sie, das Wenige an Wärme zu bewahren, das noch in ihr war.

Als Daigra sah, dass Arwa und Tairi schon am Morgen beim Erwachen vor Kälte zitterten, ging sie zum Speicher und holte einen der letzten Getreidesäcke, den Rest an Bohnen und das Trockenfleisch. Sie kochte jeden Abend eine dicke Suppe, damit sie in der Nacht schlafen und die Kraft für den nächsten Tag zusammenhalten konnten. Auch sie blieb nun im Haus und unterhielt den ganzen Tag das Feuer.

Nur Igrain ging manchmal fort. Der Holzstoß, den sie im Herbst gesammelt hatten, wurde schnell kleiner. Einmal hatte jemand in der Nacht sogar unbemerkt einen ganzen Korb der guten Stücke aus Eiche gestohlen. So suchte Igrain neues Holz. Doch viel zu sammeln oder gar einen Baum zu fällen, überstieg selbst seine Kraft.

In der Nähe des Dorfes gab es schon lange kein Fallholz mehr und er musste weit weg nach abgebrochenen Ästen suchen. Als er kein Holz mehr fand, ging er wie andere Dorfbewohner und holte vom kostbaren Bauholz, das er im Sommer geschlagen und an einem sicheren Ort aufbewahrt hatte. Er brachte auch Moos und Flechten für die Kuh, die ihnen geblieben war und die sie brauchten, um im Frühling pflügen zu können. Er fütterte sie jeden Tag im Pferch neben der Palisade. Manchmal begleitete er den Schafhirten auf die Felder. Dieser blieb mit der Herde in der Nähe des Dorfes, obwohl seine Hunde so scharf waren, dass sich nicht schnell ein Fremder in ihre Nähe getraute. Die übrigen Tiere hatte man ins Dorf genommen und jede Familie versorgte sie im eigenen Haus.

Zuerst freute sich Arwa über das Schwein und die Ziegen, die die Mutter mit Stricken an die Wandpfosten gebunden hatte. Doch dann sah sie, wie die Tiere alles, was sie erreichen konnten, fraßen – selbst Körbe aus Weidenzweigen und eine Bodenmatte aus Schilf.

Dem zuzusehen machte sie noch elender und hungriger, als sie es sonst schon war. Das Schwein blieb nicht lange im Haus. Als die Bohnen aufgebraucht waren, schlachtete Igrain das Tier. Diesmal gaben sie vom Fleisch und Fett nur wenig weg. Die Mutter teilte es genau ein, ohne sich darum zu kümmern, dass Tairi oft um mehr bat. Sie versuchte, so viel vom Getreide, wie es möglich war, für den Frühling aufzubewahren. Das Saatgut hatte sie schon im Herbst in Töpfen gut verschlossen auf den Dachboden gestellt.

Mit dem nächsten Mond wechselte endlich das Wetter. Es wurde warm genug, dass Arwa wieder das Haus verlassen konnte. An einem dieser Morgen entdeckte sie Kira neben ihrem Haus. Die Freundin saß mit dem Rücken an die Wand gelehnt. Sie hatte das Gesicht in den Händen verborgen und weinte. Arwa war erstaunt, denn Marna war am Abend vorher mit Vorräten beladen durch die Dorfgasse gegangen. Unter den Frauen hatte man sich zugeflüstert, dass sie bei Neisin Turam gewesen sei und Getreide und Bohnen als Sühnegeld für den Tod ihres Mannes bekommen habe. Warum also weinte Kira? Arwa ging am Haus entlang zu ihr. Als sie die Freundin berührte, blickte diese auf.

„Geh weg", sagte sie.

Arwa, die sich schämte, dass sie im Winter nichts für Kira getan hatte, senkte den Kopf. Sie wollte schon gehen. Doch dann drang der Duft von gekochter Gerste und gebratenem Speck durch die Türe von Marnas Haus. „Warum bist du traurig? Ihr habt doch jetzt zu essen."

Kira schluchzte plötzlich, doch sie sagte nichts. Arwa setzte sich zu ihr, obwohl ihr bald kalt war und sie zu frieren begann. Sie wartete.

„Mutter ist zum Herrn gegangen", sagte Kira endlich mit tonloser Stimme. „Sie hat Linsen und Hirse und vieles sonst nach Hause gebracht. Eines meiner Geschwister ist in diesem Unglückswinter gestorben, weil wir so wenig zu essen hatten.

So habe ich mich mit den anderen gefreut. ‚Du wirst nicht viel davon haben', hat die Mutter gesagt. ‚Wir haben es nicht umsonst bekommen. Ich habe der Herrin versprochen, dass du gehst, um ihr zu dienen.'"

Kira schluchzte wieder auf. „Ich will nicht fort. Du und ich – wir haben uns doch versprochen, dass wir zusammen im gleichen Dorf bleiben. Du bist der einzige Mensch, der mich wirklich gerne hat. Ich will nicht gehen!" Ihre Wangen waren nun gerötet und ihre Augen lebendig. Doch dann ließ sie den Kopf wieder hängen: „Ich weiß, dass es nicht möglich ist. Es lässt sich nicht ändern. Wenn ich doch nur auch in diesem Winter gestorben wäre."

„Nein, das darfst du nicht sagen!", verlangte Arwa entschieden. „Ich will das nicht hören! Vielleicht ist es bei Eiren Taina gar nicht so schlimm."

Kira gab sich einen Ruck und setzte sich aufrecht hin. „Ich habe Angst", sagte sie leise. Dann stand sie auf, fuhr Arwa über die Haare und ging ins Haus.

Arwa blieb ratlos sitzen. Gab es hier wirklich nichts zu ändern? Sie würde Ardun fragen. Sie wusste, dass dieser Kira gern mochte. Vielleicht fand er eine Lösung? Wenn sie nur mit jemandem darüber sprechen konnte. So lief sie durch das Dorf zum See. Es war ganz still. Durch die Dachluken drangen dünne Rauchsäulen ins Freie und lösten sich bald auf. Irgendwo schrie verzweifelt ein Kind und als sie am Gießerhaus vorbeiging, hörte sie jemanden weinen.

Beim Fischer wurde sie gleich ans Feuer gebeten.

„Ich bin froh über den Umhang, den ich von euch im Herbst bekommen habe", sagte Salgan. „Er ist warm. Ich bin damit schon wieder auf den See hinausgefahren." Er lachte. „Ich habe viel gefangen. Komm, nimm auch du von den Fischen nach Hause."

Dann sah er, dass etwas sie beschwerte. „Was hast du? Ist bei euch jemand krank geworden? Geht es meiner Schwester nicht gut?"

„Nein. Bei uns zu Hause ist alles in Ordnung. Ich bin Arduns wegen gekommen. Ich möchte mit ihm reden."

„Ardun ist hinter dem Haus. Er bessert das Netz aus. Es sind nur ein paar Maschen, die zerrissen sind."

Arwa nahm die Fische und dankte. Hinter dem Haus fand sie Ardun vor dem aufgespannten Netz. Sie erzählte ihm alles, was sie von Kira wusste. Er presste die Lippen zusammen und blickte über die Palisade hinweg zum See.

„Kannst du nichts machen?", fragte Arwa endlich, als sie sein Schweigen nicht länger ertrug. „Du magst sie doch." Sie verstummte, als sie sah, dass sein Gesicht noch härter wurde.

„Wen soll ich fragen?", entgegnete er bitter. „Hättet ihr Marna mehr Vorräte geben können? Ihr habt doch so schon viel zu wenig. Oder meinst du, ich könne Salgan fragen? Ich bin froh genug, dass er mich nicht zu euch nach Hause schickt und sagt, ich solle im Frühling wieder kommen. Und selbst wenn wir die Vorräte zurückgeben könnten, würde die Herrin sicher sagen, der Tausch sei schon abgemacht."

Arwa senkte den Kopf. „Vielleicht kannst du Kira besuchen, bevor sie geht?"

„Wozu? Damit uns noch elender wird und ihr der Abschied noch schwerer fällt? Bitte, geh nach Hause. Ich möchte nicht länger darüber reden."

Ardun begleitete die Schwester wortlos auf den Platz. Als sie Lugrans Haus sahen, kam Arwa das Weinen wieder in den Sinn. „Was ist im Gießerhaus geschehen?", fragte sie.

„Das kleine Mädchen ist gestorben."

Arwa fuhr erschrocken zusammen.

„Heute Morgen hat Lugran es in den Wald gebracht", fuhr er fort. „Ich verstehe ihn nicht. Er hat vor allen Leuten geweint, als er Keiri in den Armen durch die Gasse getragen hat. Und doch hat er gestern mit seinen Gesellen in der Werkstatt an etwas herumgehämmert, als ob nichts geschehen wäre. Ich habe es gesehen. Wir sind ja Nachbarn. Siehst du, da kommt er zurück."

Lugran bog um die Ecke und kam langsam durch die Gasse näher. Arwa dachte plötzlich an jenen Morgen, an das Fingerspiel und wie Keiri den Kopf in seinem Kleid verborgen hatte. Sie hatte dabei mit ihrer hellen Stimme gelacht.

Da blickte Lugran auf und streifte Arwa mit seinem Blick. Auf seinen Wangen glitzerten noch immer Tränen. Sie hätte gerne gesagt, wie sehr sie es bedauerte, dass Keiri gegangen war. Doch sie getraute sich nicht. Der Gießer senkte den Kopf und ging wortlos an ihnen vorbei.

12. Tarins Traum

Von einem Tag auf den anderen begann der Frühling. Ein Sturm aus dem Süden vertrieb den Schnee und brachte warmes Wetter. Die Menschen im Dorf atmeten auf und freuten sich an der Sonne und dem warmen Wind. Die Fischer fuhren wieder jeden Tag mit den Netzen hinaus. Es blieb ihnen nur kurze Zeit, bis die Fische laichten und die Göttin nicht mehr wollte, dass man sie störte. Die ersten Zugvögel kamen von den Bergen und die Gräser zeigten frische Spitzen. Auf dem Weg in die Felder leuchteten die weißen Kelche der Schneeblumen. Der Boden duftete. In den Äckern lag als feiner grüner Pelz das Getreide, das man im Herbst vor der Hungerzeit gesät hatte.

Ained kam nun fast jeden Tag mit Vögeln oder kleinen Säugetieren ins Gießerhaus. Eines Tages brachte er das noch blutige Fell eines Fuchses.

„Kannst du das Fell für Tarin gerben?", bat er Noira. „Bitte. Ich würde es ihm gerne schenken."

„Wo ist das Fleisch?", fragte sie vorwurfsvoll. „Du hast es wohl selbst gegessen."

Ained fuhr erschrocken zurück. „Fuchsfleisch? Das ist verzaubert. Das isst doch niemand."

„Hier am See verwandeln sich die Füchse nicht", erwiderte Lugran durch den Rauch des Feuers, bevor Noira etwas entgegnen konnte. „Du kannst es nächstes Mal bringen, auch wenn du es nicht selbst essen willst. Uns macht es nichts."

Der Gießer saß, immer wieder hustend, schon den ganzen Abend allein auf der anderen Seite der Herdstelle und bewegte sich kaum. Ained blickte ihn verwundert an. Er hatte doch in diesem ganzen Winter kein Schweinefleisch gegessen, selbst dann nicht, als Noira den geräucherten Wildschweinschinken von Madrin in kleine Stücke zerschnitten hatte, weil es fast keine Linsen und Bohnen mehr gab. Aber Fuchsfleisch, das machte ihm nichts? Füchse waren doch gefährlich, das wussten in den Bergen schon die kleinen Kinder. „Es tut mir Leid", sagte er niedergeschlagen. „Ich kann das Fleisch nicht mehr holen. Die Raben und die Krähen haben sich draufgestürzt, als ich das Fell abgezogen habe."

„Wir wollen es ihnen gönnen", sagte der Gießer. „Sie sind die Boten der Götter und helfen den Menschen, den richtigen Weg zu finden." Er hustete wieder. Seine Augen waren schon seit dem Morgen rot und auf der Haut lag eine feuchte Schicht, die, wenn man näher kam, fast wie verfaultes Fleisch roch.

Am nächsten Tag arbeitete Lugran nicht und Noira schickte voller Sorge einen der Gesellen zu Feirla, die seit dem Tod der alten Dubra die Kräuter verteilte. Sie kam sofort.

„Ich kenne diese Krankheit nicht", sagte sie, nachdem sie den Gießer genau angesehen hatte. „Aber ich weiß, dass auch Foirgan und seine Tochter husten und rote Augen haben."

„So habe ich den bösen Geist dort geholt", sagte Lugran. „Ich war bei ihm, um nochmals über Skarins Tod zu reden."

„Madrin hat gesagt, dass entlang der Handelsstraße viele Menschen krank geworden sind und einige sogar starben. Nach einem solchen Winter ist das nicht erstaunlich. Wir alle haben keine Kraft. Ist Foirgan nach Deir Ardon gegangen?"

„Ja. Er hat dort den Ältesten des Orts besucht."

„So", sagte Feirla. „Der Winter ist noch nicht überstanden. Gib Acht auf dich." Sie ging zu Noira. „Madrin hat eine Hirschkuh erlegt. Sie ist ziemlich knochig, doch etwas Fleisch ist schon an ihr. Wir geben euch gerne davon. Schick Tarin zu uns und mach dann aus dem Mark für Lugran eine Brühe. Ich will nicht, dass ihm etwas geschieht."

Die Krankheit breitete sich aus wie ein böses Gespenst. Sie kroch durch die Ritzen der Häuser und fand unter den meisten Dächern Menschen, die sie packen konnte. In einigen Familien lagen alle Hausbewohner zusammengedrängt in der Schlafecke und hatten kaum mehr die Kraft, füreinander zu sorgen.

Wo die Menschen nichts sammeln konnten, begannen sie, das durch den ganzen Winter sorgfältig gehütete Saatgut zu essen. Einige Männer gingen zum Herrn, doch der erlaubte ihnen nicht, auf den Hof zu kommen, und ließ ihnen sagen, sie könnten ein andermal Vorräte holen. Die ersten Menschen starben. Nicht Kinder wie im Winter, sondern junge Leute. Lugran aber wurde wieder gesund. An seiner Stelle lagen die Gesellen mit eingefallenen, fiebrigen Augen auf dem Schlaffell und husteten die ganze Nacht.

Obwohl sich Lugran wegen der Gesellen große Sorgen machte, arbeitete er wieder in der Werkstatt. Er trieb über einem kleinen Feuer sorgfältig ein Bronzeschälchen aus. Neisin Turam hatte einen Diener geschickt und es für Eiren Taina bestellt. Er würde dafür mit Hirse bezahlen. Ained betrachtete verwundert die verschlungenen Muster aus feinen Punkten, welche die Oberfläche wie ein Spinnennetz zu überziehen begannen. Wie verzaubert starrte er die Schale an, die beim Arbeitsplatz des Gießers auf einem feinen Wolltuch stand. Als er aufsah, bemerkte er, dass das Gefäß mit Wasser fast nichts mehr enthielt. Er nahm den Krug, mit dem er immer zur Quelle ging, und verließ den Raum. Er freute sich auf den Weg, auf den Geruch der feuchten Erde, wo die Sonne sie wärmte, auf die ersten Blumen und den Gesang der Vögel. Auf dem Rückweg von der Quelle begegnete er Ardun vor Salgans Haus.

„Wie geht es?", rief er ihm zu. „Ist die Krankheit auch zu euch gekommen?"

Ardun schüttelte den Kopf: „Eines der Mädchen ist krank, doch es ist nur Fieber."

„Wie geht es Igrain und Daigra? Ist Arwa nichts geschehen?"

„Sie hat auch gehustet, doch nun läuft sie wieder in den Wald und jagt die Vögel." Ardun lachte. „Manchmal denke ich, sie hätte ein Junge werden sollen. Ihren Mann bedauere ich jetzt schon. Sie wird sich von ihm nicht so schnell etwas sagen lassen."

Ained musterte Ardun verwundert. Arwa war doch so scheu. Sie getraute sich nicht einmal, mit Noira zu reden. Er winkte dem Jungen zu. „Lass sie grüßen, wenn du sie das nächste Mal triffst. Ich bin froh, dass ihr nichts geschehen ist."

Nun, da es wieder warm geworden war und die Tiere ihre Verstecke verließen, brauchten sich die Gießer keine großen Sorgen wegen der Nahrung zu machen. Ained fand selbst in der Nähe der Siedlung Wurzeln, die die anderen Dorfbewohner nicht gesehen hatten, und er erinnerte sich vom vergangenen Jahr an die Standorte einer unglaublichen Menge von Pflanzen, die im Frühling schnell austrieben und essbar waren. Noch immer abweisend nahm Noira die vielen ihr unbekannten Kräuter entgegen. Doch sie vertraute mehr und mehr den Kenntnissen des Jungen und kochte alles. Selbst die Gesellen, denen es wieder besser ging, mussten zugeben, dass die Pflanzen nahrhaft waren und einige Knollen sogar sehr gut schmeckten – auch solche, von denen die Dorfbewohner behaupteten, dass man sie nicht essen dürfe, weil in ihnen schlechte Wesen wohnten. Lugran lachte nur, wenn sie darüber sprachen. Beim Essen hatte er sich schon vorher nicht an die gleichen Regeln gehalten, wie die übrigen Bewohner des Dorfes.

„Sobald wir genug Holz geschlagen haben, gießen wir wieder", sagte er an einem Abend. Er sah die Gesellen an, die, in Felle gehüllt, neben dem Feuer saßen. Beiden ging es wieder besser, sie würden die Krankheit bald überstanden haben. Doch Gießen – dafür war es noch etwas früh. So musterte er schließlich Ained. „Willst du diesmal helfen?", fragte er. „Tarin kann dir zeigen, wie man den Blasebalg bedient."

Ained wurde rot vor Freude. „Ja", sagte er eifrig. „Ich helfe gern."

Von diesem Augenblick an wartete er voller Ungeduld auf den Abend, an dem er nach dem Essen in die Werkstatt gehen durfte. Bis jetzt hatte ihm der Gießer nicht einmal erlaubt, bei dieser Arbeit zuzusehen. Doch nun durfte er sogar helfen!

Er verfolgte genau alle Vorbereitungen, die getroffen wurden. Die Spannung in ihm wuchs, als Lugran sogar nachts in der Werkstatt blieb.

Endlich war es soweit. Noira kochte frisch gepflückte wilde Kräuter zusammen mit einem kleinen Restchen Hirse und legte etwas Käse, den sie von einem Hirten bekommen hatte, darüber. Sie gab die Schale Tarin und der brachte sie in die Werkstatt hinüber. Lugran aß das besondere Essen langsam und bedächtig. Er schien in Gedanken versunken und niemand störte ihn. Dann stand er auf. Tarin gab Ained einen Wink, ihm zu folgen. Zusammen gingen sie an den See. Sie wuschen sich im kalten Wasser. Die Jungen zogen die Kleider wieder an, doch der Gießer schlang sich nur ein weißes Tuch um die Hüften. So gingen sie in die Werkstatt zurück. Tarin schichtete in der Gießgrube Holz auf und zündete es an. Lugran hockte sich am Rand der Grube nieder und opferte für den Gott einen der ersten Zugvögel, die er in den Hügeln im Netz gefangen hatte. Er blickte dabei lange ins Feuer. Dann bat er Erad um seinen Schutz und begann mit der Arbeit. Er holte die Gussformen und stellte zwei von ihnen neben die Flammen, um sie zu wärmen. Die anderen Formen legte er an den Rand der Grube. Das Wachs hatte er schon am Tag zuvor ausgebrannt. Ained sah, dass jede Lehmform zwei Löcher hatte und so auch zwei Hohlformen enthielt.

„Es sind die Nadeln mit den großen Köpfen", sagte der Gießersohn leise. „Ich habe mehr als ein Jahr warten müssen, bis ich auch bei ihnen mit Gießen helfen durfte." Dies waren die einzigen Worte, die er mit Ained wechselte. Sie warteten still, bis Lugran Ained das Zeichen gab, sich bei den Blasebälgen hinzusetzen. Tarin kauerte daneben und zeigte ihm, wie er die Fellsäcke gleichmäßig mit Luft füllen und diese in die Flammen blasen konnte. Die Farbe des Feuers veränderte sich sofort und wurde heller. Es wurde heiß. Auch Tarin zog sein Kleid aus. Lugran legte in die Gusstiegel zerbrochene und zerkleinerte Stücke von nicht mehr gebrauchten Bronzegeräten. Er bat Ained, still zu halten. Dann teilte er das Feuer und stellte den Tiegel in die Mitte der glühenden Hölzer, genau unter die Düse aus Ton, die mit den Blasebälgen verbunden war. Tarin schichtete darum herum das Holz in einem verwirrenden Muster auf. Dann stellte er die Tonformen daneben hin und sicherte sie mit einem Stein. Als er damit fertig war, gab der Gießer Ained das Zeichen weiterzumachen. Bald fing das aufgeschichtete Holz Feuer. Ained versuchte, so regelmäßig wie möglich zu blasen. Jedes Mal, wenn es ihm nicht gelang und sich das Geräusch der herausgepressten Luft nur wenig veränderte, wurde er von Tarin zurechtgewiesen. Lugran kauerte wortlos neben der Grube und sah zu. Die Hitze wurde immer größer und allen lief der Schweiß in Strömen über den Körper. Plötzlich änderte sich die Farbe der Flammen. Es war nur wenig, aber auch Ained hatte es genau gesehen. Der Gießer legte die vorbereiteten Kräuter für den Gott auf das Feuer. Tarin nahm Aineds Platz ein und erhitzte sorgfältig den in den Flammen verborgenen Gusstiegel weiter.

Dann stand Lugran auf. Er nahm die polierten Eibenhölzer aus dem Wassergefäß, teilte an einer Stelle die Kohlen und hob den glühenden Tiegel aus der Grube. Tarin hielt mit seiner Arbeit inne. Lugran goss die leuchtende Flüssigkeit in die erste Form. Ained sah neugierig zu. Er freute sich, dass es die Nadeln mit den großen Köpfen waren. Sie waren schwierig zu gießen. Lugran hatte die Gussformen lange und genau vorbereitet. Und nun hatte er, der Fremde, beim Gießen helfen dürfen! Sie warteten. Als das Metall genug abgekühlt war, zerschlug Lugran die Form, um zu sehen, wie der Guss gelungen war. Er nickte zufrieden. Dann deutete er mit einem Blick in die Ecke und Tarin ging neue Metallstücke holen. Diesmal ließ er Ained beim Hinstellen der Formen helfen und setzte zusammen mit ihm den neu gefüllten Gusstiegel ein.

Als es so warm geworden war, dass Knospen und junge Triebe, Gräser und Frühlingspilze gesammelt werden konnten, kam

Arwa an einem Abend ins Gießerhaus. Sie brachte einen kleinen Korb voller Vogeleier, einen Hecht und einen gefärbten Strang Wolle. Sie grüßte Noira, dann ging sie zu Ained, der neben dem Herdfeuer saß und auf dem Mahlstein geröstete Eicheln zerrieb. Er stand auf.

„Ich wollte dir für den Angelhaken danken", sagte sie. Dann legte sie die Gaben in Aineds Hände. Er bückte sich und legte alles zu den Opfergaben auf die erhöhte Stelle neben dem Feuer.

„Habt ihr mit dem Angelhaken viel gefangen?", fragte er, als er sich wieder aufgerichtet hatte.

„Im Winter nicht. Aber nun fährt Igrain oft mit Ardun auf den See. Die Hechte scheinen auf deinen Haken nur zu warten. Sie sind fett und schmecken besser, als in anderen Jahren. Du wirst sehen."

Dann redeten sie über das gute Wetter, darüber, wie schnell die Pflanzen wuchsen, und über die Krankheit, die nun fast aus dem Dorf verschwunden war.

Ained blickte Arwa nachdenklich an. „Ich bin froh, dass die Krankheit nicht noch länger in Kernu An geblieben ist. Am Langen See gibt es Dörfer, in denen viele junge Menschen gestorben sind. Foirgan hat gehört, dass sie dort der Herrin der Anderswelt einen Menschen geopfert haben, einen von denen, die auf der Bergfestung herrschen. Erst dann habe die Krankheit ihre Kraft verloren."

„Vielleicht hat sie etwas Mitleid verspürt", warf Noira traurig ein. „Sie hat ja im Winter reiche Ernte gehalten." Die Gießerfrau saß in der Nähe der Wand und flocht an einem Korb aus Binsen. Sie bemerkte den scheuen Blick, den Daigras Tochter ihr bei diesen Worten zuwarf. Sie mochte Arwa. Sie bedauerte, dass sie das Mädchen im Winter wegen des Angelhakens so angefahren hatte. Sicher war Arwa ihr nun böse. Doch damals war sie voller Sorgen gewesen. Sie hatte kaum gewusst, wie sie alle im Haus ernähren konnte. Auch jetzt fiel es ihr schwer. Sie hatte keine Vorräte mehr, nur noch ein bisschen Saatgut und die Opfergerste. Doch nun brachte der fremde

Junge für alle Nahrung. Bis zur nächsten Ernte würde es genug sein, zusammen mit der Hirse, die Neisin Turam für die Bronzeschale versprochen hatte.

Am nächsten Morgen begann Tarin zu husten. Zuerst nahmen alle an, es würde wie bei Noira sein, die sich für ein paar Tage hatte schonen müssen und dann wieder gesund geworden war. Doch beim Jungen war es anders. Am Abend glänzten seine Augen und die Haut war klebrig und roch scharf. Die beiden Gesellen, die sich noch gut an die eigene Krankheit erinnerten, begannen, sich um ihn zu sorgen. Sie baten Noira um Kräuter und massierten ihm den Rücken. Das hatte ihnen Erleichterung verschafft. Doch bei Tarin schien es nichts zu helfen. In der Nacht lag er auf dem Fell und der Husten quälte ihn so, dass er sich erbrach. Sein ganzer Körper war glühend heiß. Lugran stand in der Dunkelheit auf, um Feirla zu holen. Als sie ankam, schüttelte sie nur den Kopf.

„Hier weiß ich nichts zu raten", sagte sie traurig. „Der Mohnsaft wird den Husten etwas lindern. Sonst können wir nur die Göttin bitten, ihn zu verschonen. So stark wie hier habe ich die Krankheit noch bei keinem gesehen. Dabei dachte ich, der böse Geist habe unser Dorf verlassen." Sie blickte Noira hilflos an, von der sie wusste, wie sehr sie an Tarin hing. Die Gießerfrau nahm die Lampe und geleitete sie zur Tür. „Es tut mir Leid", sagte Noira dabei. „Wir haben dich mitten in der Nacht gestört."

Die junge Frau versuchte zu lächeln. „Wenn ich nur helfen könnte", sagte sie traurig und ging.

Lugran, der sich schon hingebungsvoll um die Gesellen gekümmert hatte, kam am nächsten Tag von der Arbeit weg immer wieder in den Wohnraum hinüber, um zu sehen, wie es Tarin ging. Dieser hatte am Morgen vom Mohnsaft getrunken. Trotzdem warf er sich auf dem Fell von einer Seite zur anderen. Er schrie und redete unverständliche Dinge. Zwischen zwei wilden Träumen erwachte er. Noira ging zu ihm, doch er stieß sie weg und rief nach Ained.

Dieser war den ganzen Tag an der Arbeit gewesen und hatte sich nicht um den Jungen gekümmert. Doch nun, als er seinen Namen hörte, kam er aus der Werkstatt gelaufen.

„Komm", sagte Tarin unerwartet heftig. „Komm, bleib bei mir."

Noira sah, wie der dunkle Junge zu Tarin unter die Decke schlüpfte und dieser sich an ihm hielt. Sie spürte, wie der alte Zorn auf den Fremdling wieder in ihr hochkam. „Wenn es Tarin nur gut tut", versuchte sie sich selbst zu beruhigen. „Wenn ihm nur nichts geschieht." Sie biss die Zähne zusammen und blickte hinüber zur Säule der Gottheit. „Nicht ihn", bat sie. „Du kannst nicht so grausam sein. Nimm mir nicht auch noch dieses Kind."

In dieser Nacht schlief Noira kaum. Manchmal dämmerte sie für kurze Zeit, dann schreckte sie wieder vom gequälten Husten des Jungen auf. Neben ihr warf sich Lugran unruhig von einer Seite zur anderen. Die Gesellen flüsterten miteinander und der scharfe Geruch von Tarins Schweiß lag in der Luft. Noira meinte, die Hitze seines Körpers zu spüren, obwohl Lugran zwischen ihr und dem Jungen lag. Als es hell wurde, sah sie, dass Ained verschwunden war. Irgendwie war sie erleichtert. Lugran aber erschrak, als er das Fehlen des Jungen bemerkte, und fragte die Gesellen, ob sie etwas wüssten. Doch die zuckten nur die Schultern.

„Er wird fortgelaufen sein", sagte einer. „Er hat sicher Angst vor dem bösen Geist."

Noira, die gesehen hatte, wie er zu Tarin gekrochen war, wusste, dass dies nicht der Grund sein konnte. Trotzdem verstand sie Lugrans Unruhe nicht.

„Lass ihn doch", sagte sie abweisend. „Vielleicht ist er in die Berge zurückgegangen."

„Du kennst ihn nicht", erwiderte der Gießer ungeduldig. „Er sehnt sich nun nach anderen Dingen als nach dem Dorf, in dem er aufgewachsen ist. Wenn er gegangen ist, hatte er einen wichtigen Grund. Warum hat er nichts gesagt?"

Tarin fragte immer wieder nach dem Jungen. Er trank sogar den Mohnsaft nicht, den die Mutter brachte. „Ich will wach sein, wenn er zurückkommt", sagte er, als er die Schale mit der Flüssigkeit wegschob. „Wo ist er hingegangen?"

Dann schüttelte ihn wieder der Husten. Für einen Augenblick verlor er die Besinnung. Als er wieder zu sich kam, lag er mit offenen Augen unbeweglich da. „Ained", flüsterte er mühsam. „Ich muss dir etwas sagen! Komm doch zurück!" Sein Atem ging schwer.

Lugran kam aus der Werkstatt und blieb stumm neben ihm stehen. Noira kauerte weinend bei der Herdstelle und legte duftende Kräuter auf die Flammen, damit die Krankheit wenigstens aus der Luft vertrieben wurde. Sie alle warteten. Es war, als ob der Todesvogel schon auf dem Dach sitzen und nur die richtige Gelegenheit belauern würde.

Als es dunkel wurde, ging die Türe leise auf. Tarin war der erste, der Ained bemerkte. Er lächelte glücklich. Doch er war zu schwach, um den Kopf zu heben.

„Wo warst du?", fragte einer der Gesellen.

„Ich habe die Wurzel geholt", sagte der Junge. Er ging zögernd zu Noira und hielt ihr den Fellbeutel hin. „Kannst du sie kochen? Es tut ihm gut."

Noira schüttelte den Kopf. „Es wird doch nichts nützen."

Ained blickte sich unsicher um, dann ging er zur Schlafecke hinüber.

„Warum warst du nicht hier?", fragte der Gießer ungehalten. „Tarin hat nach dir gefragt."

„Komm", flüsterte dieser heiser. „Ich muss dir etwas sagen. Ich habe von dir geträumt."

Ained legte den Beutel auf die Herdstelle und ging zu ihm. Tarin streckte einen Arm aus und zog ihn an sich. „Ich war mit dir bei den Händlern in Deir Ardon", sagte er. „Beim Mann mit den leeren Augen. Wir sind in den Süden gegangen." Seine Stimme war unerwartet klar, doch dann begann er wieder zu husten.

„Schlaf doch", beruhigte ihn Ained. „Erzähle mir den Traum morgen. Du hast doch Zeit."

„Geh nicht mehr weg", bat der Gießerjunge und hielt ihn fest. „Ich möchte, dass du immer bei mir bleibst. Dann werde ich gesund."

Ained schüttelte den Kopf. „Du musst gesund werden, damit du Gießer wirst. Die Leute im Dorf brauchen dich. Doch ich – ich gehe weiter."

„Ja", sagte Tarin, überraschend ruhig. „Ja, du musst gehen. Das war auch so im Traum."

Er hustete wieder. Diesmal trank er den Mohnsaft, den Noira ihm brachte. Er schlief sofort neben Ained ein, den Arm auf seine Schulter gelegt, mit einem Lächeln auf den Lippen.

In dieser Nacht ließ Noira die Lampe brennen. Trotz ihrer Furcht schlief sie traumlos und tief. Sie erwachte von Tarins heiserem Husten und erhob sich, um ihm zu helfen.

Da bemerkte sie, dass Ained den Jungen noch immer in den Armen hielt. Seine Augen waren offen und er sah sie bittend an, nun nicht zu stören. Schweißperlen lagen auf seiner Stirn und eine große Erschöpfung zeichnete sein Gesicht.

Und plötzlich durchfuhr es Noira heiß. Er tat es nicht für sich. Er gab Tarin alles, was er geben konnte, einfach so, weil dieser ihn gebeten hatte. Sie selbst hatte den Jungen abgelehnt, weil er für Lugran so wichtig war, weil der den Fremden für begabter und viel versprechender hielt als seinen eigenen Sohn. Sie hatte sich dagegen gewehrt, als ob es daran etwas zu ändern gäbe. Der Blick von Ained lag noch immer auf ihr und plötzlich wurde sie ruhig. Es lag nicht an ihr zu bestimmen, ob der Vogel des Todes in dieser Nacht durch die Dachluke kam oder draußen blieb. Tarin war auf die Reise gegangen und hatte sie zurückgelassen. Wo die Reise enden würde, wussten sie alle nicht. Sie legte sich wieder hin und schloss ihre Augen.

Als Noira erwachte, dämmerte es schon. Erleichtert hörte sie Tarins rauen Atem. Ained kauerte an der Herdstelle und schichtete Feuerholz auf. Mit glühender Kohle entzündete er das Reisig. Sie stand auf und löschte die Lampe.

Ernst sah der Junge zu ihr auf. „Der Vogel der Göttin ist nicht gekommen."

„Du hast ihn fern gehalten."

Ained schüttelte den Kopf. „Das kann ich doch nicht", entgegnete er bestimmt. Plötzlich lächelte er. Noira folgte seinem Blick und bemerkte den Fellbeutel neben dem Feuer. Sie nahm ihn in die Hand.

„Wo warst du gestern?", fragte sie.

„Ich bin über den See gefahren und habe die Wurzel gesucht. Sie ist schwer zu finden. Meine Mutter hat sie immer gekocht, wenn ich krank geworden bin und gehustet habe."

Noira betrachtete ihn verwundert. „Kennst du die Krankheit?"

„Ja", sagte er. „In den Bergen haben die Kinder sie oft. Mit der Wurzel ist sie wieder fortgegangen. Und als ich größer wurde, hat sie mir nichts mehr gemacht."

„Warum hast du uns vorher nichts davon gesagt?"

Der Junge sah vor sich ins aufflackernde Feuer. „Es hätte mir doch niemand geglaubt", erwiderte er verlegen. „Sogar jetzt, wo Tarin krank ist, hast du die Wurzel nicht genommen."

Beschämt blickte Noira den Jungen an. Wie schwer musste ihn ihre Ablehnung getroffen haben, wenn er nicht einmal gewagt hatte, während Lugrans Krankheit von diesem Heilmittel zu erzählen. Sie öffnete den Beutel. Eine lange, dünne Wurzel lag darin. Sie war dunkel und sah bösartig aus. Ained bemerkte ihren prüfenden Blick. „Man muss sie im Wasser kochen, ganz langsam, damit die Kraft nicht verloren geht."

Er holte einen kleinen Topf und füllte ihn. Sie legte die Wurzel hinein und schob das Gefäß an den Rand der Flammen. In der Schlafecke begann Tarin wieder zu husten. Er hatte einen Arm auf Lugrans Hals gelegt und hielt sich nun am Vater fest.

„Wo ist Ained?", fragte er. „Ist er gegangen?"

„Nein", entgegnete Lugran, „er ist hier."

Der dunkle Junge kam vom Feuer herüber und setzte sich neben den Freund.

„Ich muss dir den Traum erzählen", sagte Tarin, als er ihn erkannte. „Ich habe auch heute Nacht immer wieder an dich gedacht."

Er ließ Lugran los und blickte zum Herdfeuer hinüber, den Rauchfaden entlang bis zur Luke, durch die der Rauch verschwand. „Wir haben in Deir Ardon die Händler getroffen, von denen Vater erzählt hat. Ich habe sie nicht mehr vergessen können. Wir sind mit ihnen in den Süden gegangen. In den Bergen war alles voller Schnee, doch dann wurden die Täler breit und wir sind in ein weites Land gekommen, das voller Menschen war. Dort habe ich sie gesehen, die Männer mit den leeren Augen. Ich habe verstanden, warum sich Vater so gefürchtet hat. Sie leben dort in einem großen Ort mit Häusern ganz aus Stein. Obwohl niemand sie zurückgehalten hat, ist keiner fortgelaufen. Und plötzlich war der Händler wieder da und hat gesagt, dass wir ihm gehörten. Ich wollte fliehen, doch du hast genickt und bist mit ihm gegangen. Es war eine solche Kraft in dir, dass ich dich nicht verlassen konnte. Trotzdem hatte ich Angst. Ich dachte, dass mich die gierigen Augen des Händlers verschlingen würden. Ich fürchtete mich davor, auch so leer zu werden wie die anderen. Da hast du mir die Hand auf die Schulter gelegt und gesagt: ‚Komm doch, wir gehen weiter.' Ja, das hast du gesagt. Und plötzlich ist die Angst verschwunden. Du bist vorwärts gegangen und ich bin dir gefolgt. Der Händler wollte dich halten. ‚Nicht so schnell', hat er geschrien. ‚Wo geht ihr hin? Ihr gehört mir. Ich habe euch gekauft.' Du hast ihn gar nicht beachtet und auch die Lanzenträger nicht, die uns plötzlich umgeben haben. Du bist einfach durch den Kreis hindurchgegangen und sie haben dich nur angestarrt. Du hast mich an der Hand genommen. ‚Schau nicht zurück', hast du gesagt, ‚sonst können sie dich töten.' Und so sind wir durch die ganze Stadt gegangen, dann durch die Felder, den Fluss entlang bis an den großen See. Wir sind in einem

Schiff über das Wasser gefahren. Es hat gestürmt und geregnet und trotzdem hat der Wind das Wasser nicht bewegt." Er blickte Ained an und lächelte. „Es war alles gut. Ich komme wieder mit dir, wohin du auch gehst. Jetzt will ich schlafen. Ich bin müde."

Noira war mit der Wurzelbrühe in der Hand hinübergekommen und hatte zugehört. Sie kauerte bei Tarin nieder. „Trink das", forderte sie ihn auf. Er nickte.

Sie stützte seinen Kopf und er trank die Flüssigkeit aus der Schale. Er begann gleich wieder zu husten. Doch dann schloss er die Augen. Etwas wie ein Zittern ging durch den Raum.

Lugran hörte über dem Haus den dunklen Vogel. Er hob die Schwingen und flog mit trägen Flügelschlägen weg. Ained seufzte erleichtert. Er ließ sich auf das Fell sinken und schlief neben dem Gießerjungen ein.

13. Die Feenquelle

Für das Frühlingsfest mahlten alle, die noch etwas Getreide besaßen, Mehl. Sie formten aus dem Teig Hörnertiere und verteilten sie an die Kinder und jungen Leute des Dorfes. Auch Mohnkuchen wurden gebacken und verschenkt, obwohl das Mehl mit gerösteten und zerriebenen Eicheln vermischt werden musste. Der Opferstier war mager – so mager, dass die Dorfbewohner fürchteten, die Göttin würde ihn nicht nehmen. Doch das Wetter am Opfertag war schön. Bei ihrer Rückkehr ins Dorf erzählten die Männer, wie ein Habicht plötzlich aus dem Himmel herabgestoßen sei und ein Stück der Leber des geopferten Tieres mitgenommen habe. Er war in die Richtung der Äcker weggeflogen, auf denen schon die Spitzen der Sommergerste und der Hirse sichtbar waren. Alle waren glücklich über das gute Zeichen und vertrauten darauf, dass sich das Schicksal der Siedlung zum Guten wenden würde.

Am Morgen nach dem Opfer verließ Kira das Dorf, um zu Eiren Taina zu gehen. Sie trug ein kleines Bündel auf dem Rücken. Ihr älterer Bruder ging mit. Arwa begleitete die beiden auf dem Weg durch die Ebene.

Sie sprachen kaum. Kira hielt sich an einem kleinen Becher fest, den sie von ihrer Mutter erhalten hatte, und blickte starr vor sich auf den Weg. Als sie die Feenquelle beim Waldrand erreichten, hielten sie an. Über ihren Köpfen flog ein Schwarm Zugvögel gegen Norden. Im Gebüsch neben der Quelle zirpten die ersten Grillen. Arwa sah Kiras trauriges Gesicht und wusste nicht, was sie zum Abschied sagen konnte. Sie legte ihr eine Decke, die sie im Herbst selbst gewoben hatte, über die Schultern.

„Vergiss mich nicht", bat sie.

Kira nickte, ohne Antwort zu geben. Mit der Hand fuhr sie über den farbigen Stoff.

Dogan drängte zum Aufbruch. „Ich will nicht zurückgehen, wenn es dunkel ist", sagte er. „Es gibt noch immer Wölfe im Wald."

Die beiden beachteten ihn nicht. Arwa legte die Hand auf Kiras Arm: „Gib auf dich Acht. Die Ernte wird sicher gut in diesem Jahr und die Mutter holt dich wieder zurück."

Die junge Frau senkte den Kopf. „Sag nichts mehr", bat sie. „Ich kann sonst nicht gehen." Ganz plötzlich umarmte sie die Freundin. Doch dann ließ sie sie los und machte einen Schritt zurück. „Vergiss mich, bitte", sagte sie entschlossen. „Es ist besser so. Es ist, als ob ich gehen würde, um zu sterben." Sie zögerte einen Augenblick. Dann legte sie den Becher in Arwas Hand: „Ich brauche ihn dort nicht. Bring ihn Marna zurück." Sie wandte sich um. „Komm", forderte sie den Bruder auf. „Wir gehen."

Kira lief ihm voran auf den Weg zu, der im Wald verschwand. Bald hatte das Unterholz die beiden verschluckt. Arwa blickte ihnen nach. Warum konnte sie nichts ändern? Warum gab es nicht einmal Worte, die Kira auf dem Weg begleiten konnten? Tiefer im Wald flog eine Drossel schimpfend auf. Sonst hörte sie nur noch das leiser werdende Geräusch der Ästchen, die unter den Füßen von Kira und ihrem Bruder brachen.

Am nächsten Morgen erwachte Arwa, weil ein Sonnenstrahl durch eine Ritze drang und auf ihr Gesicht fiel. Sie hatte Mühe, sich zurechtzufinden. Irgendetwas war anders als sonst. Da erinnerte sie sich wieder an den Traum. Sie war mit Kira beim Feenbrunnen gewesen und hatte Abschied genommen. Doch es war nicht so gewesen wie am Abend. Im Traum hatte Kira gesagt, sie würden sich bald wieder sehen. Die Sträucher waren voll gewesen mit Vögeln, die sangen, viel schöner als in Wirklichkeit. Und über den Blüten tanzten Schmetterlinge in allen Farben. ‚Schau', rief Kira plötzlich. Sie deutete auf den Boden. Eine Schlange kroch durch das Gras zur Quelle. Sie glänzte in allen Farben. Kira lachte. ‚Jetzt bist auch du eine Frau', sagte sie. Dann hatte der Sonnenstrahl sie geweckt.

Arwa drehte sich um. Zwischen ihren Schenkeln war es feucht. Sie erschrak. Die Mutter sah von der Feuerstelle her zu ihr hinüber.

„Hast du geträumt?", fragte sie. „Ist etwas geschehen?"

„Ich weiß nicht", entgegnete Arwa leise. „Ich glaube, das Blut ist gekommen."

Die Mutter lachte.

„Was ist?", fragte Tairi. „Ihr seid so komisch. Ist Arwa krank?"

„Nein. Es geht ihr gut. Sie wird nun eine Frau."

„Kann sie jetzt beim Frühlingsfest tanzen?"

„Ja. Doch heute denkt sie sicher nicht ans Frühlingsfest. Geh jetzt zu Feirla und bitte sie zu kommen. Dann ist es Zeit, die Kuh in den Wald zu bringen. Die anderen Jungen sind schon aufgestanden."

„Ich will zuerst etwas essen. Ich habe Hunger."

„Nimm eines der kleinen Mohnbrote mit."

„Wirklich? Darf ich eins mit in den Wald nehmen?"

Die Mutter nickte. „Geh jetzt", befahl sie bestimmt. Dann setzte sie sich neben Arwa auf das Fell. „Du musst aufstehen und an der Feenquelle Wasser holen. Es hilft dir später. Doch du darfst auf dem Weg mit niemandem reden."

Arwa blickte die Mutter erschrocken an. „Ich getraue mich nicht", sagte sie. „Wenn die Jungen mich sehen? Auch Kira ist nicht an den Brunnen gegangen."

„Es muss sein. In unserer Familie ist das immer so. Das Wasser hat nur am ersten Tag seine Kraft. Das ist wichtiger, als was die Jungen über dich denken. Wenn du wieder kommst, ist Feirla da und hilft dir weiter."

Nachdem Arwa mit dem schweren Krug zurückgekommen war und sich mit dem kalten Wasser gewaschen hatte, kam Feirla in den Raum. Sie trug Kalai auf dem Arm und setzte sie neben dem Feuer auf den Boden. Dann ging sie wortlos zu Arwa. Sie strich ihr über die Schultern und den Rücken, nahm sie an der Hand, führte sie am Feuer vorbei und hieß sie, sich an die Wand zu setzen. Die Mutter hatte dort schon Moos hingelegt und verfolgte jeden ihrer Schritte. Arwa ließ alles mit sich geschehen. Ohne dass ein Wort gesprochen wurde, wusste sie, dass sie an dieser Stelle bleiben würde, lange Zeit. Sie erinnerte sich an die Dinge, die ihr Kira erzählt hatte von der Zeit, als sie eine Frau geworden war. Bei der Freundin war es nicht Feirla, sondern Durga gewesen, die ihr die alten Geschichten weitergegeben hatte. Es waren die Mütter, die entschieden, wer in dieser Zeit ihre Töchter begleiten sollte. Sicher war es richtig so. Arwa verfolgte, wie Feirla zum Feuer ging und eine Hand voll Gräser in die Flammen legte. Ein schwerer Duft, der schläfrig machte, breitete sich im Raum aus. Als sie die Augen schloss, saß Madrins Frau plötzlich neben ihr. „Du kannst jetzt nicht schlafen", sagte sie. „Du musst die Geschichte von Anai lernen."

Dann begann sie zu erzählen: Von Anai, wie sie als Erstes die Insel erschuf im großen Wasser, das alles umgibt. In den weichen, dunklen Boden legte sie das Samenkorn. Aus ihm entstand der Baum, der macht, dass sich Himmel und Erde noch heute trennen. Er wuchs und wuchs. Seine Krone füllte sich mit Blättern, mit Blüten und mit Früchten. Aus ihnen wurden die Götter geboren. In den Wurzeln des Baumes aber entstand die Anderswelt. Und in der Mitte des Baumes schuf sie die Erde mit den Bergen, den Flüssen, den Seen und dem fruchtbaren Land. Anai sah alles und sie war damit zufrieden. Dann ließ sie die Pflanzen und die Tiere entstehen, alles was wächst und sich vermehrt.

„Und als Geschenk für die Götter schuf sie die Menschen. Dann verließ sie die Welt. Die Götter aber schufen Sonne und Mond, weil ihnen die Welt so gefiel, dass sie sie immer sehen wollten."

Neugierig hörte Arwa zu. Sie hatte die Müdigkeit vergessen. Feirla fuhr fort: „Die Lebewesen wuchsen und vermehrten sich. Sie füllten die Luft, die Erde und das Wasser. Bald gab es so viele unter ihnen, dass sie keinen Platz mehr zum

Leben hatten. Sie verloren ihre Zufriedenheit und begannen, sich zu bekämpfen. Die Götter sahen ihnen zu und wurden traurig. So riefen sie Nurgaid, die Herrin der Anderswelt, und gaben ihr das Recht, die Wesen auszuwählen, die sie in ihr Reich holen wollte."

Arwa nickte. Sie dachte an Urma, wie sie neben dem Feuer gelegen und gehustet hatte. Dort saß nun Kalai auf einem Fell und spielte mit einem Fetzen Stoff. Daigra schälte neben ihr die eingeweichten Eicheln und sah dem Kind dabei zu.

„So entstand der Tod", beendete die Frau des Jägers die Geschichte. „Die Lebewesen sterben alle, damit andere nach ihnen kommen können. Das wird auch bei uns so sein. Nur die Götter sind immer gleich und leben ewig."

Es war schon dunkel, als die nächste Geschichte beendet war. Arwa tanzten die Worte im Kopf. Als Daigra ihr und Feirla Fleischbrühe brachte, wollte Arwa wissen, wo Igrain war. Die Mutter lachte nur.

„Er bleibt mit Tairi für einige Tage bei Madrin", erwiderte die Frau des Jägers. „Nun erzähl du die Geschichte wieder. Ich will wissen, was du verstanden hast."

„Ich bin müde. Kann ich sie nicht morgen erzählen?" Hilfe suchend blickte sie sich um.

Daigra wandte sich ab und begann, die Eichelschalen zu sammeln. „Du kannst jetzt nicht schlafen. Es ist deine Nacht und ich bin deinetwegen hier", wies Feirla sie zurecht.

Arwa dachte nach. „Warum ist Anai gegangen, nachdem sie die Welt erschaffen hatte?", fragte sie dann.

„Anai wusste, dass die Welt, die sie geschaffen hatte, vollkommen war", entgegnete die Frau des Jägers. „Sie enthielt alles. Es fehlte nichts. Sie selbst war nicht mehr nötig. So bat sie die Götter, sich um die Menschen zu kümmern, und ging. Manchmal schickt sie uns einen Regenbogen. Er ist das Zeichen, das uns an sie erinnert. So ist es. Sie sorgt sich nicht um uns. Wir müssen es selber tun."

Arwa nickte. Das hieß es wohl, erwachsen zu werden. Sie

verstand nun, warum sie in dieser Nacht nicht schlafen durfte. So begann sie, die Geschichte zu wiederholen. Feirla hörte aufmerksam zu und unterbrach sie jedes Mal, wenn sie sich nicht genau erinnern konnte oder einen der vielen neuen Namen vergessen hatte. Erst als die Amseln über den Dächern sangen, war sie zufrieden. Arwa war so erschöpft, dass sie die Augen kaum offen halten konnte. Als Feirla mit Kalai das Haus verließ, lehnte sie sich an die Wand zurück und war fast im gleichen Augenblick eingeschlafen.

Abend für Abend kam Feirla wieder und erzählte ihr neue Geschichten. Sie erzählte von den Kämpfen der Götter untereinander, von der Liebe Darnais, der Göttin der fruchtbaren Erde, zu Dewar, dem Gewittergott. Sie erzählte von Nurgaid, der Göttin der Anderswelt, und von Namur, dem Beherrscher der Nacht. Sie erzählte von den Heldentaten der Eri, der ersten Menschen, die von Darnai die Samen der Früchte und die gezähmten Tiere erhalten hatten. Am Tag aber zeigte ihr die Mutter, wie man die farbigen Bänder für die Gürtel webt. Sie ließ nicht zu, dass Arwa die Arbeit unterbrach. „Es reicht, wenn du am Morgen schläfst. Diese Tage sind wichtig. Sie kommen nicht zurück. Was du jetzt nicht verstehst, wird dir später niemand mehr erklären."

Sie kochte ihr einen Saft aus Blättern und brachte ihn in einem Becher, den sie noch nie verwendet hatte. „Er gehört nun dir", sagte sie. „Urma hat ihn für dich gemacht. Sie hat gehofft, sie würde sehen, wie du erwachsen wirst. Doch nun ist sie früher gegangen. Komm, ich zeige dir, wie man den Abschluss der Bänder webt. Bald ist es soweit."

Am Abend, nachdem das Blut gegangen war, wusch sich Arwa wieder mit dem Wasser der Quelle. Sie war so müde, dass ihr die Mutter dabei helfen musste. Daigra gab ihr ein neues Kleid, befestigte es mit den Nadeln auf den Schultern und band es über den Hüften mit dem Gürtel zusammen, der an diesem Morgen fertig geworden war. Der Saum des neuen Kleides reichte ihr bis zu den Knöcheln, wie bei den anderen erwachsenen Frauen im Dorf. Stolz fuhr Arwa über den Stoff. Dann flocht Daigra ihr die farbigen Bänder ins Haar. Igrain und Tairi kehrten zurück. Igrain löschte die Flammen auf der Herdstelle und Arwa nahm die Steine und den Zunderschwamm und schlug ein neues Feuer. Sie erhielt von der Mutter die letzte Gerste und opferte zum ersten Mal der Göttin, die das Haus beschützt.

Am Morgen vor dem Sommervollmond ging Arwa zum Schrein, um der Göttin die ersten wilden Früchte zu bringen. Selbstbewusst überquerte sie den Platz, stolz darauf, dass sie nun zu den Erwachsenen gehörte. Sie sah die Männer auf dem Dorfplatz zusammenstehen. Erun, Foirgans Sohn, war vor dem Sonnenaufgang mit den anderen Jungen seines Alters in den Wald gegangen. Es hieß, sie äßen dort kaum etwas und lernten von den alten Leuten die geheimen Lieder, die die Männer nur singen, wenn keine Frauen in der Nähe sind. Auch Ardun war bei ihnen und Tarin, der Sohn des Gießers.

Als sie vom Schrein zurückkam und an den Männern vorbeiging, hörte sie plötzlich Aineds Namen. Neugierig blieb Arwa neben Igrain stehen, der sich auch in der Gruppe befand.

„Ained ist mitgegangen", sagte Isan vorwurfsvoll. „Dabei ist er noch zu jung. Doch Lugran hat darauf bestanden, er hat sogar mit Foirgan deshalb Streit bekommen. Ich weiß nicht, warum der Dorfälteste nachgegeben hat."

„Heute Nacht ist der Alte Mann in die Siedlung gekommen", gab ein anderer zurück. „Ich habe gesehen, wie er in Foirgans Haus verschwunden ist."

„Wer weiß, vielleicht hängt es damit zusammen", meinte Isan. „Es würde mich nicht wundern, wenn Lugran den Alten kennt. Ich traue dem einen wie dem anderen nicht."

„Ich fürchte mich vor Neisin Turam mehr als vor diesen beiden", erklärte Igrain bestimmt. „Besteht denn die Herrin darauf, dass Marnas Tochter bei ihnen bleibt? Ich denke, sie hätten ihnen die Nahrung im Frühling als Sühne für den Tod von Skarin geben können, ohne die Tochter als Dienerin einzufordern."

Einer der Männer lachte: „Da hat Eiren Taina nicht mehr viel zu sagen. Kira scheint dem Herrn gut zu gefallen. Er lässt sie am Abend manchmal zu sich kommen. Einer der Diener hat es mir erzählt. Ich weiß nicht, ob es die Herrin schon weiß. Sonst wäre sie sicher froh, wenn sie den Mord ungeschehen machen könnte. Du weißt ja, wie eifersüchtig sie auf die jungen Frauen ist."

„Kairun wird bald Neuigkeiten erzählen. Er ist gestern zum Hof gegangen. Er wollte Neisin Turam fragen, ob er einen Teil des Saatguts auch mit Arbeit abgelten kann. Er kommt sicher bald zurück."

„Da ist er ja", rief Salgan überrascht und Arwa folgte seinem Blick. Sie sah Kairun durch die größte der Dorfgassen kommen. Dicht hinter ihm folgte eine junge Frau. Sie hatte einen Schleier über den Kopf geworfen, wie dies die Frauen bei Eiren Taina taten. Ihr Blick war gesenkt.

Erst als sie näher kamen, begriff Arwa, dass es Kira war. Die Freundin sah so still aus, dass sie erschrak. Kira streifte die Gruppe auf dem Dorfplatz mit einem kurzen Blick. Dann wandte sie sich ab. Sie bog in die Gasse ein, die zum Haus ihrer Mutter führte.

„Bist du dir zu gut geworden, um uns zu grüßen?", rief einer der Männer ihr nach. „Man hört, dem Herrn sei schon alles recht, um einen Erben zu machen. Gefällt es dir dort?"

Arwa wurde bei diesen Worten rot. „Schweig doch", schrie sie plötzlich. „Das ist ja nur Gerede."

Da bemerkte sie, wie Kira sich umwandte und die Hände hob, als ob sie ihre Worte damit aufhalten könnte. Ein wunderschöner Armring glänzte an ihrem Handgelenk. Für einen Augenblick spürte Arwa einen giftigen Neid und sie verstand den Spott des Mannes. Doch dann bemerkte sie den Ausdruck in Kiras Augen. Die Freundin war nicht stolz darauf, den Schmuck zu tragen. Arwa wurde es ganz elend, als sie das begriff. Sie senkte den Kopf und folgte wortlos der stillen Gestalt, die zu Marnas Haus hinüberging.

Was sie auf dem Dorfplatz erlebt hatte, ließ Arwa nicht in Ruhe. Sie dachte an den Abschied im Frühling und daran, dass Kira gesagt hatte, sie würde zu Eiren Taina gehen, um zu sterben. Tot war sie nicht, doch sie hatte sich so verändert, dass Arwa sich kaum getraute, ins Nachbarhaus hinüberzugehen, um sie zu besuchen. Erst am Abend nach dem Essen gab sie sich einen Stoß. Sie stieg über die Schwelle und überlegte, was sie zur Begrüßung bei Marna sagen konnte. Doch weit musste sie nicht gehen. An der Hauswand neben den Vorratskörben hockte Kira und blickte zu ihr auf, als ob sie darauf gewartet hätte, ihr zu begegnen. Sie hatte den Schleier weggenommen und auf die Schultern gelegt. Arwa ging zu ihr.

„Ich möchte dich sehen, bevor ich wieder gehe", begann Kira ruhig. „Du hast jetzt die farbigen Bänder im Haar. Geht es dir gut?"

Arwa nickte und setzte sich neben sie. „Hast du auch die Geschichte von Anai gelernt?", fragte sie. „Mit dir kann ich ja darüber reden."

Kira schüttelte den Kopf. „In unserer Familie erzählt man sie nicht." Dann verstummten sie.

Arwa wusste nicht, was sie sagen sollte. Kira hatte sich so verändert! Sie war nicht mehr stolz und selbstbewusst wie früher. Sie war ganz still. Es gefiel ihr sicher nicht auf dem Hof, sonst würde sie doch lächeln oder wenigstens etwas erzählen! Da streifte Kira den Bronzering vom Handgelenk und hielt ihn ihr hin. „Nimm ihn. Ich schenke ihn dir."

Arwa schüttelte den Kopf. Sie schämte sich, dass sie vorher neidisch geworden war. Kira hatte es sicher gespürt. „Das kann ich nicht. Er ist viel zu wertvoll. Hast du ihn von Eiren Taina bekommen?"

Nun lächelte Kira doch, aber es sah eher spöttisch als fröhlich aus: „Eiren Taina? Denkst du, sie gäbe den Dienerinnen solchen Schmuck?"

„Dann ist es doch wahr, was die Männer sagen?"
„Was sagen sie?"
„Dass Neisin Turam ... du bist ja wirklich schön." Sie stockte.

Kira legte den Armring auf den Boden. „Nimm ihn", sagte sie und blickte auf ihre Füße hinunter. „Ich werde sagen, dass ich ihn verloren habe."

Arwa betrachtete die Freundin lange. Sie wollte den Ring wirklich nicht. Sie wollte gern, dass Kira glücklich war wie früher, und wusste doch nicht, was sie dazu beitragen konnte. Da legte diese ihr die Hand auf die Schulter.

„Kommst du ans Ufer?", fragte sie. „Ich möchte sehen, wie die Sonne untergeht."

Sie überquerten die Gasse. Der Armreif blieb liegen. Auf dem Dorfplatz standen zwei Männer, die Kira unverhohlen musterten und lachten. Arwa war es nicht wohl.

„Macht es dir nichts aus, wenn sie so starren und über dich reden?", fragte sie verlegen, als sie den Landeplatz erreichten.

Kira setzte sich auf eines der umgedrehten Boote. „Daran habe ich mich gewöhnt. Seit der Herr sich am Abend manchmal von mir den Honigwein bringen lässt, tuscheln die Diener den ganzen Tag hinter meinem Rücken. Du musst dich hier im Dorf nicht für mich wehren. Es ist nicht mehr zu ändern."

Arwa nickte. Die Selbstverständlichkeit, mit der Kira sprach, ließ sie ihre Verlegenheit vergessen: „Was sagt denn Eiren Taina? Es heißt, sie wird schnell eifersüchtig auf andere Frauen. Ist das wahr?"

„Sie hat noch nie etwas gesagt, doch sie mag mich nicht. Sie lässt mich nun oft das Mehl für die Leute mahlen, am liebsten dann, wenn Neisin Turam in der Nähe ist. Und ihre Dienerinnen verachten mich alle. Ich schmeichle mich ein beim Herrn, sagen sie. Ha! Wenn die wüssten." Kiras Augen funkelten plötzlich. „Er weiß genau, dass ich ihn nicht will", fuhr sie fort. „Aber er ist der Herr und was ich möchte, ist nicht gefragt."

Arwa erinnerte sich an Kiras Lachen am letzten Frühlingsfest und auch daran, wie sie glücklich neben Ardun zum Ufer gelaufen war. Ob es Kira schwer gefallen war, Ardun nicht mehr zu sehen? Doch fragen konnte sie das nicht.

„Ist es wahr, dass Neisin Turam einen Sohn will?", fuhr sie deshalb fort.

„Er will ihn nicht nur", entgegnete Kira. „Er ist vielleicht schon da. Ich kann nur noch hoffen, dass das Kind ein Mädchen ist. Dann wird er weiter warten müssen und Eiren Taina nimmt mir ein Mädchen nicht weg."

Arwa sah die Freundin erschrocken an. Was musste mit ihr geschehen sein, dass sie sich nicht einmal auf das Kind freuen konnte! „Was hat Neisin Turam gesagt?", fragte sie, um irgendetwas zu erwidern.

„Meinst du, ich erzähle es ihm? Er wird es bald genug merken." Kira blickte unbeweglich geradeaus. Obwohl sie an den Strand gekommen war, um die Sonne zu sehen, beachtete sie diese nicht. Plötzlich veränderte sich ihr Ausdruck. „Ich habe Angst", sagte sie leise. „Vor Eiren Taina und vor der Geburt. Und wenn die anderen Dienerinnen es wissen, werden sie mich noch mehr hassen, als sie es jetzt schon tun. Wer wird mir dann helfen?"

„Kann deine Mutter nicht kommen?"

„Die?" Mit einem Schlag verlor Kira ihre Zurückhaltung. Es war, als ob sie das Wort ausspucken wollte: „Ihr ist es ganz gleich, was mit mir geschieht. Ich habe vorher bei ihr einen neuen Mann gesehen. Zuerst dachte ich, er sei ein Besucher, doch als ich fragte, hieß es, er lebe nun hier. Er hat über meine Geschwister gespottet. ‚Das Haus platzt aus allen Nähten', hat er gesagt. ‚Kann der Große nicht zu Foirgans Bruder gehen? Der sucht jemanden, der ihm auf den Äckern hilft, im Winter drischt und die Geräte in Ordnung hält. Wenigstens ist das Mädchen gut versorgt.' Und Mutter hat nichts gesagt. Kein Wort. Ich gehe nicht mehr dort hinein. Ich will sie nicht mehr sehen. Nur die Kleinen dauerten mich. Kai hat geschrien und sich an mir festgeklammert, als ich sie verlassen habe. Aber machen kann ich nichts. Er bestimmt nun im Haus."

Sie wandte sich um und blickte Arwa an: „Kann ich bei euch schlafen? Ich brauche nicht viel Platz. Morgen früh gehe ich auf den Hof zurück." Als sie bemerkte, wie Arwa niedergeschlagen auf den Boden starrte, nahm sie ihre Hand. „Es ist nicht mehr zu ändern. Ich bin froh, dass ich dich gesehen habe und dass du mich noch immer magst. Komm, sei nicht traurig. Wie werde ich sonst an dich denken können, wenn ich dort drüben bin und mit niemandem reden kann? Ich habe auch deine Decke noch immer." Sie machte eine Pause und sah nun der Sonne zu, die schon fast die Hügel berührte. Wortlos verfolgte sie, wie die Scheibe immer kleiner wurde und schließlich ganz erlosch. Dann stand sie auf. „War es dir ernst, als du sagtest, dass du den Armring nicht willst?"

Arwa nickte.

„Kommst du mit mir zur Feenquelle? Auch du bekommst einmal ein Kind. Wir wollen den Armreif der Göttin geben und sie bitten, dass sie uns beschützt."

14. Der Bogen der weissen Frau

Die Ernte auf den Äckern reifte. Die Ähren wurden gelb und beugten sich unter der Last der Körner. Dazwischen leuchteten blaue Kornblumen und die roten Blüten des wilden Mohns.

Arwa hatte den ganzen Tag mit Daigra und Igrain im Linsenacker gearbeitet. Nun ging sie durch die Felder nach Hause. Sie sammelte auf dem Weg Blumen, die sie später zu einem Kranz flechten wollte. Auch Tairi kam bald von der Weide zurück. Nebeneinander warteten sie am Feuer auf die Wurzelsuppe und freuten sich darauf, dass es bald wieder Getreide geben würde.

Da hörten sie, wie im Nachbarhaus gezankt wurde. Eines der Mädchen schrie etwas. Die kleineren Kinder begannen zu heulen. Marna rief so laut, dass sie es alle verstanden: „Wenn es dir nicht passt, so geh doch. Wir kommen auch ohne dich aus." Ein Topf fiel krachend auf den Boden und zerbarst. Es war in letzter Zeit oft vorgekommen, dass im Nachbarhaus gestritten wurde, doch so heftig war es noch nie gewesen. Leise ging die Türe auf. Nairda, eine von Kiras Schwestern, schlich herein. Sie ging wortlos durch den Raum und setzte sich in eine dunkle Ecke. Sie braucht etwas Ruhe, dachte Arwa bei sich. Sie stand auf, füllte eine Schale mit Suppe und stellte sie hin. Nairda blickte auf.

„Ich gehe nicht zurück", sagte sie entschlossen und schob die Schale weg. „Ich laufe lieber in den Wald und lasse mich von den Wölfen fressen."

Arwa wusste nicht, was sie sagen konnte.

Daigra kam zu ihnen herüber: „Iss die Suppe. Du hast sicher Hunger. Du kannst bei uns schlafen. Morgen werden wir weitersehen."

„Es gibt nichts zu sehen. Ich gehe fort." Sie begann zu weinen.

„So ist es also", sagte die Mutter. Sie kauerte bei ihr hin und nahm sie in die Arme. „Komm. Du kannst hier bleiben, so lange wie du willst. In den Wald musst du deswegen nicht. Ich rede morgen mit Marna." Sie strich ihr über das Haar und wartete, bis sie nicht mehr schluchzte, die Schale nahm und zu essen begann.

Auch Arwa blieb bei ihr sitzen. „Du kannst neben mir schlafen", bot sie an. „Ich habe eine große Decke. Wir haben viel Platz, seit Ardun nicht mehr bei uns wohnt."

Von diesem Tag an lebte Nairda bei ihnen. Sie war sehr scheu. Nur wenn sie mit Arwa allein war, lachte sie manchmal unbeschwert auf eine Art, die diese an Kira erinnerte – an Kira, wie sie früher gewesen war. Arwa war froh, eine jüngere Schwester zu haben, mit der sie auf dem Acker bei der Arbeit die Lieder singen konnte und die sie beim Sammeln von Wurzeln und Gemüse in den Wald begleitete.

Auch Marna war zufrieden. Sie kam an einem Abend zu ihnen und dankte Daigra, dass sie für das Mädchen sorgte. Nairda saß stumm an der Feuerstelle und starrte die Mutter feindselig an. Allen wurde es ungemütlich.

„Es ist gut", sagte Igrain schließlich. „Du brauchst dir keine Gedanken zu machen. Sie kann bleiben."

Marna nickte erleichtert und verließ den Raum. Igrain ging in seine Ecke zurück und flocht weiter an einem Korb, der ausgebessert werden musste. Früher hatte er sich mehr um die Nachbarn bemüht. Er hatte sich mit Skarin trotz dessen heftiger Art gut verstanden und viel mit ihm zusammengearbeitet. Doch den neuen Mann von Marna mochte er nicht. Sie unterhielten sich nur über die notwendigsten Dinge. Nach dem Essen nahm Igrain die Sicheln vom Dachboden herunter, schärfte sie und fettete mit Tairi die Holzgriffe ein. Er legte die Sicheln in den Korb und hing ihn an die Wand. Dann sah er Daigra an, die zusammen mit Arwa und Nairda Pilze reinigte und zum Trocknen auf einen großen Flechtkorb legte.

„Geht es dir besser?", fragte er.

Sie nickte: „Heute ist mir nicht übel geworden. Arwa hat Feenkraut gesammelt und ich habe davon einen Aufguss gemacht. Yormi wird diesmal bei uns bleiben."

Arwa lachte: „Was ist, wenn ein Junge kommt?"

„Wer weiß", gab Igrain zurück. „Vielleicht hat es Yormi in unserem Dorf nicht gefallen und sie geht an einen anderen Ort."

„Ich hoffe, dass es ein Junge ist", fiel Tairi ein. „Mädchen mag ich nicht." Doch dann sah er nachdenklich Nairda an. „Deine Schwester habe ich gern gehabt. Warum kommt sie nicht zurück? Auch Ari und Kai sind traurig. Sie haben es mir gesagt. Mit der Mutter dürfen sie nicht darüber reden."

„Kira ist jetzt bei Eiren Taina", entgegnete Arwa entschlossen. „Sie ist dorthin gegangen, damit ihre Familie genug zu essen hat."

„Würdest du das auch tun?", fragte Tairi neugierig. „Ich meine, wenn wir wirklich Hunger hätten, so wie Ari und Kai in diesem Winter?" Er blickte erschrocken auf, als Nairda zu weinen begann.

„So, das reicht", unterbrach Igrain. „Arwa würde nicht gehen. Nicht solange ich hier bin und es verhindern kann. Wir haben im Winter Glück gehabt. Ardun konnte bei Salgan leben. Er hat sogar Fische für uns gefangen. Und jetzt geht es uns wieder gut." Er sah Nairda an. „Auch dich ließe ich nicht gehen. Wie Arwa und Tairi. Du gehörst jetzt zu uns."

Das Mädchen hob den Kopf und starrte ihn ungläubig an. Plötzlich seufzte sie erleichtert und ein Lächeln erschien auf ihrem Gesicht. Arwa war ganz glücklich, als sie dies sah. Sie legte Nairda den Arm auf die Schulter und blieb neben ihr sitzen.

Beim nächsten Vollmond kamen die Jungen aus dem Wald zurück und wurden von den Männern des Dorfes mit einem großen Fest empfangen. Doch schon am nächsten Tag halfen die jungen Leute bei der Getreideernte mit.

Arwa beobachtete ihren Bruder, wie er auf dem Acker in der Nähe des Feenbrunnens zusammen mit Salgan die Wintergerste schnitt. Hinter ihnen lasen die Frau und die beiden Töchter die Ähren auf. Der Bruder war ganz ruhig. Auch die anderen Jungen hatten sich während dieses einen Mondes im Wald verändert. Sie waren still und zurückhaltend inmitten der vielen fröhlichen Menschen, die bei der Arbeit sangen und im Rhythmus der Lieder die Garben auf den abgeernteten Äckern zu Büscheln zusammenstellten. Hier würden sie für ein paar Tage trocknen, bevor man sie mit dem Ochsenwagen holen und auf den Dreschplatz fahren würde.

Als die Sonne ganz hoch am Himmel stand, setzten sich alle, die auf den angrenzenden Äckern ernteten, beim Feenbrunnen zusammen. Sie tranken vergorenen Beerensaft, klaubten aus den frisch geschnittenen Ähren Körner und tauschten miteinander Scherze. Auf dem Feldweg kamen Foirgan und Erun und brachten vom gerösteten Fleisch der Ziege, die sie am Abend vorher für das Dorf geopfert hatten. Arwa bemerkte verwundert, dass Erun Ained eines der besten Stücke gab. Was war mit ihm geschehen im Wald? Er hatte den fremden Jungen doch immer geärgert!

Sie ging auf die andere Seite der Quelle zu Ardun, der wortlos neben Salgan saß. Sie hätte ihn gerne gefragt, was er im Wald erlebt hatte, doch sie wusste, dass er kaum mit ihr darüber reden würde. Er war nun ruhig und bestimmt und gefiel ihr irgendwie besser als früher. Er war erwachsen; auch die feinen Haare über seinen Lippen begannen dichter zu werden. Sie würden beide beim nächsten Frühlingsfest zum ersten Mal nahe beim Feuer stehen und tanzen. Arwa freute sich darauf.

Ganz unerwartet begann Ardun zu reden. Er blickte dabei geradeaus, über die Felder zum See. „Im Wald habe ich gesehen, was es heißt, stark zu sein. Ained hat mir die Augen geöffnet. Obwohl er jünger ist und Foirgan ihn nur mitgenommen hat, weil Lugran es so wollte, hat er doch viel mehr begriffen als wir alle." Dann schwieg Ardun wieder.

Arwa hörte die Vögel singen und die Grillen zirpen, die überall im Gras und in den Büschen saßen. Das Wasser der Quelle floss mit einem leisen Plätschern zwischen den Steinen hervor in den kleinen See, in dem die Opfergaben lagen. Sie dachte an ihren Traum und wie sie am anderen Morgen mit dem schweren Krug und dem blutverschmierten Kleid ins Dorf zurückgegangen war.

„Vor dem ersten Abend haben wir uns alle gefürchtet", fuhr Ardun fort. „Wir bauten im Wald aus Ästen eine Hütte wie Erad, bevor er aufbrach, um das Feuer zu holen. Dann lernten wir auf der Lichtung ein Lied. Langsam wurden die Flammen kleiner und die Dunkelheit kam immer näher. Bald glühten nur noch die Kohlen. Wir alle wussten, dass wir in der Nacht in die Hütte gehen würden und jemand dazu die Kohle auf den Platz des Gottes legen musste. Ratlos sahen wir uns an. Keiner von uns wusste, wie das möglich war. Dann stand Ained auf, nahm mit den bloßen Händen die Glut auf und legte sie in die Schale im Innern der Hütte. Wir gingen hinter ihm hinein. Ich war erleichtert und habe mich doch geschämt. Ich glaube, den anderen ging es gleich. Dann kamen Foirgan und Gerain aus Seski En und streuten duftende Gräser auf die Kohlen. Und später – nein – das kann ich nicht mehr erzählen."

Arwa musterte ihn neugierig. Obwohl ihn etwas erschütterte, schien er keine Angst zu haben. Wenigstens nicht in der Erinnerung. Auch sie hatte sich am Anfang vor dem Blut gefürchtet, doch nun war sie ruhig, wenn sie sah, wie der Mond abnahm und ihre Kraft brauchte, um wieder stark zu werden. Ob die zwei frischen Narben, die sie auf Arduns Rücken gesehen hatte, auch damit zusammenhingen? Solange der Mond immer wieder wuchs, war alles gut. Dann ging das Leben weiter.

„Ained war immer da, wenn etwas geschah, vor dem wir uns fürchteten. Bald haben wir uns nicht mehr vor ihm geschämt. Er ist einfach anders als wir. Er – er ist wie Erad, der von den Göttern das Feuer erzwungen hat, ohne sich darum zu kümmern, was nachher mit ihm geschah. Die Menschen können nicht ohne Feuer leben, also hat er es ihnen gebracht." Ardun nahm den Blick vom See weg und sah Arwa direkt in die Augen: „Ich weiß nicht, warum ich dir das alles erzähle. Vielleicht ist es, weil du das, was ich von Ained gesehen habe, verstehst. Du magst ihn doch, habe ich Recht?"

Arwa wurde verlegen. Sie mochte Ained, das war wahr. Doch was nützte es ihr, daran zu denken? Er war für alle ein Fremder, selbst jetzt, nachdem er mit den anderen Jungen des Dorfes in den Wald gegangen war. Er hatte keine Verwandten hier am See, niemanden, der ihn schützte und auf den er sich verlassen konnte. Auch in den Bergen war er den Menschen sicher fremd geworden. Er hatte sich so verändert, dass ihn dort niemand mehr erkennen würde. Und auch bei Lugran blieb er sicher nur für kurze Zeit. Bald würde er das Gießerhaus verlassen. Wohin ging er dann? Das schien niemand zu wissen. So schüttelte sie den Kopf.

„Komm", sagte sie und stand auf. „Die anderen sind schon lange gegangen. Daigra ist sicher froh, wenn sie nicht mehr allein die Garben binden muss, und auch Salgan braucht dich wieder."

Als auch die Bohnen und die Linsen abgelesen und die Wolle der Schafe geschoren war, lud Lugran die Dorfbewohner für ein großes Opfer ein. Dort, vor allen Leuten des Dorfes, erhielt Tarin die Lanze des ältesten Gießersohnes. Nach dem Abschiedsessen, das fast die ganze Nacht dauerte und an dem Noira eine große Menge ihrer Vorräte verteilte, verließ Tarin das Dorf. Er würde am Langen See zu einem befreundeten Gießer gehen, um dort seine Kenntnisse zu vertiefen und zu arbeiten, wie es die Gesellen für Lugran taten. Zu aller Erstaunen schickte der Gießer auch Ained weg. Anders als Tarin verließ er das Dorf, ohne dass jemand davon erfuhr. Er war am nächsten Tag einfach nicht mehr da. Arwa hörte die Nachricht von ihrem Bruder.

„Erun hat es als Erster bemerkt. Er hat mit seinem Vater gestritten, weil er glaubte, dieser habe ihn vertrieben. Doch selbst Foirgan hat keine Ahnung, was geschehen ist. Ained ist einfach verschwunden, wie vom Erdboden verschluckt!" Der junge Mann schüttelte ungläubig den Kopf: „Warum nur? Er weiß doch, dass wir ihn mögen."

Die Worte machten Arwa zornig: „Lange genug hat es gedauert! Und dass die Älteren auch jetzt nichts von ihm halten, das weißt du sicher auch!" Sie griff Ardun an, als ob es ihr helfen würde, die Enttäuschung über das plötzliche Verschwinden von Ained zu vertreiben.

Der Bruder fuhr auf: „Er gehört nun mal nicht zu uns! Ins Leben im Dorf passt er nicht hinein!"

Ardun wandte sich schroff ab und Arwa blickte ihm zornig nach. Warum hatte er sich plötzlich wieder verändert? Damals, nach der Ernte, hatte er nicht so geredet. Er hatte Ained doch bewundert. Auch Erun mochte ihn und hatte seinetwegen sogar mit seinem Vater gestritten.

Arwa stand am Dorfzaun und sah zum Gießerhaus hinüber. So schnell, wie er gekommen war, verflog der Zorn und die Enttäuschung stieg in ihr hoch. Warum hatte Ained ihr nicht gesagt, dass er das Dorf verlassen würde? Warum war er wie ein Dieb davongelaufen? War er wirklich für immer gegangen? Würde sie ihn nie mehr sehen? Sie hatte ihm noch immer nicht gesagt, wie sehr ihr der Kristall gefiel, den er ihr gegeben hatte. Sie hatte ihm nicht einmal Glück für die Reise wünschen können. Weil sie sonst niemanden fragen konnte, ging sie ins Gießerhaus.

Noira war allein im Raum und hieß sie freundlich willkommen. Doch auch sie wusste nicht, wo Ained war. „Lugran hat am Abend vor Tarins Abschied ein Opfer gegeben und die Zeichen erforscht. Er hat dabei gesehen, dass auch Ained gehen muss. Du weißt ja, wie er ist. Er hat den Jungen gleich weggeschickt, ohne irgendetwas zu erklären. Ich war selbst überrascht."

„Bist du nicht froh, dass er geht? Er isst doch nur die Gerste weg." Ohne zu überlegen, gab Arwa dies zurück. Sie erschrak über sich selbst und war erstaunt, als Noira nicht böse wurde, sondern beschämt den Kopf senkte.

„Er hat Tarins Leben gehalten", erklärte sie. „Wie könnte ich da wünschen, dass er uns verlässt? Doch einmal musste er gehen, das wussten wir alle, auch du. Es ist einfach früher geschehen, als wir es erwartet haben."

Am Ton der Stimme verstand Arwa, dass Noira sah, wie traurig sie über Aineds Weggang war und sie nun trösten wollte. Irgendwie tat ihr das Verständnis wohl. Lugran war bestimmt nicht nur dann unberechenbar, wenn es um Ained ging. Seine Frau hatte es sicher schon oft erlebt, dass sie keine Erklärung erhielt, wenn er Entscheidungen fällte.

Wieder ruhiger verließ Arwa das Gießerhaus. Auf dem Dorfplatz standen einige der jungen Männer und blickten ihr bewundernd nach. Seit sie die farbigen Bänder in den Haaren trug, geschah dies oft. In der Nähe stritten zwei Hunde um einen Knochen. Arwa freute sich, dem Kampf zuzusehen und dabei auch zu wissen, dass die Jungen sie noch immer beachteten. Bei der Verfolgungsjagd aber blieb der eine Hund plötzlich wie angewurzelt stehen und begann zu knurren. Auch die jungen Männer blickten angespannt in eine der Gassen.

Ein junger Mann stand dort und sah sich suchend um. Am Muster des Umhangs erkannte Arwa, dass er einer der Leute von Neisin Turam war. Er kam langsam auf die Gruppe zu. „Ich suche Arwa, Daigras Tochter."

Der andere deutete zu ihr hinüber und der junge Mann ging auf sie zu. Die Art, wie er selbstverständlich durch das ihm unbekannte Dorf schritt, beeindruckte alle. Er blickte offen und neugierig die junge Frau an, vor der er nun stand.

„Bist du Arwa?", fragte er.

„Ja. Kommst du vom Hof? Was willst du von mir?"

„Ich komme von Kira."

Arwa erschrak: „Ist ihr etwas geschehen?"

„Nein. Es geht ihr gut. Du bist zu ihrer Hochzeit eingeladen. Sie will ihre Verwandten dort nicht sehen und jemand aus dem Dorf muss bei ihr sein. Die Herrin hat nichts dagegen, wenn du es bist."

„Bist du sicher?"

„Ja. Das Fest findet am Tag vor dem nächsten Vollmond statt. Es ist gut, wenn du schon am Morgen kommst. Wird es gehen?"

„Ich muss noch mit Mutter darüber reden. Bist du auch dort?"

Nun lachte der junge Mann: „Ja. Danke, dass du einverstanden bist. Kira wird sich freuen."

Er nickte den Männern auf dem Dorfplatz zu und verließ den Platz. Arwa sah ihm nach. Es tat ihr Leid, dass sie ihn nicht nach seinem Namen gefragt hatte. Doch sie war zu verwirrt gewesen. Kira heiratete? Was geschah auf dem Hof? Und ein junger Mann kam, um sie einzuladen? Ein Mann, der sie gleich an Madrin erinnert hatte. Vielleicht kam er im Frühling auf das große Fest? Ihn würde sie gerne zum Tanzen wählen.

Am Hochzeitstag geleitete Igrain Arwa durch den Wald. Sie hatte zuerst daran gedacht, dass Ardun sie begleiten könnte, doch sie hatte sich davor gescheut, mit ihm über Kira und die Hochzeit zu reden. So hatte die Mutter Igrain gefragt und dieser stimmte zu, obwohl es Zeit war, die Felder zu pflügen.

Sie sprachen nicht viel unterwegs und doch war Arwa zufrieden und über Igrains Begleitung froh. Es war wichtig, den Leuten von Neisin Turam zu zeigen, dass sie Verwandte hatte, die sich um sie sorgten. Auf dem Weg sammelte sie für Kira rote Beeren und die letzten Blüten der weißen Wucherblumen.

Als sie in die Flussebene kamen, erkannte sie schon von weitem den Hof des Herrn. Das Dach des großen Hauses war mit einer dicken Schicht von Stroh gedeckt und ragte weit über das Buschwerk hinaus, das die Ebene bedeckte. Auch die Giebel von kleineren Häusern waren sichtbar. In welchem von ihnen lebte Kira? In welchem würde die Hochzeit sein? In die große Halle durften nur wichtige Besucher, auch das hatte sie von Foirgan vernommen.

Als sie den Fluss an einer seichten Stelle überschritten hatten, lichteten sich die Büsche. Auf einer großen Wiese in der Nähe des Hofes galoppierten zwei Pferde nebeneinander her. Es schien fast, als ob sie fliegen würden.

Igrain begleitete Arwa bis ans Tor, das am Eingang zum Hof von Neisin Turam stand. Als er sah, dass eine der Dienerinnen kam und sie begrüßte, kehrte er ins Dorf zurück.

Die Dienerin führte Arwa auf den großen Platz. Sie lachte, als diese staunend das strohgedeckte Haus in der Mitte betrachtete. Es war fast so breit wie das Haus von Foirgan und Lugran zusammen, noch viel größer, als Arwa es erwartet hatte. Die Pfosten waren alle geschnitzt und das Dach ganz hoch, mit schön bemalten Sparren und einem verzierten Giebel geschmückt. Durch eine Dachluke stieg ein feiner Rauchfaden auf.

„So etwas habt ihr nicht bei euch im Dorf", spottete die Dienerin. „Nimm dir nur Zeit, dich vom Staunen zu erholen. Ich muss gehen und der Herrin helfen."

Bevor Arwa etwas sagen konnte, war die Frau im großen Haus verschwunden. Vor dem Eingangstor standen zwei Lanzenträger und sahen neugierig zu ihr hinüber. Unter dem breiten Dach hockten andere Männer am Boden und würfelten. Beim Haus stand eine Buche und daneben eine geschmückte Säule aus Holz, wie bei ihnen im Dorf vor dem Schrein. Hinter der Halle waren weitere Räume angebaut und auf der Seite gab es zwei große Speicher, die auf Pfählen standen wie in Kernu An. Aus den kleineren Häusern drangen Stimmen und Kindergeschrei. Dienerinnen und Diener hasteten über den Platz, die Hände voll mit Esswaren, Geschirr und Stoffen. Arwa hielt eine der Dienerinnen an und fragte nach Kira. Die Frau deutete auf ein Gebäude.

„Du bist wohl auch aus dem Dorf?", stichelte sie. „Man sieht es dir an." Zwei Männer standen daneben und lachten, als Arwa rot wurde.

„Bist du Kiras Freundin?", fragte einer. „Man hat uns gesagt, dass du kommst. Gut, so ist sie nicht allein."

„Der Herrin würde es gefallen, wenn sie etwas mehr allein wäre", entgegnete der andere. „Eiren Taina ist eifersüchtig. Sie hat den Herrn gezwungen, Kira einem seiner Leute zur Braut zu geben. Ja, sie hat viel zu sagen, die schwarze Frau. Doch auch Neisin Turam weiß, wie er zu seinen Sachen kommt. Eogain ist so jung, dass er sich kaum widersetzen wird, wenn der Herr sich am Abend weiter von Kira den Honigwein bringen lässt. Schön ist das junge Ding aus Kernu An schon."

Die Dienerin verzog das Gesicht. „Vergiss das Kind nicht. Wenn ihr wüsstet, wie sich Neisin Turam einen Jungen wünscht. Wir werden sehen, was die Herrin dazu meint."

„Ja", entgegnete der Diener. „Nicht nur bei der Herrin, auch bei Eogain weiß man nicht, was geschehen wird. Er ist noch jung, aber alles lässt er nicht mit sich machen. Es heißt, der Herr habe ihn bei einem Kampfspiel gewonnen, als er seinen Schwager besuchte. Der Junge muss ihm wichtig gewesen sein, denn er hat dabei einiges riskiert. Doch wenn Neisin Turam das Mädchen will, was kann Eogain schon dagegen unternehmen?"

Arwa wurde es elend, als sie die drei so reden hörte. Am liebsten wäre sie ins Dorf zurückgekehrt. Doch dann dachte sie an Kira. Die Freundin würde jemanden brauchen, dem sie vertrauen konnte und der ihr bei dem, was heute geschehen mochte, zur Seite stand. So ging sie über den Platz zum Haus, das ihr die Dienerin gewiesen hatte.

Der Raum war klein und düster. Arwa erkannte die Schlafstellen und auf einer die farbige Decke, die sie selbst gewoben hatte. In einer Ecke standen die Dienerinnen beieinander. Zwischen ihnen saß Kira auf einem Schemel, ganz weiß im Gesicht. Sie hatte das Hochzeitskleid schon angezogen. Die

Haare lagen offen auf ihren Schultern. Sie sah nicht auf, als Arwa in den Raum kam, und gab auch keine Antwort, als diese die Dienerinnen grüßte. Arwa ging auf sie zu und legte die Beeren und die Blumen in ihren Schoß. Sie verfolgte, wie Kira wortlos die Stängel nahm und sich an ihnen hielt. Arwa bat eine der Frauen um den Kamm. Dann begann sie, die Haare so zu ordnen, wie es in ihrem Dorf bei einer Braut üblich war. Sie kämmte die langen, leuchtenden Haare aus und ließ sie über den Rücken fallen. So war es bei einer Hochzeit, so war es auch, wenn eine Frau starb und man sie schmückte, bevor man sie auf den Holzstoß legte. Kira schien sich nicht darum zu kümmern, wohin man sie führte. Sie sagte kein Wort und ließ alles mit sich geschehen. Arwa teilte auf jeder Seite die erste lange Strähne ab. Sanft nahm sie die roten Beerendolden und die weißen Blüten aus Kiras Händen, machte zwei Zöpfe und flocht die Blumen hinein. Als sie damit fertig war, stand Kira auf. Nicht einmal das weite, schön bestickte Kleid verbarg, dass das Kind bald kommen würde. Eine der Dienerinnen legte ihr ein feines Tuch mit verzierten Borten über den Kopf. Niemand sprach ein Wort. Arwa ging zur Türe hinüber und verfolgte, wie die Männer sich auf dem Platz versammelten. Eiren Taina, die Herrin mit den schwarzen Haaren, kam auf die Hütte zu und ging an ihr vorbei ins Innere des Raumes.

Leise und lockend begann eine Trommel zu schlagen. Als Kira an der Hand der Herrin erschien, setzte die Flöte ein. Die Melodie klang so lieblich, dass Arwa für einen Augenblick vergaß, was in Wirklichkeit geschah. Dann sah sie den harten Ausdruck in Eiren Tainas Augen und verstand die Blässe im Gesicht der Braut.

Kira streckte ihr im Vorbeigehen die Hand hin und hielt sich dann an ihr fest, verzweifelt, wie jemand, der ertrinkt und sich noch an etwas klammert, solange es geht. So überquerten sie den Platz. Die anderen Frauen folgten. Die Männer wichen vor dem Zug auseinander und Arwa sah neben der Buche den Herrn.

Er trug den weiten roten Mantel und an der Seite das Schwert mit einem Knauf aus Bernstein. Seine Hand lag auf der Schulter eines jungen Mannes, der ein Kleid aus hellem Leder trug. Es war der Mann, der ins Dorf gekommen war, um Arwa einzuladen.

„Er wird ein guter Mann für Kira sein", dachte sie erleichtert. Doch dann erinnerte sie sich wieder an das Gespräch am Tor. Ihr Herz zog sich zusammen.

In diesem Augenblick ließ Kira Arwa los. Neben der Herrin ging sie auf Eogain zu. Als sie sich gegenüberstanden, legte Eiren Taina ihre Hand in die des Mannes. Die Frauen schrien und warfen Gerstenkörner auf das junge Paar. Neisin Turam ging zum Baum und opferte bei der Säule eine Ziege für die Götter. Er strich vom Blut des Tieres auf die Stirne der beiden jungen Leute. Dann tranken sie gemeinsam aus einem Becher Honigwein. Arwa bemerkte, wie ihre Freundin verstohlen den jungen Mann betrachtete, als ob sie erforschen wollte, was er dachte. Er aber hielt die Augen gesenkt. Dann trennten sich alle. Arwa folgte den Frauen ins Haupthaus und half, alles für das Fest am Abend vorzubereiten. Die Freunde, die Neisin Turam für den Festtag eingeladen hatte, gingen mit ihm auf die Jagd. Sie nahmen den Bräutigam mit. Die Diener begannen, die Ziege auszunehmen, und machten ein Feuer, um das Fleisch zu braten.

Die Männer kamen viel früher von der Jagd zurück, als man erwartet hatte. Arwa sah zu, wie sie durch das Hoftor kamen. Die Lanzenträger trugen einen großen Hirsch auf zwei mit Ästen verbundenen Speeren. Neisin Turam überquerte schnell und zornig den Platz, warf wortlos einem der Jungen den Bogen und den Köcher hin und verschwand im Haus. Wie ein Feuer verbreitete sich das Gerücht, dass Eogain den Hirsch mit einem einzigen Schuss getötet habe, vor den Augen des Herrn, als dieser gerade selbst einen Pfeil auf die Sehne legen wollte.

Alle wussten, dass dies eine Warnung für Neisin Turam war, und alle warteten darauf, wie er sie aufnehmen würde. Kiras Augen aber leuchteten plötzlich auf.

Am Abend begann das große Fest auf dem Platz vor der Halle. Auch Neisin Turam war da. Mit unbewegtem Gesicht saß er auf einem Fell am Boden, den Bräutigam neben sich. Er war umgeben von den Lanzenträgern und den geladenen Gästen. Die Diener gingen zwischen ihnen durch und brachten allen Fleisch, Weizenbier und Brot. Zwischen den Gästen saß Kira und direkt neben ihr die Herrin. Arwa bemerkte erstaunt, dass diese lächelnd zu Eogain hinüberblickte. Eiren Taina schien plötzlich guter Laune zu sein. Nun hob sie den Kopf und suchte mit den Augen die Menge ab. Als ihr Blick den von Arwa traf, winkte sie mit der Hand. Arwa stand auf und ging zu ihr.

„Komm, setz dich zu uns", sagte Eiren Taina. „Kira soll nicht allein sein. Eogain braucht eine glückliche Braut."

Arwa setzte sich auf das Fell. Kira saß aufrecht und angespannt neben ihr. Obwohl die Diener sie immer wieder drängten, aß sie nichts. Feine Schweißtropfen lagen auf ihrer Stirn. Sie fürchtete sich sicher vor dem Abend, weil sie nicht wusste, wie Eogain zu ihr stand und was es für ihn hieß, eine Braut zu haben, die bei der Hochzeit mit dem Kind eines anderen Mannes schwanger war. Vielleicht mochte sie den jungen Mann? Dann war alles noch viel schlimmer. Arwa legte ihr den Arm um die Hüften. Mit einem Seufzer lehnte sich Kira zurück, schloss die Augen und legte den Kopf auf ihre Schulter. Die Herrin wandte sich um und sah Arwa neugierig an.

„Bleib doch bei ihr", sagte sie. „Wir gehen nachher in die Halle. Du kannst auch kommen. Ich möchte dich in meiner Nähe haben."

Langsam wurde es dunkel. Die Diener schichteten einen großen Holzstoß auf und als er brannte, begannen die Trommeln zu spielen. Die ersten Leute standen auf und bildeten eine Schlange, um zu tanzen. Die Männer, die dazu eingeladen worden waren, betraten die Halle. Sie versammelten sich beim Feuer, das in der Mitte des Raumes brannte, und begannen, vom frischen Bier und vom Honigwein zu trinken. Auch Kira ging mit. Sie saß neben der Herrin bei einem der großen Pfosten, die das Dach des Hauses trugen. Arwa blieb in ihrer Nähe.

Sie betrachtete Neisin Turam, wie er sich immer wieder Honigwein ins Trinkhorn füllen ließ. Eogain kauerte auf einem weißen Hirschfell neben ihm. Die Gäste machten Späße und er gab Antwort. Er war dabei so schlagfertig, dass im Raum immer wieder Gelächter entstand. Nur Neisin Turam bewegte seine Lippen nicht. Manchmal drehte er den Kopf und starrte Kira an. Es war unmöglich zu wissen, was er dabei überlegte. Kira saß da, erschöpft, mit den welken Blumen im Haar. Arwa bemerkte, wie die Männer lauter wurden und zu prahlen begannen.

Plötzlich lachte einer der betrunkenen Lanzenträger und zeigte auf die Braut. „Der Herr hat den beiden ein gutes Brautgeschenk gegeben. Ein Geschenk, das man nicht leicht vergisst."

Die anderen lachten. Eogain schoss auf und seine Hand fuhr zum Gürtel. Wie ein Blitz fuhr es durch die Luft und dann schlug das Messer vor den Füßen des Mannes ins Fell. Dieser wurde bleich. Er sah zum Herrn hinüber. Neisin Turam saß beim Feuer auf seinem Bärenfell und rührte sich nicht. Eogain stand auf. Er ging drohend auf den Lanzenträger zu: „Was hast du gesagt? Das Kind ist von mir."

Der Mann wich zurück, nur wenig, doch alle konnten sehen, dass er die Herausforderung nicht angenommen hatte. Arwa spürte, wie Kiras Finger sich in ihren Arm gruben. Aller Augen waren plötzlich auf sie gerichtet. Eogain setzte sich mit dem Rücken zum anderen Mann und auch er sah sie nun an.

Da ließ Kira Arwa los. Sie stand auf, ging hinüber und setzte sich neben ihn. Es kümmerte sie nicht mehr, was geschehen würde. Eogain hatte für sie gekämpft. Er hatte sein Leben eingesetzt und die Lanzenträger herausgefordert.

Neisin Turam hatte es wortlos hingenommen und nichts in seinem Ausdruck zeigte, was er dachte, ob er es annahm oder sich später rächen würde. Auch wenn sie alle wussten, dass es sein Kind war – er hatte es mit seinem Schweigen verloren. Da erhob er sich. Es wurde so still, dass man nur das Feuer knistern hörte. Kira sah auf und in seine Augen. Er wich dem Blick aus, doch fing er sich sofort. Er nahm sein Trinkhorn und ließ es von einem Diener füllen. Dann rief er Eogain und dieser ging ohne zu zögern zu ihm, nahm das Horn und trank es aus. Den letzten Schluck warf er in die Flammen, wie man dies sonst nur bei einem Trankopfer tat. Zu aller Überraschung hielt er das Trinkhorn nun selbst dem Diener hin und dieser füllte es, wie unter einem Zauber. Dann gab er Neisin Turam das Horn zurück. Arwa hörte hinter sich die Herrin leise lachen. Die Leute im Raum aber verfolgten atemlos, was geschehen würde. Neisin Turam musste auf diese neue Kühnheit Antwort geben. Der aber lachte plötzlich laut heraus, nickte und leerte das Horn in einem Zug. Dann rief er einen der Diener und sagte etwas, das Arwa nicht verstand. Der andere ging und kam mit einem Bogen aus Eibenholz zurück.

„Der Bogen der weißen Frau", hörte Arwa jemanden verblüfft flüstern. Sogar sie wusste, dass es hieß, er habe ihn von seiner ersten Frau erhalten, die Sehne sei aus ihrem Haar geflochten.

„Möge deine Hand nie fehlen", sagte Neisin Turam und reichte dem jungen Mann den Bogen. „Dies ist mein Brautgeschenk."

Die Spannung verschwand mit einem Schlag und alle lachten, sogar die Lanzenträger. Neisin Turam fasste den jungen Mann um die Schultern und führte ihn hinüber auf die andere Seite des Feuers, wo Kira saß. Dann verließ er den Raum. Keiner getraute sich, ihm zu folgen. Den meisten war nicht mehr nach Trinken zu Mute. Sie brachen auf.

Auch Kira erhob sich. „Wir bringen Arwa hinüber, wo die Gäste schlafen."

Eiren Taina wehrte ab. „Sie wird dort keine Ruhe haben", entgegnete sie. „Sie kann in meinen Räumen schlafen. Komm, ich zeige dir den Weg."

Kira sah die Freundin an: „Ich bin dir dankbar, dass du hier geblieben bist. Wir sehen uns doch morgen früh?"

Als Arwa nickte, verließ sie mit Eogain und den Gästen die Halle. Arwa folgte Eiren Taina in eine mit Teppichen und Fellen schön geschmückte Kammer, die so groß war, wie in ihrem Dorf ein ganzes Haus.

„Hast du Kira gekämmt?", fragte die Frau. Als Arwa nickte, fuhr sie fort: „Kämmst du auch mich? Neisin Turam wird auf mich warten. Er braucht nun keinen Erben mehr. Eogain ist da."

„Ich habe keine Blumen."

„Blumen braucht es nicht. Es genügt, wenn es anders ist als sonst."

Eiren Taina saß ganz aufrecht da. Sie hatte langes, glattes Haar. Der Kamm fuhr durch die Strähnen, fast ohne Widerstand zu finden. Arwa hörte den ruhigen Atem der Frau. Von draußen drangen der Klang der Trommel und das Lachen der Menschen in den Raum. Sie teilte Haarsträhnen ab und verflocht sie in einem Muster, das ihre Mutter benutzte, wenn sie Igrain überraschen wollte. Die Enden machte sie mit einem Band fest, das die Herrin ihr gab. Diese stand auf. „Es hat mich gefreut, dass du gekommen bist." Sie rief und eine alte Frau kam aus dem angrenzenden Raum. Arwa war überrascht, wie schön diese trotz ihres Alters war. Ihr Haar war grau und feine Falten überzogen ihre Haut. Sie musste mit der Herrin aus dem Südland gekommen sein. „Arwa schläft heute bei dir", sagte Eiren Taina sanft. „Gib ihr eine Decke. Ich möchte sie morgen nochmals sehen."

15. Die grosse Reise

Nach dem Opferfest im Herbst begannen die Menschen im Dorf, die Dächer auszubessern und die Ritzen in den Wänden der Häuser mit Lehm und Moos neu zu verstopfen. Die ersten Herbststürme kamen und fegten farbige Blätter über die Felder. Die Rinder weideten auf den geernteten Äckern die Stoppeln ab und die Schweine wurden fett von den vielen Eicheln. Über dem Dorf lag der Geruch der wilden Äpfel, die man dörrte, und der Gerste, die vor dem Dreschen über dem Feuer geröstet wurde. Arwa hatte mit Daigra den ganzen Tag im Speicher die Flechtkörbe voll mit Bohnen und Linsen und die Säcke mit dem schon ausgedroschenen Getreide gestapelt. Dazwischen steckten sie Beutel mit verschiedenen Wurzeln und den getrockneten Früchten. Die Arbeit war schwierig gewesen, denn der Boden des Speichers lag so hoch, dass sie sich auf die Zehenspitzen hatte stellen müssen, um Daigra die Vorräte hinaufzureichen. Endlich fertig, verschloss die Mutter die kleine hölzerne Tür mit dem Schlüssel, den sie neben ihrem Schlafplatz aufbewahrte. Sie nahmen den Baumstamm weg, mit dem man die Plattform erreichen konnte, und gingen ins Wohnhaus zurück.

Arwa betrat den Raum, in dem das Feuer noch immer glühte. Die Wärme tat ihr gut, denn draußen war es schon frisch.

„Hast du Noira gesehen?", rief die Mutter von draußen durch die Tür.

„Nein", gab Arwa zurück. „Warum?"

Die Mutter kam mit einem der leeren Töpfe im Arm in den Raum. „Hilfst du mir, die Kohlblätter einzulegen? Wir haben so viele gesammelt, dass es bis zum Frühling reichen wird."

Arwa nickte. „Was ist mit Noira?", fragte sie.

„Ich habe sie gestern getroffen. Seit Tarin und Ained gegangen sind, töpfert und flechtet sie wieder. Sie hat mich gefragt, ob du ihr gelbe Fäden geben könntest. Du hast ihr einmal ein Knäuel gebracht. Die Farbe hat ihr gut gefallen." Daigra lachte. „Sie hat Recht. Diesmal hast du sogar mich übertroffen. Wo hast du die Rinde gefunden?"

Arwa wurde verlegen. „Ained hat mir im Sommer erklärt, wo kleine Erlen stehen. Er wusste, dass ich gern Wolle färbe. Der Ort, an dem sie wachsen, ist ziemlich weit weg. Er ist beim Drachenberg, in der Nähe von Neisin Turams Hof. In einer Rinne im Abhang sind die Erlen ganz klein. Darum wird die Farbe auch so stark."

„Wann hast du die Rinde geholt?", fragte Daigra erstaunt. „Ich habe nichts davon gewusst."

„In diesem Herbst, bevor der große Nebel gekommen ist. Auf Neisin Turams Hof habe ich Kira besucht."

Die Mutter erschrak. „Du kannst doch nicht einfach auf den Hof des Herrn gehen."

„Bei Kiras Hochzeit hat Eiren Taina gesagt, dass ich kommen dürfe, wann immer ich wolle", widersprach Arwa. „Sie freut sich, wenn sie mich sieht. Kira geht es nun gut. Ich werde nicht mehr traurig, wenn ich an sie denke."

Daigra schüttelte den Kopf. Manchmal war es wirklich schwierig, Arwa zu verstehen. Sogar Foirgan, der Dorfälteste, fürchtete sich vor dem Herrn. Arwa aber ging ohne Einladung hin und traf sogar die Herrin! Die Welt war nicht mehr wie früher. Nun gut. Arwa musste selbst wissen, was sie tat.

„Was ist?", fragte diese.

„Nichts. Ich wundere mich, wie schnell du erwachsen wirst."

„Das ist doch bei allen so", entgegnete Arwa. „Hat Noira wirklich gesagt, dass sie von meiner Wolle will?"

Daigra nickte.

„Dann gehe ich nach dem Essen zu ihr", sagte Arwa entschlossen. Sie öffnete die Truhe und begann, die Knäuel mit der feinen, gezwirnten Wolle durchzusehen.

Als Arwa bei Anbruch der Nacht zum Gießerhaus kam, wurde sie von Noira im Eingang begrüßt. Sie setzten sich bei der Feuerstelle auf ein Fell. Einer der Gesellen brachte frisch geröstete Haselnüsse. Lugran saß neben dem Feuer und polierte mit einem feinen Lappen eine kleine Schale. Er fuhr mit dem Tuch über das helle Metall, als ob er es damit lebendig machen könnte. Er schien nicht darauf zu achten, was sonst im Raum geschah. Seine ganze Aufmerksamkeit war auf die glänzende Wölbung gerichtet.

Neugierig blickte Arwa ihn an. Waren alle Gießer so? Ob auch Ained werden würde wie er? Lugran war wirklich fremd und schwer zu verstehen. Es musste schwierig sein, mit ihm zusammenzuleben. Doch seit sie nach Keiris Tod die Tränen in seinem Gesicht gesehen hatte, fürchtete sie sich nicht mehr vor ihm. Arwa wandte sich zur Gießerfrau und legte die verschiedenfarbigen Knäuel vor sie hin. Noira ließ die Fäden prüfend durch die Finger gleiten. „Ich nehme gern von dieser Wolle", sagte sie und zeigte auf die gelbe Farbe.

„Magst du die anderen Farben nicht?", fragte Arwa enttäuscht.

„Sie gefallen mir schon. Doch ich könnte dir dafür nur vom Mohnsaft geben. Und von dem bekommt ihr gewiss von Feirla genug."

„Ich gebe dir die Wolle auch so", entgegnete Arwa bestimmt. „Es freut mich, wenn du sie brauchst."

Noira nickte und nahm die Knäuel in die Hand. Lugran hielt in seiner Arbeit inne. Ernst sah er Arwa an. „Du sagst uns, wenn wir etwas für dich tun können. Es würde mich freuen."

„Weißt du, wo Ained ist?" Sie hatte gefragt, bevor sie selbst richtig wusste, was sie sagen wollte.

Der Geselle, der ihr die Nüsse gebracht hatte, blickte sie vorwurfsvoll an: „Warum denkst du nur an ihn? Beim nächsten Frühlingsfest bin ich auch noch hier. Du kannst mich zum Tanzen wählen. Ich bin ja auch ein Fremder im Dorf."

Arwa wurde rot. Doch sie fing sich schnell. „Es ist nicht wegen des Frühlingsfestes. Ich möchte nur wissen, wie es ihm geht."

Der junge Mann senkte die Augen.

„Ich denke, es geht ihm gut", erwiderte der Gießer. „Er ist mit Barun in den Osten gegangen, dorthin, wo das Kupfer in den Bergen gewonnen wird."

Arwa sah den Gießer zufrieden an. Sie hatte davon gehört, dass Ained wissen wollte, wie man das Metall aus dem Felsen gewinnt. „Kommt er zurück?", fragte sie den Gießer.

„Ich weiß es nicht."

Enttäuscht wandte sich Arwa ab. Warum gab er ihr keine Antwort? Er hatte sie doch gefragt, ob er etwas für sie tun könne. Sie hatte nicht viel von ihm verlangt. Sie hatte sich nur gewünscht, eine genauere Nachricht von Ained zu bekommen. Nicht einmal diese Mühe gab er sich. Er saß wieder stumm da und polierte an seiner Schale herum, als ob es sie nicht gäbe.

Noira schien ihre Enttäuschung zu bemerken. „Willst du meine neuen Becher sehen?", schlug sie vor. Als Arwa nickte, nahm sie die Lampe und zündete den Docht mit einem brennenden Scheit des Herdfeuers an. Zusammen durchquerten sie den Raum und kamen in den Bereich, der direkt neben der Werkstatt lag. Noira hob ein feuchtes Leder und zeigte Arwa die mit breiten Rillen verzierten Gefäße. Ein Becher war schon fertig. Noira nahm ihn und legte ihn in Arwas Hand. Die Oberfläche war viel feiner poliert und der Rand schärfer und schöner geformt, als wenn sie selbst mit Daigra töpferte.

„Wie machst du das nur?", staunte sie. „Die Wand ist so dünn. Warum zerbricht das Gefäß beim Glätten nicht?"

„Das ist mein Geheimnis. Ich habe es von Lugrans Mutter gelernt." Noira hob ein weiteres Tuch. Im Licht der Lampe bemerkte Arwa zwei Schalen. Sie waren bis zum Rand im Sand eingegraben. Bei beiden war innen die ganze Fläche reich verziert. Arwa war stolz, Noiras Gefäße zu sehen. Sie wusste, dass die Gießerfrau sie sonst kaum jemandem zeigte, bevor sie nicht fertig gebrannt waren.

„Sind die groß", staunte sie. Sie fuhr mit dem Finger über die Muster. „Und auch hier ist alles so fein."

Noira nickte.

„Ja. Das habe ich so gelernt und es gefällt mir gut. Willst du sehen, wo ich die Gefäße trockne?"

Als Arwa nickte, hob sie einen Vorhang hoch und leuchtete mit der Lampe auf ein Gestell. Im tanzenden Licht der kleinen Flamme standen dicht nebeneinander fertig geglättete Schalen und Becher. Arwa stellte erstaunt fest, dass hier die Flechtwand des Hauses nicht mit Lehm verstrichen war. Sie ging zum Herdfeuer zurück und setzte sich wieder auf das Fell. Sie hätte gerne zugesehen, wie die Gießerfrau die großen, dünnwandigen Schalen brannte. Es war sicher nicht das Gleiche, wie wenn sie selbst zusammen mit Daigra die Brenngrube füllte. Bei ihnen waren die feinen Gefäße so klein, dass man sie in große Töpfe hineinstellen und damit vor den Flammen schützen konnte. Das ging bei diesen großen Schalen natürlich nicht. Doch Noira brannte die Gefäße in der Gießerwerkstatt, wo niemand sonst sie sah.

Arwa zerschlug mit einem Stein einige der Nüsse und aß die duftenden Kerne. Die Gießerfrau verschloss zusammen mit den Gesellen in einer abgeteilten Ecke des Hauses die Töpfe mit dem Saatgut so, dass die Mäuse vom Vorrat nichts fressen konnten. Auf einem Gestell aus Holz lagen dicht nebeneinander die Säcke mit dem Getreide, das die Familie bis zum nächsten Sommer essen würde. Noira benutzte dafür nicht einen Speicher am Rand des Dorfes wie die meisten Frauen. Warum dies so war, verstand Arwa nicht. Vielleicht befolgte Noira alte Regeln, die bei den Gießern oft anders waren als bei den übrigen Familien im Dorf. Doch niemand wusste darüber genau Bescheid, niemand kannte sie so gut, dass er sie darüber hätte befragen können. Keine der Frauen wollte mit ihr befreundet sein. Auch Daigra mochte die Gießerfrau nicht besonders und besuchte sie nur, wenn sie ein neues Bronzegerät oder ein Schmuckstück eintauschen wollte.

Noira verschloss den letzten Topf und zog die Schnur fest an. Lugran stellte die fertig polierte Schale auf die kleine Truhe, die hinter ihm an der Wand stand. Einer der Gesellen legte neues Holz ins Feuer. Niemand sprach, doch diesmal störte es Arwa nicht. Sie beobachtete, was alle taten, und sog die Ruhe in sich auf. Nach einiger Zeit verabschiedete sie sich und ging zufrieden nach Hause.

Bald fiel der erste Schnee. Arwa fing auf dem Heimweg durch die Felder mit dem offenen Mund die großen Flocken. Sie freute sich auf das warme Feuer und das Essen. Doch als sie zu Hause in den Raum trat, blieb sie erschrocken in der Türe stehen.

Marna saß neben dem Herd. Ihr Gesicht war ganz bleich. Nairda kauerte schluchzend beim Webrahmen in der Ecke. Igrain saß neben ihr und hielt sie fest. Arwa wusste gleich, dass etwas Schlimmes geschehen war. Sie ging auf die Mutter zu. „Was ist?", fragte sie beunruhigt.

„Kira ist tot." Marna sagte es, ohne sie anzusehen. Arwa starrte die Nachbarsfrau fassungslos an.

„Komm, setz dich", drängte die Mutter. „Der Bote ist am Nachmittag gekommen. Er hat auch dich gesucht. Kira ist bei der Geburt des Kindes gestorben."

„Warum?", unterbrach Marna verzweifelt. „Sie war noch viel zu jung. Sie hätte nicht heiraten dürfen. Warum hat sie mich nicht gefragt?"

Wütend blickte Arwa die Frau an. Wusste sie nichts davon, was geschehen war? Hatte sie Kira damals bei ihrem Besuch nicht gefragt, wie es ihr ging? Hatte sie nicht gesehen, wie verzweifelt sie gewesen war? Marna musste doch wissen, wie es bei Neisin Turam war, dass man dort nicht mehr selbst entscheiden konnte. Sie war es doch gewesen, die ihre Tochter für ein paar Säcke Getreide weggegeben hatte. Da sah sie Kiras Decke neben Marna liegen. Daigra folgte ihrem Blick.

„Der Bote hat die Decke zurückgebracht. Du hast sie gewoben. Nimm sie zu dir."

Wie in einem bösen Traum ging Arwa auf die andere Seite des Feuers und hob die Decke auf. „Lebt das Kind?"

„Ja. Aber niemand weiß, wie lange. Es ist zu schwach."

„Und Eogain?"

„Der Herr ist in den Wald gegangen, um ihn zu suchen. Der Bote erzählte, dass Eogain in die Räume der Herrin eingedrungen sei, als er wusste, dass die Geburt schwierig wurde, um die ganze Zeit bei Kira zu bleiben. Selbst Eiren Taina hat ihn nicht wegschicken können. Nach der Geburt schien es, als ob alles doch noch gut werden würde. Doch in der Nacht ist Kira gestorben. Es heißt, Eogain habe geschrien, als ob er den Verstand verlieren würde. Dann ist er in den Wald gelaufen. Niemand konnte ihn daran hindern, selbst Neisin Turam nicht."

„Er hätte nicht gehen sollen." Mit diesen Worten drehte sich Arwa um. Sie ging zu Nairda, die noch immer neben Igrain saß und ihr Gesicht in den Händen verborgen hatte, und legte ihr die Decke über die Schultern. Dann zog sie die Fellschuhe an.

„Bleib doch hier", bat die Mutter. „Draußen ist es kalt."

„Lass sie", antwortete Igrain von der Rückwand des Hauses her. „Sie muss allein sein."

Arwa stieg wie betäubt über die Schwelle. Hinter ihr schlug die Türe zu. Sie stapfte durch den weißen Flaum, der in den Gassen lag. Irgendjemand sah sie und rief ihr etwas zu, doch sie verstand die Worte nicht.

„Sie muss allein sein", klang Igrains Stimme in ihr nach. Es tat ihr in der Leere wohl. Sie ging über den Dorfplatz und durch das Tor der Palisade zum See. Dann lief sie am Ufer entlang. Der Schnee war mit dem Sonnenuntergang härter geworden und knirschte unter ihren Füßen. Eine Ente quakte, als sie ihr näher kam, und flüchtete ins Wasser. Ein feiner Nebelschleier lag über der glatten Fläche. Ein Käuzchen schrie.

Kira war tot. Sie hatte das Kind so ungeduldig erwartet. „Eogains Kind", hatte sie gesagt, nicht lange nach der Hochzeit, damals, als Arwa sie auf dem Hof besucht hatte. Ihr Gesicht hatte dabei vor Freude geleuchtet. Und nun würden sie sich nie mehr sehen.

Arwa zog den Umhang enger zusammen. Auf den Schilfstängeln lag der Schnee und leuchtete gespenstisch in der Dämmerung. Irgendein Tier floh als dunkler Schatten vor ihren Schritten. Die Halme raschelten. Es war ihr, als ob die Kälte auch in ihrem Inneren immer stärker würde. Als sie zur Einmündung des Flusses kam, blieb sie stehen. Es wurde dunkel und der Wind blies Schneestaub durch die Luft. Sie zitterte vor Kälte. Es war besser, ins Dorf zurückzugehen. Doch nach Hause wollte sie nicht. Sie wollte nicht nochmals Marnas Klagen hören. Diese hatte sich um Kira vorher überhaupt nicht gesorgt und tat erst jetzt so, als ob ihr die älteste Tochter wichtig gewesen wäre. Warum war nicht sie gestorben? Oder Neisin Turam, der sich sicher nicht gefragt hatte, ob Kira ein Kind von ihm haben wollte! Wenn die Göttin der Anderswelt nach Menschen hungrig war, warum hatte sie dann eine junge Frau zu sich geholt? Eine Frau, die ein Kind hatte, das sie noch brauchte?

In Gedanken versunken erreichte Arwa die ersten Häuser. Sie folgte ein Stück weit dem Dorfzaun, unschlüssig, wohin sie nun gehen wollte. Da erblickte sie Madrin. Er trug ein Bündel auf dem Rücken und verschwand in seinem Haus. Erleichtert seufzte sie auf. Sicher konnte sie bis zum Morgen bei Feirla bleiben. Durch die Wand hörte sie ein Lachen. Als sie den Raum betrat, rannte Kalai auf sie zu und umarmte mit den kleinen Armen ihre Knie. Madrin begrüßte sie, wie wenn sie jeden Tag kommen würde. Er kauerte am Boden und öffnete ein Bündel, das voll mit frisch geschnittenen Ruten war.

Feirla saß bei der Feuerstelle und hielt einen Säugling in den Armen – sicher das Kind einer Nachbarin, die krank geworden war oder sonst keine Milch mehr hatte. Arwa ging zu ihnen und blickte das kleine Wesen an. Plötzlich musste sie wieder an Kira denken.

„Komm", forderte Feirla sie auf, „setz dich zu uns."

Kalai stand neben dem Herd und musterte Arwa fragend. Diese blickte in die hellen Kinderaugen. Ihre Knie wurden weich. Sie setzte sich und begann zu weinen. Feirla wartete geduldig, bis sie ruhig geworden war. Dann legte sie ihr die Hand auf die Schulter: „Hilfst du mir, Larnai zu waschen?"

Als Arwa nickte, stand Feirla auf, öffnete den Fellsack und legte das Kind in ihre Arme. Arwa wickelte es aus dem Stoff und legte es auf ein Tuch neben das Feuer. Dort stand auch das Gefäß mit dem warmen Wasser.

Sie nahm einen feinen Wollstoff und begann, das kleine Kind zu waschen, sorgfältig, wie sie es von Yormi kannte. Es bewegte sich so heftig, dass Arwa Mühe hatte, es richtig abzutrocknen. Dann nahm sie das bereitliegende Tuch, hüllte das kleine Wesen darin ein und steckte es in den Fellsack, der am Feuer ganz warm geworden war. Der Säugling blickte sie an und lächelte. Sie nahm ihn in die Arme und ließ ihn an ihrem kleinen Finger saugen. Er musste noch etwas warten, bis er zu trinken bekam.

Nun saß Kalai auf Feirlas Schoß und sog zufrieden an ihrer Brust. Ihre Finger spielten mit den Fransen von Feirlas Kleid. Als sie fertig getrunken hatte, steckte die Frau den Stoff mit der Nadel wieder auf der Schulter zusammen. Kalai kroch neben ihr unter eine Decke. Nur ihre Hand guckte zwischen den Falten hervor. Mit der Faust hielt sie sich am Kleid der Mutter fest.

Feirla musterte die junge Frau. „Denkst du an Kira?", fragte sie.

Arwa nickte: „Ist es schwierig, dorthin zu gehen?"

„Wohin?"

„In die andere Welt."

„Für manche Menschen ist es schwer."

„Für Kira auch?"

Die Frau des Jägers schwieg. Sie betrachtete die Flammen, wie wenn sie in ihnen eine Antwort finden würde. Madrin, der schweigend neben der Herdstelle hockte und Pfeile schäftete, hob den Kopf. Fragend blickte auch er zu seiner Frau hinüber.

„Bei Kira weiß ich es nicht", antwortete diese nach langem Schweigen. „Vielleicht gibt es etwas, das sie nicht gehen lässt."

„Kannst du es nicht sehen?", drängte Arwa weiter.

„Ich könnte die Göttin fragen. Aber was nützt es? Kira muss den Weg allein gehen. Niemand kann ihr helfen. Nur die blauen Vögel kommen und tragen sie über das große Wasser, wenn sie bereit ist und uns vergessen kann."

„Vielleicht kann sie das Kind nicht vergessen", entgegnete Arwa. „Sie hat sich so darauf gefreut."

„Das ist möglich", gab Feirla zu. „Doch vielleicht folgt es ihr nach. Es ist ja noch so klein. Manchmal wollen sie ohne die Mutter gar nicht leben."

Arwa nickte. Sie hatte sich vorher gewünscht, dass das Kind weiterleben würde und war zornig gewesen auf Eogain, weil er in den Wald gelaufen war. Doch vielleicht wollte es zur Mutter? Das konnte nicht sie entscheiden. Das Kind allein musste es tun.

Kalai war eingeschlafen. Die Decke, unter der sie lag, hob und senkte sich leise. Die kleine Hand, die sich an Feirlas Kleid fest gehalten hatte, war nun offen. Arwa stand auf und legte den Säugling in die Arme der Frau. Diese löste die Nadel über der anderen Schulter und gab ihm die Brust und er begann, gierig zu saugen. Arwa betrachtete ihn dabei. Ihm war es gleichgültig, dass sie wegen Kiras Tod unglücklich war. Er wollte trinken und von jemandem gehalten werden. Nur das war für ihn wichtig. Arwa atmete auf. Es war Zeit, nach Hause zu gehen. Nairda war sicher froh, wenn sie kam, und auch die Mutter machte sich Sorgen, wenn sie zu lange draußen blieb. Wenn Marna noch dort war, würde sie sie einfach nicht beachten. So grüßte sie Feirla und den Jäger und verließ das gastliche Haus.

In diesem Winter blieb der Schnee nicht lange liegen. Obwohl in Daigras Haus niemand Hunger hatte und sie sich auch vor dem Frühling nicht fürchten mussten, brachte Ardun wie im vergangenen Jahr einen Teil seines Fangs. Manchmal blieb er am Abend noch ein wenig sitzen und besprach mit Igrain die Neuigkeiten aus dem Dorf. Zwischen Seski En und den Dörfern auf der anderen Seite des Moores waren alte Streitigkeiten um Jagdgebiete im Wald wieder aufgeflammt und die jungen Männer von Kernu An hatten beschlossen, den Freunden aus Seski En zu helfen.

„Denen werden wir es zeigen", prahlte Ardun eines Abends. Er hatte einen Hecht gebracht und saß nun neben dem Feuer. Arwa, die zusammen mit Nairda Wolle spann, sah ihn misstrauisch über die Flammen hinweg an. Warum war er wieder so großsprecherisch geworden? Er redete nur noch von sich und seinen Siegen bei den Ringkämpfen vor dem Schrein oder davon, dass er als Erster für die Mannschaft des Schlangenbootes ausgewählt worden war. „Wir gehen, sobald das Gras zu wachsen beginnt", fuhr Ardun fort. „Foirgan ist einverstanden. Erun kommt mit und führt uns an." Herausfordernd blickte er Arwa an. „Wir sind Männer und fürchten uns nicht vor den Moorratten aus den anderen Dörfern."

Arwa wollte eine böse Antwort geben, als sie bemerkte, wie Igrain die Steine, an denen er arbeitete, sinken ließ. „Wie war das mit dem Wolf?", fragte der Mann. „Warum hat sich damals keiner von euch jungen Helden gezeigt?"

„Ich war gar nicht im Dorf", fuhr Ardun auf. „Ich hätte gar nichts machen können."

„Erun war da und ist fortgerannt. Und so einer soll unser Dorf einmal führen? Wäre nicht Noira gekommen und hätte den Wolf mit einem spitzen Stock erstochen, wer weiß, was noch geschehen wäre. Für mich braucht so etwas mehr Mut, als wenn man sich betrinkt und dann die Nachbarn überfällt."

Im Raum war es plötzlich still. Nairdas Spindel lag unbeweglich im Schälchen. Tairi starrte Igrain verblüfft an. Arwa war froh, dass wenigstens dieser ihrem älteren Bruder widersprochen hatte. Auch sie war stolz gewesen auf Noiras Tat, von der die Dorfbewohner in den letzten Tagen immer wieder gesprochen hatten. Noch heute wusste man nicht, wie der Wolf ins Dorf gekommen war, aber das war auch nicht mehr wichtig. Das Tier war tot und Noira wurde für ihre Tapferkeit von vielen bewundert. Nur die jungen Männer ärgerte es sicher, dass eine Frau furchtloser gewesen war als sie.

Das Feuer zischte leise. Ardun stand missmutig auf. „Auch ihr seid froh, wenn ich ein Rind erbeute", sagte er. „Wölfe kann man nicht essen und sie geben auch keine Milch." Er durchquerte den Raum und verließ das Haus. Arwa sah ihm nach. Dann zuckte sie die Schultern. Er wollte einfach Recht behalten. Sie hob den Spinnrocken und ließ die Spindel sich weiter im Schälchen drehen.

In einer Leermondnacht zogen die jungen Männer von Seski En und Kernu An gemeinsam los, bewaffnet mit Speeren, Keulen und Schleudern. Obwohl sie vorher zornig auf Ardun gewesen war, ging Arwa trotzdem mit Daigra auf den Dorfplatz, um zuzusehen, wie die Truppe das Dorf verließ. Jetzt, wo es ernst geworden war, fürchtete sie sich ein wenig und hoffte, dass Ardun nichts geschehen würde. Er trug wie seine Kameraden ein Zeichen auf der Stirn vom Blut des Widders, den Foirgan für ihre glückliche Heimkehr geopfert hatte.

Erun stand an der Spitze der jungen Männer, den Speer in der Hand. Arwa wusste, dass der Sohn des Dorfältesten zu Madrin gegangen war und ihm die Leitung der Truppe angeboten hatte. Der Jäger, dessen Treffsicherheit mit Pfeil und Bogen alle im weiten Umkreis fürchteten, hatte abgelehnt. Niemand hatte diese Entscheidung verstanden. Erun und seine Truppe hatten trotzdem Erfolg. Sie kamen schon zwei Tage später zurück. Stolz trieben sie die geraubte Rinderherde mitten ins Dorf. Arwa hörte das Gebrüll der Tiere und die Schreie der Männer. Zusammen mit Nairda und dem kleinen Bruder lief sie auf den Platz. Sie war erleichtert, als sie Ardun sichtete. Mit glänzenden Augen stand er neben seinen Freunden, ein blutiges Stück Stoff um den Kopf geschlungen.

Arwa war plötzlich stolz auf ihn. Er hatte nicht nur mit seinen Heldentaten geprahlt, er hatte wirklich gekämpft. Eines der geraubten Rinder würde sicher ihm gehören und die Tiere ersetzen, die Neisin Turams Diener ihrer Familie gestohlen hatten. Oder würde er das Tier opfern, um den Göttern für den gelungenen Raubzug zu danken? Vielleicht beschlossen die jungen Männer ein großes Fest, bei dem sie das ganze Dorf bewirten und ihren Erfolg von allen bewundern lassen könnten. Welche Tiere würden sie dann wählen?

Arwa drängte sich durch die Leute, um Ardun den Becher mit Honigwein zu geben, den ihr die Mutter mitgegeben hatte.

Als sie vorne in der Menge angekommen war, sah sie, dass die jungen Männer nicht nur Rinder erbeutet hatten. Zwischen den Tieren stand einer der Leute aus dem Dorf am Moor. Er war nicht viel älter als ihr Bruder. Seine Arme waren auf dem Rücken fest gebunden, seine Kleider zerrissen und blutverschmiert. Er musste einer der Hirten der Herde gewesen sein. Neugierig musterte Arwa den Gefangenen.

Plötzlich musste sie an Ained denken, wie er bei seiner Ankunft unten am Ufer gestanden hatte. Doch sie schob den Gedanken wieder fort. Ained war nicht allein gewesen, Madrin hatte ihn ja mitgenommen. Der Gefangene aber war einer der Feinde von Kernu An. Er kam aus einem der Dörfer am Moor, das ihnen den Wald beim großen Stein strittig gemacht hatte.

In der Menge wurde es still. Foirgan, der Dorfälteste, kam aus seinem Haus. Als er den Dorfplatz betrat, stieß Erun den Gefangenen in den Rücken und ging mit ihm auf den Schrein der Göttin zu. Der junge Mann ließ es widerstandslos mit sich geschehen. Erst als er neben dem Dorfältesten die Säule der Göttin sah, wich er zurück. Doch er war so schwach, dass es Erun leicht gelang, ihn fest zu halten. Die Dorfbewohner drängten näher. Arwa wusste, Foirgan musste nun entscheiden, was mit dem Gefangenen geschehen sollte. Neben ihr tuschelten die anderen jungen Frauen. Ersa stand mitten unter ihnen.

„Der Gefangene gehört meinem Bruder", sagte sie stolz. „Erun hat die Krieger angeführt. Darnai wird das Opfer gerne sehen und wird uns später auch beschützen. Sie liebt Menschen, die erfolgreich sind."

Arwa nickte. Die Göttin half den Menschen, die etwas wagten. Der junge Mann war sicher selbst schuld, wenn er sich gefangen nehmen ließ. Sie sah ihm zu, wie er vor der geschmückten Säule stand und mit aufgerissenen Augen auf die blutigen Wollbinden starrte. Er zitterte. Als Foirgan näher trat, richtete er sich plötzlich auf und sah dem Dorfältesten ins Gesicht. Foirgan aber blickte ihn gar nicht an. Er wandte sich Erun zu. „Lugran hat gesehen, dass sein Tod Darnai nicht gefällt. Ich werde an seiner Stelle eines meiner Rinder geben. So können wir den Göttern danken und den guten Ausgang der Kämpfe feiern. Ich bin stolz auf dich."

Die umstehenden Leute murmelten beifällig. Der Gefangene schwankte plötzlich wieder. Erun musste ihn halten, sonst wäre er umgefallen. Foirgan deutete auf ihn. „Du kannst den Mann behalten. Er kann für dich die Arbeit in den Feldern machen. So werden die Moorleute immer sehen, was mit ihnen geschieht, wenn sie mit uns Streit beginnen."

Irgendwie schien es Arwa, als ob es nicht so klar gewesen wäre, wer den Streit begonnen hatte. Doch das war nicht mehr wichtig. Wenn sich die Moormenschen nur vor ihnen fürchteten und nicht wagten, sie ihrerseits anzugreifen! Wenn es nur keine weiteren Überfälle gab! Sie hatte es einmal als kleines Kind erlebt, wie es war, wenn das Gebiet vor dem Dorfzaun unsicher wurde und die Menschen nur noch beschützt von bewaffneten Männern im Wald Pflanzen sammeln konnten.

Die Dorfbewohner feierten die ganze Nacht. Der Stier, den Foirgan für das Opfer gab, war trotz des Winters fett genug, damit alle reichlich Fleisch bekamen. Die jungen Männer erzählten stolz, wie sie die Herde erbeutet hatten. Sie tanzten und sangen alte Lieder von Dewar, dem Donnergott, und von Nurgaid, der Göttin aus dem dunklen Land, die sich an den

Kämpfen freut. In der Zeit, die dem Überfall folgte, durchstreiften die Männer immer wieder wachsam die Wälder in der Nähe des Dorfes. Doch obwohl sie zwei der Hirten getötet hatten, kam niemand, diese zu rächen oder den Gefangenen zurückzuholen. Von Gerain, dem Ältesten von Seski En, erfuhren sie, dass die Dörfer am großen Moor Neisin Turam um Schutz gebeten hatten, doch welche Antwort dieser geben würde, wussten sie nicht.

Bald erinnerte nur noch der Gefangene an den Überfall. Arwa sah ihn manchmal auf dem Acker. Immer war Erun in seiner Nähe und trieb ihn an. Der junge Mann, dessen Name niemand kannte, ließ alles mit sich geschehen. Es war ihm offensichtlich gleichgültig, wie lange es dauerte, bis ein Acker von Steinen und Unkraut gesäubert oder das große Wassergefäß neben dem Eingang von Foirgans Haus gefüllt war. Er gab sich keine Mühe, selbst wenn Erun zornig wurde und ihn schlug. Arwa verstand nicht, warum der Sohn des Dorfältesten den jungen Mann trotzdem behielt.

Eines Tages war er verschwunden. Eruns Wolfshund, der ihn sonst in der Nacht bewachte, lag mit aufgeschnittener Kehle neben dem Haus. Obwohl die jungen Männer den Flüchtling sofort verfolgten, fanden sie ihn nicht.

Arwa hörte auf dem Dorfplatz von Ardun, dass sie nicht einmal Spuren entdeckt hatten. Der Moormensch hatte sich wie ein Geist aufgelöst. Ob er zurück in sein Dorf gegangen war? Doch dort war ein Hirte, der seine Herde nicht verteidigte, sicher nicht mehr willkommen. Arwas Augen wanderten zum See.

Plötzlich fröstelte sie. Vielleicht fand niemand Spuren, weil er ins Reich der dunklen Göttin gegangen war? Warum hatte Erun nicht früher daran gedacht? Der Moormensch würde nicht mit den blauen Vögeln über das große Wasser ins Reich der Schatten gehen. Er würde zurückkommen und sich für die schlechte Behandlung rächen. Sie erschrak, als eine Hand ihre Schulter berührte.

„Du brauchst dir keine Sorgen zu machen", hörte sie Madrins Stimme. „Ich habe ihn im Wald gesehen. Ich wollte nur Erun nichts sagen."

Erleichtert wandte sie sich um.

„Sag den jungen Leuten nichts", fuhr der Jäger fort. „Wenn sie wissen, dass er noch lebt, werden sie ihn nochmals suchen. Dann gehen die Kämpfe weiter."

„Das macht doch nichts", erwiderte Arwa, plötzlich wieder angriffslustig.

Nachdenklich betrachtete Madrin die junge Frau. Wie alle Dorfbewohner schien sie stolz auf die Burschen zu sein und die anfängliche Angst vergessen zu haben.

„Wenn die Kämpfe weitergehen, mischt sich Neisin Turam ein", erklärte er. „Der Herr hat schon vor dem Überfall einen Boten zu Foirgan geschickt und ihm mitteilen lassen, er sehe den Streit nicht gern."

„Warum hat sich Foirgan nicht daran gehalten?", fragte Arwa erstaunt. „Er macht doch sonst alles, was Neisin Turam sagt."

„Diesmal ist es nicht so einfach", gab Madrin zurück. „Die Ernte war reich und es geht uns wieder gut. Die jungen Männer werden übermütig. Wenn sie nicht mit den Bewohnern der Moordörfer kämpfen können, streiten sie hier in Kernu An. Foirgan ist nicht stark genug, um das zu verhindern."

Arwa dachte nach. Von dieser Seite her hatte sie die Auseinandersetzung noch nicht angesehen. Vielleicht war dies der Grund, dass Foirgan gerne zu Neisin Turam ging und im Dorf die Geschenke, die er vom Herrn erhielt, immer wieder allen zeigte?

Trotz der Schwäche des Dorfältesten aber war Kernu An noch immer mächtig. Niemand traute sich, sie leichthin anzugreifen. Viel mehr Menschen lebten hier als in den Siedlungen im Landesinnern. Sie konnten ja fischen, wenn die Ernte der Felder nicht mehr genügte. Diese Möglichkeit hatten die Bewohner der anderen Orte nicht. Sicher waren deshalb deren

Siedlungen kleiner und auch die Rinder- und Schweineherden viel wichtiger als bei ihnen im Dorf.

Bei den Sumpfleuten kam es nie vor, dass nur Kinder die Tiere begleiteten, wie dies in Kernu An in friedlichen Zeiten geschah. Sie schickten immer junge Männer mit, die bewaffnet waren und die Herde verteidigen konnten. Junge Männer wie der, den Erun und Ardun gefangen hatten.

„Denkst du, er kann in sein Dorf zurück?", fragte sie den Jäger.

„Wer?"

„Der junge Mann, der geflohen ist."

Madrin schüttelte den Kopf. „Er geht wohl eher zu Fern", gab er zurück. „Dort ist er willkommen."

„Bist du sicher? Er hat doch nicht gekämpft. Fern gefällt das nicht. Das weiß ich. Ich habe ihn gesehen."

„Woher willst du wissen, dass er nicht gekämpft hat? Meinst du, es ist immer nötig, dass man dabei stirbt?"

Verwundert blickte Arwa den Jäger an: „Ein Mann kann sich doch die Rinder nicht wegnehmen lassen. Nicht, nachdem er im Wald die Lieder gelernt hat und erwachsen geworden ist."

„Denkst du nicht, dass es noch wichtigere Dinge als Rinder gibt?"

Arwa warf den Kopf in den Nacken: „Wir sind froh, dass Ardun ein Tier erbeutet hat. Vielleicht wird der nächste Winter wieder hart und die Fische genügen nicht." Prüfend musterte sie den Jäger. „Warum bist du nicht mitgegangen? Ardun hatte eine große Wunde am Kopf und einer der Hirten hat Isan so getroffen, dass er den Arm nicht mehr richtig heben kann. Wenn du dabei gewesen wärest, so wäre ihnen nichts geschehen."

„Ich brauche keine Rinder." Madrin schien plötzlich zornig zu sein. „Dein Bruder ist alt genug, um selbst zu entscheiden, was er tut. Ich habe ihm nicht gesagt, dass er mitgehen soll."

„Erun hat es gesagt. Wenn Ardun nicht mitgegangen wäre, würden alle über ihn lachen, weil er ein Feigling ist."

„Ein Feigling wie der Junge, den sie gefangen haben?", fragte Madrin scharf.

Nun funkelten auch Arwas Augen: „Ich habe gesehen, wie er vor der Säule der Göttin gestanden hat. Er hat gezittert vor Furcht."

Mit einem Schlag wurden Madrins Augen so hart, dass Arwas ganze Kampflust verschwand. „Hast du schon einmal dort gestanden?", entgegnete der Jäger leise. „Weißt du, was es heißt, mit offenen Augen dort hineinzugehen?"

Sie senkte den Kopf. Madrin aber gab nicht nach. „Du kennst nur die Trauer, wenn dich jemand verlässt, den du magst. Du kennst den Hunger im Winter und wie gut das Fett der geopferten Rinder riecht, wenn man sonst nichts im Bauch hat. Das Reich der dunklen Göttin hast du nie gesehen. Wie willst du über Menschen spotten, die sich auf seiner Schwelle fürchten? Wie jemanden verachten, der sich weigert, andere zur Unzeit dorthin zu schicken?"

Arwa starrte noch immer auf den Boden. Ihr kam in den Sinn, dass der Gießer dem Dorfältesten gesagt hatte, die Göttin wolle das Opfer des Gefangenen nicht. Lugran hatte auch den Raubzug nicht unterstützt. Er hatte in jenen Tagen gegossen. Sie sah auf. „Gibt es einen Zeitpunkt, der richtig ist?"

„Endlich kann man mit dir wieder reden", erwiderte Madrin und die Härte verließ seine Augen. „Ich bin ein Jäger und ich weiß, was ich tue. Wenn für mich die rechte Zeit gekommen ist, spanne ich den Bogen. Doch anderen gebe ich nicht das Recht, über meine Pfeile zu entscheiden."

„Hast du damit auch schon einen Menschen getötet?"

Für einen Augenblick schien es, als ob Madrin wieder zornig werden würde. Doch dann winkte er ab. Plötzlich sah er müde aus. „Wir haben vom Eingang zum Reich der dunklen Göttin gesprochen", sagte er, „nicht davon, wie es ist, wenn man mit anderen kämpft."

Plötzlich begriff es Arwa: Madrin wusste, was es hieß, wenn man an der Schwelle stand. Das war es, was er ihr sagen wollte. Er hatte keine Angst davor, dass die blauen Vögel ihn unerwartet holten. Er fürchtete sich vor dem Augenblick, wo er wehrlos dastand und nur zusehen konnte, wie Nurgaids Boten unaufhaltsam näher kamen. Wieder kam ihr Ained in den Sinn – wie er in der Hütte im Wald vor Fern gestanden hatte, mit aufgerissenen Augen, in denen fast die gleiche Angst gelegen hatte, wie beim Gefangenen auf dem Dorfplatz vor dem Schrein.

„Fürchtet sich Fern nicht vor dem dunklen Land?"

„Er kann dorthin gehen, wenn er will."

„Wenn der Junge aus dem Moordorf zu ihm geht, zeigt er ihm dann auch den Weg?"

„Vielleicht. Wenn sein Leben stark genug ist, dass er den Rückweg wieder finden will."

Arwa atmete erleichtert auf. Sein Leben war stark, sonst hätte er nicht fliehen können. Auch bei Ained musste man sich nicht fürchten. Trotz seiner Angst damals hatte er am anderen Morgen ganz zufrieden und entspannt im Gießerhaus am Feuer gesessen.

Die anderen Dorfbewohner hatten den Platz verlassen. Nur Ardun und einige seiner Freunde standen in der Nähe von Foirgans Haus. Zwei von ihnen stritten laut. Ein dritter griff ein. Sie gingen zum Schrein hinüber und begannen zu ringen. Madrin sah von weitem zu. Ardun kam und bat ihn, Schiedsrichter zu spielen. Sie wussten beide, dass der Streit so ein gutes Ende finden würde.

16. Erads Stern

Als die Zugvögel aus dem Süden kamen, wurde Daigras Kind geboren. Arwa half auch diesmal mit. Sie freute sich, dass die Göttin den geopferten Ziegenbock und ihren Wunsch nicht vergessen hatte und Daigra bald zufrieden mit dem Säugling in den Armen unter der warmen Decke lag. Ob das kleine Kind länger bei ihnen bleiben würde als Yormi?

Die Blüten und Blätter brachen bei den Bäumen auf. In der Nacht vor dem Frühlingsfest war es das erste Mal, dass Arwa für Nairda und Tairi die Brottiere buk. Auch die Suppe mit den Frühlingsgräsern bereitete sie am nächsten Morgen zu. Nach dem Stieropfer fuhr sie mit Ardun, Nairda und Dogan über den See. Erwartungsvoll, mit leuchtenden Augen, saß ihr Bruder im Heck des Bootes.

Als sie einer Gruppe junger Leute aus Seski En begegneten, ruderte er eine Zeit lang mit einem der Männer im anderen Einbaum um die Wette. Arwa betrachtete ihren Bruder. Wie anders er aussah als an jenem Morgen, an dem er mit Erun bewaffnet zu den Moordörfern aufgebrochen war. Wie kam es, dass er sich so schnell verändern konnte? Welches war sein richtiges Gesicht? Und – hatte er die Zeit, die er mit Erun und den übrigen Jungen im Wald verbracht hatte, ganz vergessen? Sie hatte den Ausdruck, der nach seiner Rückkehr in seinen Augen war, nachher nicht mehr an ihm gesehen. Viel war geschehen in der Zwischenzeit. Er war nun erwachsen und hatte gelernt, sich im Dorf gegen die anderen Männer durchzusetzen. Dann war auch Kira gestorben. Ardun hatte sie sehr gemocht. Ob er manchmal noch an sie dachte? Arwa wusste nicht einmal, was ihm ihr Tod bedeutet hatte, denn über solche Dinge sprach er seit langem nicht mehr mit ihr. Er war ihr fast fremd geworden, obwohl er nun lachte und mit den Jungen im Nachbarboot Scherze tauschte.

Der Einbaum fuhr gerade und ruhig über den glatten See. Vor ihnen lag im Dunst der Drachenberg.

„Der Stier ist mir auf dem ganzen Weg einfach gefolgt", erzählte Ardun unvermittelt. „Ich war zuerst erstaunt. Ich dachte, er müsse doch wissen, was mit ihm geschieht. Doch er ist mir am roten Seil hinterhergelaufen, als ob er nur darauf gewartet hätte, Darnai zu begegnen."

Obwohl er bei den Worten mit seinen Augen den Weg des Ruderblattes verfolgte, wusste Arwa, dass er mit ihr sprach. Nun hob er den Kopf und sah sie für einen flüchtigen Augenblick an.

„Unter dem Baum ist er stehen geblieben. Er hat sich nicht mehr bewegt, bis ihn Foirgans Beil getroffen hat. Die Göttin hat sich sicher an ihm gefreut. Auch die Vorzeichen waren gut. Lugran hat es gesehen. Er hat mir auf dem Heimweg gesagt, wie froh er ist, dass jemand aus unserer Familie den Stier zu Darnais Buche führte."

Arwa hörte zu. Etwas in Arduns Erzählung nahm sie gefangen. Plötzlich begriff sie, dass es darum war, weil er Vater zu gleichen begann. Er hatte die gleiche tiefe Stimme und die gleiche Art, wenn er von sich sprach. Auch bei Vater waren die anderen Dorfbewohner immer zufrieden gewesen, wenn er den Stier zum Opferplatz geführt hatte. Es genügte dabei nicht, zu den ersten Siedlern zu gehören. Es war nötig zu verstehen, wie wichtig das Frühlingsopfer für die Bewohner des Dorfes war. Nur so folgte der Stier ruhig bis zum Baum. Das hatte ihr der Vater einmal nach dem Frühlingsfest erklärt. ‚Ich freue mich darauf, wie du am Abend das Feuer schlagen wirst, wenn du eine Frau geworden bist', hatte er angefügt und sie dabei freundlich angesehen. ‚Auch das ist wichtig. Das Feuer für Darnai entzünden, an dem sich die Menschen im Frieden treffen können, das vermag nur eine Frau.'

Schon damals hatte sie diesen Tag ungeduldig erwartet. Heute war es soweit. Mit der Hand berührte Arwa den Beutel, der an ihrem Gürtel hing. Igrain hatte am Abend frischen

Zunder geklopft und ihr einen neuen Feuerstein gegeben. Sie würde zusammen mit einer jungen Frau aus Seski En die Funken schlagen.

Sie erreichten das Ufer und begannen, zusammen mit den anderen jungen Leuten den Festplatz von den Sträuchern zu säubern, die seit dem letzten Jahr hier gewachsen waren. Eine Gruppe aus Deir Ardon kam mit großen Krügen voll mit Bier für die Trommler. Andere trugen Holz auf die Lichtung und schichteten den Holzstoß auf.

Der Platz war bald umgeben von Menschen, die dicht nebeneinander standen. Arwa nickte der jungen Frau aus Seski En zu, die wie sie aus einer alten Familie stammte und in diesem Jahr zum ersten Mal die farbigen Bänder in den Haaren trug. Zusammen gingen sie in die Mitte des Kreises. Sie nahm den Feuerstein und schlug den Funken in das hingehaltene Zunderstück. Zusammen bliesen sie die Glut zu einer kleinen Flamme. Als auch der Holzstoß brannte, suchte Arwa stolz den Blick ihrer Mutter, doch sie fand Daigra nicht. Nur Ersa warf ihr vom Rand der Menschenmenge her giftige Blicke zu. Die Tochter des Dorfältesten, die sonst alles bekam, war neidisch, weil eine andere Frau das Feuer entzünden durfte. Arwa bemerkte es zufrieden und ging entschlossen auf die gegenüberliegende Seite des Kreises. Die Flammen schossen in die Höhe. Die Dorfältesten kamen und warfen die Gaben für die Göttin ins Feuer.

Der Himmel wurde dunkel und Arwa wartete ungeduldig wie alle auf das Erscheinen des Mondes. Als die helle Scheibe über den Hügeln erschien, begann die Flötenspielerin mit der Melodie. Lieblich klang sie und voller Sehnsucht. Es war das Lied von Darnai, wie sie sich schmückte, bevor sie Dewar zum ersten Mal traf.

Dann setzten die Trommeln ein. Die Spannung stieg. Die jungen Frauen, Arwa mitten unter ihnen, bildeten eine Reihe und begannen beim Feuer zu tanzen. Dann löste sich eine um die andere aus dem Kreis, ging auf einen der Männer zu und zog ihn zum Feuer. Auch Arwa wartete auf den richtigen Augenblick. Dann aber wurde alles anders, als sie es sich vorgestellt hatte: Der Rhythmus der Trommeln wurde immer schneller und im Licht der Flammen sahen die Menschen einander so ähnlich, dass Arwa vergaß, wen sie ursprünglich hatte wählen wollen.

Sie wartete viel länger, als sie es sich vorgenommen hatte. Plötzlich, ohne selbst zu wissen, warum sie sich gerade jetzt entschied, löste sie sich aus dem Kreis. Sie ging auf einen der jungen Männer zu, der ihr gefiel, weil sein Gesicht ganz offen war. Er folgte ihr gleich und ließ sich in die Nähe des Feuers ziehen und Arwa schloss sich mit ihrem Gefährten der Schlange an und begann zu tanzen.

Die Trommeln, die sie immer wieder so beeindruckt hatten, hörte sie nun kaum und ihre Füße tanzten wie von selbst die Schritte, die sie früher mit Kira heimlich und erwartungsvoll geübt hatte. Sie spürte den Arm des jungen Mannes auf ihrer Schulter und sah vor sich die hellen Flammen. Sie hatte gedacht, sie würde nur darauf warten, mit ihm allein weggehen zu können. Doch nun war es gut, im Kreis zu sein, so gut, dass sie alles sonst vergaß. Sie lachte. Der junge Mann blickte sie an und lachte zurück.

Am anderen Morgen fuhren sie im Einbaum zum Dorf. Der Himmel war klar und auf dem glatten Wasser spiegelte sich die aufgehende Sonne.

Am Land angekommen, hob Eirin sie aus dem Boot und trug sie lachend durch das seichte Wasser. Arwa genoss die Aufmerksamkeit und die sorglose Kraft des jungen Mannes. Zufrieden legte sie ihren Kopf an seine Schulter. Auf dem Ufersaum ließ er sie auf den Boden gleiten und nebeneinander schlenderten sie gemächlich auf den Dorfzaun zu. Eirin legte ihr dabei die Hand auf die Schulter, als ob es ihm Leid täte, ihr nur für so kurze Zeit begegnet zu sein. Am Tor, das den Durchgang verschloss, ließ der junge Mann die Hand sinken, löste einen kleinen Beutel von seinem Gürtel und nahm eine Schnur mit einer Perle heraus. Sie glänzte wie Honig.

Erstaunt musterte Arwa den Mann aus Seski En. Es war Brauch, dass die Frauen, die zum ersten Mal am Feuer einen Mann wählten, am anderen Morgen von ihrem Gefährten ein Schmuckstück erhielten, das sie später stolz trugen. Nur – eine Perle aus dem Winterland, das hatte sie nicht erwartet.

„Gefällt sie dir?" Neugierig blickte Eirin sie an.

Arwa nickte und legte die schimmernde Bernsteinperle auf ihre Hand. Mit einem Lächeln sah sie auf. Die Augen des jungen Mannes hatten die gleiche Farbe wie sein Geschenk. Arwa hob die Perle und berührte damit ihre Stirn. Dann legte sie sich die Schnur um den Hals. Der junge Mann musterte sie noch immer, doch nun war die Nacht der Göttin vorbei und es gab nichts, was er noch sagen konnte. Sie beide wussten, dass der Brauch verlangte, sich am Dorfzaun zu trennen.

Arwa öffnete das Tor und schloss es wieder hinter sich. Eirin sah ihr nach und verfolgte auch, wie sie über den Dorfplatz schritt. Vor den ersten Häusern wandte sich Arwa nochmals um. Der junge Mann winkte ihr zu. Dann kehrte er zum Einbaum zurück. Zufrieden legte Arwa die Hand auf die Perle. Der Bernstein würde sie immer an diese Nacht erinnern. So schlenderte sie die Gasse entlang. Lugran stand im Eingang seiner Werkstatt und blickte ihr entgegen.

„Du hast gestern zum ersten Mal getanzt?", fragte er.

Arwa nickte.

„Ich habe auch gute Erinnerungen an mein erstes Frühlingsfest", fuhr der Gießer fort.

Verwundert betrachtete Arwa den Mann. Er war früher also auch zum Fest der Göttin gegangen. Er sah sie so freundlich an, dass sie sich zu fragen getraute. „Du gehst jetzt nicht mehr ans große Feuer? Warum? Kannst du dann nicht mehr gießen?"

Ein flüchtiges Lächeln huschte über Lugrans Gesicht. „Gießen kann ich schon, auch wenn ich mich beim Frühlingsfest von einer der jungen Frauen wählen lasse. Doch Darnai ist dem Feuergott nicht immer wohlgesinnt. Sie liebt es, wenn die Menschen glücklich sind und das Leben genießen. Bei Erad ist dies anders."

„Ist es wahr, dass Ained den Weg von Erad geht?"

„Ja."

„Wo geht er hin?"

„Das weiß ich nicht. Für jeden sieht der Weg anders aus und wo er hinführt, können wir nicht selbst bestimmen."

Er nickte ihr zu und kehrte in die Werkstatt zurück. Gedankenverloren ging Arwa weiter. Alle wussten, dass Darnai es liebte, wenn die Menschen zufrieden waren. Sobald es Zwietracht gab im Dorf, waren die Ernten klein und die Schafe warfen keine Junge.

Was aber hieß es, Erads Weg zu folgen? Hieß es, dass man dann nicht mehr glücklich war? Warum ging der Gießer dann diesen Weg? Warum hatte er auch Ained dorthin geschickt? War der junge Mann nun allein oder gab es Menschen, die für ihn sorgten? Wenn man niemanden hatte, der einen beschützte, so war das Leben gefährlich. Einsam war man dann auch. Wie Lugran, wenn er am Abend neben dem Feuer saß. Doch unglücklich sah er dabei nicht aus. Er glich eher einem Menschen, der wusste, was er tat, und sich nicht darum kümmerte, ob die anderen ihn dafür mochten. Und trotzdem wuchs auf Noiras Acker die Gerste. Diese Fragen beschäftigten Arwa auch nach dem Frühlingsfest. Sie erinnerte sich an den Tag, an dem sie den Kristall erhalten hatte, den sie noch heute bei sich trug. Noira hatte ihr dafür einen Beutel gegeben und angeboten, ihr zu zeigen, wie sie ihn geflochten hatte. Sie würde zu ihr gehen und sie fragen.

Nachdem das Getreide auf allen Äckern ausgesät und auch die Bohnen und Linsen eingesteckt waren, fand Arwa Zeit für einen Besuch. Mit dem Beutel in der Hand betrat sie das Gießerhaus. Noira saß im hinteren Teil des Raumes und forderte sie mit einem Kopfnicken auf, näher zu kommen. Vor sich, auf einem Brett aus Holz, hatte die Frau ein halb fertiges Gefäß aus Ton. Daneben stand eine Lampe, gefüllt mit Talg. Ihr Licht flackerte leise. Aus der Werkstatt drangen Geräusche, Lugran und die Gesellen waren an der Arbeit.

Arwa kauerte neben Noira nieder und verfolgte, wie diese ein neues Stück Ton ansetzte und es sorgfältig mit der schon fertigen Wand verstrich. Sie drehte dabei das Holz. Nun verstand Arwa, warum hier die Becher und Schalen viel ebenmäßiger geformt waren als ihre eigenen oder Daigras Formen. Das Brett drehte sich ganz gleichmäßig und leicht auf einem flachen Stein. Sicher ließ es Noira aus diesem Grund nicht zu, dass andere Leute sie bei der Arbeit sahen. Endlich ließ die Gießerfrau die Hände sinken und blickte Arwa fragend an.

Diese legte den Beutel vor sich auf den Boden. „Du hast mir einmal gesagt, du würdest mir zeigen, wie man sie macht", sagte sie dazu. „Ich weiß, es ist schon lange her. Vielleicht ist es nun zu spät."

Die Gießerfrau wischte ihre tonverschmierten Hände an einem Tuch ab. Sie nahm den Beutel auf und befühlte den Inhalt mit den Fingern. „Du hast noch immer Aineds Kristall?", fragte sie.

Arwa nickte. Sie war selbst überrascht, wie wenig es sie störte, dass Noira den Kristall durch das Geflecht befühlte. Sonst zeigte sie ihn anderen Menschen nicht und sprach auch nicht gerne über das Geschenk. Die Gießerfrau legte den Beutel wieder in Arwas Hand zurück. „Wenn du es möchtest, zeige ich es dir", sagte Noira. „Doch willst du nicht auch lernen, wie ich die Schalen mache? Du töpferst schon gut, das habe ich an deinem Wassergefäß gesehen." Sie nahm ein neues Stück Lehm, rollte es zu einer Schlange und arbeitete weiter. Ihre Hände bewegten sich sicher und schnell.

Arwa war im ersten Augenblick über Noiras Vorschlag erschrocken. Was würde die Mutter sagen, wenn sie in einem fremden Haushalt das Anfertigen der großen Schalen oder der Becher lernte? Es waren nicht die gleichen Formen, die sie selbst benutzten – obwohl sogar bei Daigra neben der Herdstelle zwei Schalen als Opfergefäße standen, die sie von der Gießerfrau eingetauscht hatte. Doch Opfergefäße waren nicht das gleiche wie die Gefäße, die man zum Essen brauchte und die jede Familie für sich selbst anfertigte und auf eine eigene Art verzierte.

Mitten in diesen Gedanken nahmen Noiras geschickte Hände Arwa wieder gefangen. Die Gießerfrau verstand ihre Arbeit. Auch der Ton, den sie gebrauchte, war sehr fein. Arwa betrachtete die Körnchen, die neben dem Brett am Boden lagen. Sie waren so klein, dass man sie kaum sah, wenn sie mit dem Lehm vermischt waren. Sicher war es darum einfacher möglich, die Oberfläche gut zu glätten. Wie aber konnte Noira die Gefäße brennen, wenn keine richtigen Körner aus Ton oder Stein das Zerspringen der Gefäße im Feuer verhinderten?

Noira hatte nicht erwartet, dass Arwa ihrer Einladung folgen würde. Sie wusste gut, dass Daigra es nicht gerne sah, wenn ihre Tochter zu oft im Gießerhaus war. Trotzdem hatte sie Arwa angeboten, nach der Arbeit auf dem Acker zu ihr ins Haus zu kommen. Und Arwa kam.

Am Anfang scheu, doch bald schon hatte sie sich an die fremde Umgebung gewöhnt und arbeitete wortlos im hinteren Teil des Raumes, während Noira beim Feuer kniete und für Lugran und die Gesellen das Essen vorbereitete.

So war es auch an einem Abend mitten im Sommer. Arwa kam nach dem Jäten im Linsenacker vorbei. Nun saß sie vor einer der großen Schalen und zeichnete mit feinen Linien das Muster vor, mit dem die glatten Felder auf der Innenseite verziert werden sollten. Noira sah ihr einen Augenblick lang prüfend vom Feuer her zu. Dann fuhr sie mit dem Säubern der Rüben fort, warf die Wurzeln und die gesammelten Mangoldblätter in den Hirsebrei und schob das brennende Holz näher an den Topf, in dem der Brei schon brodelte.

Aus der Werkstatt drang ein leises Hämmern. Lugran hatte vor kurzem Armringe gegossen und nun zogen die Gesellen mit feinen Meißeln die Verzierungen nach. Noira stand auf und ging durch den Raum in die Ecke, in der Arwa die Verzierung auf der Tonoberfläche vorzeichnete. Durch eine kleine Öffnung in der Hauswand fiel ein heller Schein auf die von feinen Linien aufgeteilte Fläche. Mit noch unsicherer Hand führte die junge Frau die Bronzespitze über den Ton. Ihr blondes Haar leuchtete matt im einfallenden Licht. Einer der Zöpfe, die sonst von den farbigen Bändern auf dem Kopf zusammengehalten wurden, hatte sich gelöst und hing auf die Schulter hinab.

Noira dachte an die Zeit, in der auch sie so jung gewesen war. Bei ihr im Dorf hatten die jungen Frauen nicht Bänder, sondern Blumen im Haar getragen. Doch der Schmuck war eigentlich nicht wichtig; es war ein Abschnitt im Leben, an den sie sich gerne erinnerte, alles war aufregend und geheimnisvoll gewesen.

Und unvermittelt kam ihr der Gedanke, dass es schön wäre, wenn Tarin Daigras Tochter zur Frau nehmen würde. Sie wusste, dass ihr Sohn Arwa schätzte, seit er neben ihr den dunklen Jungen vom See her ins Gießerhaus getragen hatte, damals, als Ained fast ertrunken wäre. Auch bei Lugran hatte sie bemerkt, dass er das Mädchen mochte. Wohl war eine solche Heirat nicht üblich. Fast überall tauschten die Gießerfamilien der verschiedenen Dörfer die jungen Leute unter sich aus. Sehr oft geschah es, dass sich ein Geselle während der Lehrzeit in eine der Töchter seines Lehrmeisters verliebte.

Bei ihr selbst war es allerdings auch nicht so gewesen. Sie war wie Arwa in einer Bauernfamilie aufgewachsen und hatte sich an einem Frühlingsfest für Lugran entschieden. Sein wildes und doch bestimmtes Wesen hatte sie beeindruckt. Auch sie schien dem Gießer gefallen zu haben und so hatte er um sie geworben, trotz des Widerstands ihrer Verwandten, die sie im Dorf behalten wollten.

Doch selbst nach ihrer Ankunft in Kernu An waren die Schwierigkeiten nicht überwunden gewesen. Lugrans Mutter hätte lieber eine Gießertochter im Haus gesehen und hatte ihr lange Zeit Hindernisse in den Weg gelegt. Lugran hatte sie dabei kaum beschützt. Er war nur kurze Zeit nach der Hochzeit mit Fern in den Wald gegangen und dort während mehrerer Monde geblieben. Sie hatte mit den Schwiegereltern in Kernu An gelebt, weit weg von ihren Verwandten, bis Tarin zur Welt gekommen war. Sogar der Säugling hatte Lugrans Mutter nicht nachsichtiger gestimmt. Erst mit dem Tod ihres Mannes hatte sie sich verändert. Doch da hatte Lugran schon mit eigenen Gesellen in der Werkstatt gestanden und Noira hatte erkannt, wie sehr es auch von ihr abhing, wie schnell und gut diese lernten. Wie lange war dies alles schon her! Es kam nicht mehr oft vor, dass sie sich an jene Zeiten erinnerte. Als sie dies dachte, hob Arwa den Kopf.

„Stimmt es, dass Tarin an den Langen See gegangen ist und dort von einem Gießer lernt?"

„Ja", gab Noira zurück, glücklich, dass sich die junge Frau nach ihrem Sohn erkundigte. „Er lernt bei der gleichen Familie, in der schon Lugran Geselle war. Das Dorf liegt auf einer Insel im See und alle Boote, die Handelswaren bei sich haben, kommen dort vorbei. Die Gießer fertigen viele Dinge an, die sie nicht nur in der Siedlung brauchen, sondern auch weit herum verhandeln. Selbst der Herr von der Bergfeste, der den See überwacht, lässt dort alles für seine Leute gießen. Tarin wird viel lernen."

„Tut es dir Leid, dass er gegangen ist?"

„Ich vermisse ihn. Doch es ist immer so, dass ein junger Gießer für einige Winter die Familie verlässt und bei einem anderen Lehrmeister lernt."

Arwa nickte. „Bei uns ist es auch ein bisschen so", sagte sie schließlich. „Ich kann von dir viel Neues erfahren."

„Ich zeige es dir gern. Ist auch Daigra damit zufrieden, was du hier lernst? Sie kommt nie vorbei."

Arwa senkte den Kopf. „Mutter ist mir böse, weil ich nicht mehr so oft Wolle färbe. Doch es gefällt mir bei dir, obwohl ich nicht weiß, für wen ich später solche Gefäße machen kann."

Noira wusste das, doch wenn Arwa als Schwiegertochter ins Haus käme, so konnte sie diese Kenntnisse gut gebrauchen. Wenn nicht, so würde die eigene Familie besonders schöne Gefäße besitzen.

Sie kauerte nieder und nahm eine Nadel aus Bronze in die Hand. Mit der Nadel setzte sie einen Einstich dicht neben den anderen. Arwa hatte sich wieder zu ihr gewandt und verfolgte genau, was sie tat. Dann nahm sie ihre eigene Nadel und versuchte, den schon vorgezeichneten Linien zu folgen. Am Anfang fiel es ihr schwer. Erst als ihr Noira zeigte, wie sie auch hier das Gefäß auf der Unterlage aus Holz drehen konnte, sah die Verzierung ebenmäßig aus. Nun kam Arwa schnell voran. Noira blieb neben ihr sitzen und band mit Lederstreifen verschiedene, neu gegossene Ringe zu einem Bündel zusammen. Bald würde ein Bote von Neisin Turam kommen und sie holen. In der Feuerstelle erloschen die letzten Flammen. Der Hirsebrei war bereit. Noira legte Arwa die Hand auf die Schulter.

„Wenn du willst, kannst du bleiben und mit uns essen."

Arwa blickte auf. Dann schüttelte sie den Kopf. „Mutter wartet sicher auf mich", sagte sie bestimmt. „Ich muss gehen."

Es wurde Winter; der Schnee blieb auf den nahen Hügeln liegen und leuchtete in der Sonne. Die Fischer brachten fette Barsche ins Dorf, über dem der Duft frisch gerösteter Haselnüsse lag. Madrin ging auf die Jagd nach Wasservögeln. Im Gießerhaus verschloss Noira die Säcke mit der Gerste und stapelte neben den Vorräten die vor kurzem gebrannten Schalen. Arwa war zu ihrer Enttäuschung nicht mehr gekommen, um sich den Brand anzusehen. Auch zum Töpfern war sie seit der Gedreideernte nicht mehr erschienen. Ob es darum war, weil Ardun, ihr Bruder, zur Mutter zurückgekehrt war? Für die

Frauen im Haus bedeutete dies sicher zusätzliche Arbeit, denn die meisten Männer in diesem Alter waren anspruchsvoll und ewig hungrig.

An einem Abend, als es schon dunkel war, kam Feirla ins Gießerhaus, in der Hand eine Wildgans. Sie legte den Vogel beim Feuer in einen Korb. Dann kauerte sie sich neben Lugran und die Gesellen hin. „Ich habe gestern eine neue Pflanze gesehen, die ich noch nicht kenne", begann sie zu erzählen. „Ihre Blüte ist ganz weiß und hat die Form eines Sterns. Es war, als ob sie mich gerufen hätte. Ich konnte sie nicht vergessen. Später bin ich zu Fern gegangen, um ihn zu fragen, was er über sie weiß, doch auch er hat sie erst vor kurzer Zeit entdeckt."

Der Gießer nickte: „Die weiße Blume hat sich finden lassen, weil wir sie brauchen. Solche Dinge geschehen nicht ohne Grund." Lugran warf einem Blick auf Noira: „Bald werden wir dich häufiger sehen. Darnai ist uns wohlgesinnt."

Die Gießerfrau lachte: „Noch müssen wir uns keine Gedanken machen und wenn das Kind kommt, weiß ich, dass wir bei Feirla gut aufgehoben sind." Sie nahm den Stab mit der Wolle und begann, die Spindel in der Schale laufen zu lassen. Mit den Fingern zog sie die Haare aus dem Wollbusch. Der Faden wurde länger. Die Gesellen saßen in ihrer Nähe und begannen mit einem Würfelspiel.

Vor dem Haus hörten sie Schritte. Langsam öffnete sich die Tür und Arwa betrat den Raum. Zuerst blieb sie beim Eingang stehen, unsicher, ob sie nicht störe. Als Noira nickte, kam sie ans Feuer. Ihr Blick fiel auf Feirla und ein Lächeln huschte über ihr Gesicht. Sie setzte sich, dem Gießer gerade gegenüber. Allen war sofort klar, dass Arwa Lugrans wegen gekommen war. Sie aber sagte nichts, sondern verfolgte nur wortlos, wie Noira spann.

Die Gesellen stießen sich an und machten mit Blicken aus, welcher von ihnen Arwa von den gesammelten Nüssen bringen durfte. Beide warben noch immer bei jeder Gelegenheit um sie, obwohl sie beim letzten Frühlingsfest keinen von ihnen gewählt hatte. Nun kam der ältere der Gesellen und stellte einen Teller vor Arwa hin. Sie dankte, ohne nachher die Nüsse zu berühren. Sie schien beunruhigt, obwohl sie es nicht offen zeigen wollte.

Weil sie nichts sagte, unterbrach auch Noira das Spinnen nicht. Sie betrachtete nur die junge Frau, die mit geröteten Wangen auf der gegenüberliegenden Seite des Feuers saß. Wieder stieg der Wunsch in ihr hoch, sie eines Tages als Tarins Frau im Haus zu sehen. Sie wusste, es lag nicht an ihr, hier Entscheidungen zu fällen. Trotzdem war der Gedanke so stark, dass sie ihn nicht wegschieben konnte.

„Ich habe von Ained geträumt", begann Arwa unvermittelt.

Noira wich zurück. Ihr Erschrecken war so deutlich, dass Feirla beunruhigt zu ihr hinübersah.

„Ich habe Angst", fuhr Arwa fort. „Ich weiß nicht, was ich machen soll. Ich muss ihm helfen."

Der Gießer, der die ganze Zeit wortlos das Feuer betrachtet hatte, blickte auf die junge Frau.

„Was hast du gesehen?", fragte er.

„Ich war in einer Hütte. Sie sah viel einfacher aus als die Häuser, die ich kenne. Es war fast dunkel, nur eine kleine Flamme gab etwas Licht. Der Raum war klein und doch voll mit Menschen. Sie trugen andere Kleider als wir. Manche von ihnen waren fast nackt. Sie saßen auf dem bloßen Boden."

„Ained war dort?"

„Er lag in einer Ecke, ganz allein. Seine Augen waren geschlossen, als ob er schlafen würde. Doch sein Atem ging mühsam und seine Stirne war nass von Schweiß."

Sie starrte in die Flammen, als ob sie dort das Bild nochmals erkennen könnte. „Nein", fuhr sie schließlich fort. „Ganz allein war er nicht. Ein Mann mit weißen Haaren saß neben ihm. Doch der hat nichts gemacht. Er hat ihn nur angeschaut."

Im Raum war es still geworden. Auch Lugran regte sich nicht. Er sah aus, als ob er auf etwas warten würde. Plötzlich stand Arwa auf. „Ained ist krank", rief sie heftig. „Man muss ihm helfen." Entschlossen und doch ratlos wandte sie sich um.

Feirla ging zu ihr und legte die Hand auf ihre Schulter. „Komm, setz dich nochmals hin", bat sie. „Hat du gesehen, wo er ist?"

Verwirrt blickte Arwa Feirla an, doch dann begriff sie den Sinn der Frage. Mit einem Stöhnen ließ sie sich auf die Binsen fallen. „Nein", sagte sie verzweifelt. „Ich habe nichts gesehen. Ich war nur drinnen im Raum."

Flehend blickte sie Lugran an. Er musste doch wissen, was man machen konnte. Er wenigstens musste eine Möglichkeit sehen, Ained zu helfen. Für einen Augenblick schöpfte sie Hoffnung, als er den Kopf hob und ihr in die Augen sah.

„Wenn du den Weg nicht gesehen hast, so will er nicht, dass man ihm hilft." Lugran sagte es leise und bestimmt.

Arwa starrte ihn fassungslos an. Dann verbarg sie das Gesicht in den Händen und begann zu schluchzen.

Noira sah es und hielt es nicht mehr aus. Sie hatte sich gewünscht, dass Arwa in ihrer Nähe bleiben würde, und war enttäuscht gewesen, weil sie an Ained und nicht an Tarin dachte. Doch nun war alles anders geworden. Ained war krank. Nicht ihre Wünsche waren wichtig, es ging um Leben und Tod. Das hatte sie sofort begriffen, als sie Arwas Erschütterung gesehen hatte. Warum tat Lugran nichts? Ained hatte doch auch nicht gezögert, als der Todesvogel über dem Dach auf Tarin gewartet hatte.

Sie ging zum Gießer und kauerte bei ihm nieder. „Wir müssen ihm helfen", bat sie. „Ohne ihn wäre Tarin nicht mehr hier."

Erstaunt, wie wenn er von weither kommen würde, blickte Lugran sie an. „Wie willst du helfen, wenn du den Weg nicht kennst?", fragte er. „Denkst du nicht, ich würde alles für ihn tun, wenn es mir möglich wäre? Doch ich kann es nicht."

Feirla blickte Arwa nachdenklich an. „Du hast gesagt, die Kleider hätten fremd ausgesehen", begann sie. „Kannst du sie beschreiben?"

„Es waren keine Stoffe, wie wir sie bei uns kennen", gab Arwa zurück, erleichtert, dass sie nochmals über den Traum reden konnte. „Die Männer trugen Felle oder Kleider aus Leder. Fast ein wenig so wie Ained, als er zu uns gekommen ist."

„Dann muss er in den Ostbergen sein, dort, wo man das Kupfer findet!", fiel Lugran ein. „Aber weißt du, wie groß die Ostberge sind? Ich war auch einmal dort. Da sucht man selbst bekannte Leute vergeblich und erst recht einen Knappen, der Kupfer schürft und nun krank in einer Hütte liegt. Hast du ihm im Traum helfen können?"

„Nein, das konnte ich nicht."

„Vielleicht doch", meinte Lugan. „Einen Grund wird es haben, dass du von ihm träumst."

Noira nickte bedächtig. Dies schien Arwa zu beruhigen. Sie sah wieder dem Faden zu, der unter Noiras Händen in die Länge wuchs.

„Du hast mir nie erzählt, dass auch du in die Ostberge gegangen bist", warf nun Feirla ein, zum Gießer gewandt. „Was hast du dort erlebt?"

„Schon als Kind habe ich mich gefragt, wo das Kupfer wächst. Ich habe meinen Vater gebeten, es mir zu zeigen. Doch er wollte nicht. Er sagte, es sei zu gefährlich. Bevor für mich die Zeit kam, mit den anderen Jungen in den Wald zu gehen, bin ich mit einem der Händler weggelaufen, die in Deir Ardon vorbeigekommen sind. So bin ich in den Osten gekommen."

„Er hat dich mitgenommen, einfach so?"

„Das hat er mir gesagt. Ich wollte so sehr in die Ostberge gelangen, dass ich ihm alles glaubte." Er zögerte, wie wenn er überlegen müsste, wie genau er erzählen sollte. „Als wir in den Kupferminen angekommen sind, hat er mich einem der wichtigen Leute dort vorgestellt und mich gefragt, ob ich sehen wolle, wie der Abbau vor sich geht. Ich hatte schon bemerkt, dass die meisten Knappen nicht viel älter waren als ich und dass es ihnen nicht gut zu gehen schien. Trotzdem sagte ich zu. Ich dachte, ich könne wieder gehen, wenn es mir nicht gefiele."

„Und dann?" Neugierig sah Arwa den Gießer an. Auch in der Hütte, die sie im Traum gesehen hatte, waren junge Männer gewesen, mit eingefallenen Gesichtern und trüben Augen.

„Es war mir bald zu viel und die Arbeit zu hart. Doch als ich gehen wollte, lachten mich die Wächter aus. Sie trieben mich in die Gruben zurück. Später habe ich erfahren, dass der Händler für mich von den Kupferherren ein Geschenk bekommen hatte." Nachdenklich fuhr Lugran mit dem Finger über die Narben, die sich wie Spinnen auf seinen Handgelenken eingefressen hatten.

„Warum hast du dann Ained geschickt, wenn es so gefährlich ist?", fragte Arwa aufgebracht.

„Ained ist mit Barun gegangen", entgegnete der Gießer ruhig. „Ich vertraue ihm, denn er kennt die Kupfermenschen in den Bergen und ist für sie wichtig. Solange Barun ihn nicht vergisst, werden sie Ained nicht gegen seinen Willen dort behalten. Die Kupferherren können es sich nicht leisten, wegen eines einzigen Knappen einen erfahrenen Händler gegen sich aufzubringen."

„Und wenn Barun ihn vergisst?"

„Dann wird er sich hüten müssen, je wieder bei uns vorbeizukommen. Das weiß er auch." Lugran lachte, doch er wurde gleich wieder ernst. „Ained ist wie ich. Er muss mit eigenen Augen sehen, wo das Kupfer wächst. Sonst kann er nicht Gießer werden."

„Wie ist es dir gelungen, trotzdem von dort wegzukommen? Bist du geflohen oder haben sie dich gehen lassen?"

„Warum hätten sie mich gehen lassen sollen? Die Kupferherren sind Leute, die mit anderen kein Erbarmen haben. Sie wissen, dass niemand in den Gruben lange lebt. Trotzdem habe ich nie aufgegeben und immer daran geglaubt, dass ich einmal von dort fliehen könnte. Eines Tages kam endlich die Gelegenheit. Eine Wand stürzte ein, genau dort, wo wir das Kupfer aus dem Felsen lösten, und begrub viele unter sich. In der Aufregung, die dabei entstand, bin ich entkommen. So bin ich in den

Westen zurückgegangen, obwohl mir das Herz so schwer war, dass ich gar nicht mehr richtig leben wollte. Einen der Jungen dort in der Grube habe ich gut gemocht. Wir haben uns viel geholfen. Er ist unter dem Felsen geblieben."

Unbeweglich starrte Lugran vor sich auf den Boden. Noira fuhr mit der Hand leise über seinen Arm.

„Denkst du noch immer an ihn?", fragte sie.

„Manchmal sehe ich im Traum, wie der Fels bricht und höre ihn schreien. Ich war noch jung. Es ist schwer zu vergessen."

Arwa seufzte. Sie schmiegte sich an Feirla, als ob sie in ihrer Nähe Schutz finden würde. Die Frau des Jägers legte ihr den Arm über die Schulter.

„Auch Ained ist dort", sagte Arwa leise. „Die Menschen im Traum haben ausgesehen wie die, von denen Lugran erzählt." Die Tränen standen noch immer in ihren Augen, doch sie schien nicht mehr verzweifelt zu sein. Sie blieb eine Weile sitzen, sah wie alle ins Feuer und folgte ihren Gedanken. Plötzlich löste sie sich von der Frau des Jägers. Sie beugte sich nach vorn und nahm einige der Nüsse aus dem Teller. Mit einem Stein schlug sie die Schalen auf. Sie legte die Kerne in Feirlas Hand. Dann stand sie auf, dankte dem Gießer und seiner Frau und ging.

Nur wenig später träumte Arwa wieder von Ained. Sie sah ihn in einem kleinen, dunklen Gang im Innern eines Berges, seinen Arm auf dem Arm eines anderen Mannes, der so dürr aussah wie er selbst. Eine Lampe flackerte neben ihnen und gab etwas Licht. Im nächsten Traum befand sie sich in einem Raum mit großen Feuern. An ihnen standen nackte Menschen, die Steine schmolzen. Es war so heiß, dass der Schweiß an ihnen niederrann und am warmen Boden verdampfte. Ained war mitten unter ihnen. Und einmal, am Ende des Winters, entdeckte sie ihn in einer Höhle. Der Mond musste auch dort voll sein, denn sein Licht tauchte die Wände in einen silbernen Glanz. Über dem Eingang hingen lange Zapfen aus Eis, die bläulich leuchteten. Darunter lag hoher Schnee, so hoch, wie Arwa es selbst im tiefsten Winter noch nie gesehen hatte. Dort, wo kein Schnee mehr lag, entdeckte sie Ained, eng an die Felswand gedrängt, zusammengerollt wie ein Hund. Er hatte den Umhang dicht an sich gezogen. Unbeweglich starrte er zum Eingang der Höhle, zu den Eiszapfen und dem wunderbaren silbernen Licht. Es war so kalt, dass er zitterte.

Arwa verstand die Träume nicht, obwohl sie sich an die Worte des Gießers erinnerte. Die Bilder waren ganz anders, als was sie sonst in der Nacht träumte. Alles war klar. Sie konnte Ained sehen, auch wenn es fast dunkel war. Er aber sah sie nicht. Er sprach auch nie.

Obwohl Arwa nun wieder häufiger zu Noira ging und von ihr das Flechten der Beutel lernte, sprach sie im Gießerhaus nicht mehr von ihren Träumen. Es war bestimmt besser, wenn sie gar nicht über Ained sprach. Er war weit fort und nicht einmal Lugran wusste, ob er wieder nach Kernu An zurückkehren würde.

17. Das Schwert

Der Frühling war so warm, dass selbst die Hirsefelder früher als sonst für die Aussaat vorbereitet werden konnten. Igrain lieh sich einen der Ochsen von Foirgan aus. Er spannte ihn vor den Pflug, zusammen mit der alten Kuh, die sie noch immer besaßen – allen Schwierigkeiten der vergangenen Jahre zum Trotz – und pflügte zusammen mit Ardun das Feld beim Feenbaum, das sie im Herbst noch nicht bearbeitet hatten. Die Sonne brannte ungewohnt stark vom Himmel.

Am Mittag ging Arwa mit Brot und einem Krug voll Bier auf das Feld und sah zu, wie Ardun die beiden Tiere führte. Sie waren nicht aneinander gewöhnt und es war nicht immer einfach, sie gleichmäßig und geradeaus vorwärts zu treiben. Igrain drückte den Pflug mit seiner ganzen Kraft nieder, damit die Furchen so tief wie möglich wurden. Der Schweiß lief ihm über den bloßen Rücken und die Erschöpfung war ihm anzusehen. Trotzdem unterbrach er nur für einen kurzen Augenblick die Arbeit, um einen Schluck Bier zu trinken und etwas Brot zu essen. Dann nickte er Ardun zu und kehrte zum Gespann zurück.

Arwa verließ die beiden, um im Wald Gräser für den Laubsack des kleinen Bruders zu sammeln. Rurai war groß genug, um in der Nacht seinen eigenen Schlafplatz zu haben. Er begann schon, im Haus herumzulaufen und brachte die Wollstränge in Unordnung, wenn Arwa vergessen hatte, sie in Körben in die Höhe zu hängen.

An einem klaren Morgen, nur kurze Zeit nach dem Frühlingsopfer und dem großen Feuer, stand Arwa am See und schöpfte Wasser. Sie dachte an die Tänze und an die Nacht, die sie mit einem der Leute von den Moordörfern verbracht hatte. Die Ältesten hatten die Streitigkeiten auf Neisin Turams Wunsch nochmals besprochen und sich darauf geeinigt, auch die Moorleute beim Frühlingsfest in den Kreis der Tanzenden aufzunehmen.

Obwohl die jungen Männer zuerst Spottlieder über Foirgans Nachgiebigkeit gesungen hatten, waren sie doch zufrieden gewesen, am Feuer jungen Frauen zu begegnen, die sie noch nie getroffen hatten. Auch Arwa hatte es gereizt, einen Mann zu wählen, den sie nicht kannte und dem sie auch später selten begegnen würde. Nur schade, dass er nicht wie Eirin ein Boot besessen hatte. Die Fahrt über den See am Morgen nach ihrem ersten Frühlingsfest war eine der schönsten Erinnerungen, die sie in sich trug.

Arwa stellte das volle Wassergefäß vor sich hin, um es leicht hochheben zu können. Die Fischer legten in der Nähe die Netze aus und besprachen den Fang.

Ein Sonnenstrahl traf den Uferstreifen vor ihren Füßen. Über Deir Ardon ging die Sonne auf. Da sah sie den Einbaum. Das Boot hielt geradewegs auf die Siedlung zu. Die Wassertropfen fielen vom Ruderblatt und glitzerten in der Sonne. Es kam schnell näher.

Ained trug einen zerfetzten Umhang und seine Haare waren oben auf dem Kopf in einem Busch zusammengebunden, wie die Männer es sonst nur für das Opfer machten. Der Einbaum war so morsch, dass in ihm kein Fischer mehr hinausgefahren wäre. Knirschend fuhr er auf den Uferkies. Einer der Männer half, das Boot auf das feste Land zu ziehen. Ained wechselte mit ihm ein paar Worte, dann ging er am Ufer entlang auf das Dorf zu. Er war barfuß und trug nichts bei sich, keine Werkzeuge, keine Waffen, nicht einmal einen Beutel. Über seine linke Wange lief eine frische Narbe, wie sie die Männer manchmal haben, wenn sie so zornig werden, dass sie mit Messern kämpfen.

Als er am Schöpfplatz vorbeiging, an dem Arwa mit dem Wasserkrug stand, hielt er inne und grüßte sie.

„Bleibst du nun hier?", fragte die junge Frau.

„Ich gehe wieder zu Lugran. Ich will lernen, wie man gießt."
„Weißt du noch nicht, wie man das macht?"
„Ich weiß noch gar nichts. Ich habe ein paarmal zugesehen und am Blasebalg geholfen. Das ist alles."
Arwa bückte sich und er hob ihr den Krug auf den Kopf. Nebeneinander gingen sie auf die Siedlung zu. Die jungen Männer, die auf dem Dorfplatz standen, sahen erstaunt hin. Als sie erkannten, wer gekommen war, näherten sie sich – wachsam und ein wenig verwirrt.
Ained grüßte, als ob er den Ort vor wenigen Tagen verlassen hätte. Doch als sie ihn auszufragen begannen, woher er gekommen sei und was er hier machen wolle, schüttelte er den Kopf und ging an ihnen vorbei auf das Gießerhaus zu. Lugran stand auf der Schwelle zur Werkstatt und schien ihn schon zu erwarten.

Ained blieb den ganzen Sommer im Gießerhaus. Arwa begegnete ihm manchmal, wenn sie Noira frisch gefärbte Wolle brachte. Eine Gelegenheit, mit ihm zu reden, ergab sich aber nicht. Er arbeitete fast Tag und Nacht mit Lugran zusammen. Die beiden alten Gesellen waren schon am Ende des Winters weggegangen. Der Vater des einen war gestorben und der Sohn war ins Dorf zurückgekehrt, um seinen Platz einzunehmen.
„Auch der andere hat beschlossen, früher aufzubrechen", erzählte Noira, als Arwa mit frisch gefärbter Wolle zu ihr in den Wohnraum trat. „Er will das Ende der Lehrzeit noch nutzen, um bei anderen Gießern Erfahrungen zu sammeln. Sein Abschied hat mir nicht gefallen. Er hätte mir noch etwas im Haushalt helfen können. Ained hat keine Zeit."
Arwa ging zur Gießerfrau und legte ihr die Wollstränge in die Hände. Dann wandte sie sich dem kleinen Kind zu, das Noira auf dem Rücken trug. Sie fuhr mit der Hand über die feinen Haare.
„Bist du froh, dass es ein Mädchen ist?", fragte sie die Frau.
Noira nickte. Wie schwer es ihr gefallen war, ihren zweiten

Sohn zu Verwandten zu geben, davon hatte sie Arwa noch nichts erzählt.

„Ist es wahr, dass Lugran keine neuen Gesellen mehr nimmt?", erkundigte sich Arwa weiter. „Sie könnten dir doch ein wenig auf dem Feld helfen."

„Lugran sagt, die Zeit mit Ained sei ihm zu wichtig, als dass er sich noch um Gesellen kümmern wolle. Sie sei so kurz. Im nächsten Jahr kommt Tarin zurück."

„Geht Ained dann weg?"

„Ja. Er muss gehen."

„Wohin?"

„Wer weiß, wohin?", seufzte die Gießerfrau. „Er wird nach einem Zeichen fragen und uns dann verlassen."

Arwa verstand nicht, was Noira empfand, wenn sie von Ained sprach, doch etwas störte die Gießerfrau. War sie traurig, dass der junge Mann bald einmal das Haus verließ? Oder war sie unzufrieden, weil man auch bei ihm nie wusste, was als Nächstes geschah? Es war offensichtlich, dass der Gießer mit ihm umging wie mit einem jüngeren Bruder, nicht so streng und abweisend wie mit einem Gesellen. Vielleicht war Noira damit nicht einverstanden?

„Er wird uns verlassen", fuhr die Gießerfrau fort. „Er wird immer einsam sein. Wie Lugran auch." Ihre Stimme klang nun wirklich traurig.

„Wenn du Hilfe brauchen kannst, komme ich vorbei", erwiderte Arwa entschlossen. „Die Aussaat des Getreides ist vorüber und auch die Bohnen liegen im Acker. Ich habe wieder Zeit."

Noira lächelte. Sie setzte sich schwerfällig neben dem Feuer hin. „Ich werde langsam alt", sagte sie, wie um sich zu entschuldigen. Sie löste das Stofftuch und hob Merai in ihren Schoß.

„Vielleicht könntest du mir manchmal Wasser holen", fuhr die Gießerfrau fort. „Das wird mir oft zu viel. Ich möchte nicht Ained fragen, weil ich weiß, wie schnell die Frauen über einen Mann lachen, der mit dem Wasserkrug am Seeufer steht."

„Sicher hole ich für dich Wasser", gab Arwa zurück, erstaunt, dass Aineds Ruf für Noira plötzlich wichtig war.

Doch viel war geschehen in der Zwischenzeit, auch bei ihr selbst. Wie war sie früher zornig gewesen, wenn Noira den fremden Jungen grob behandelt hatte; doch nun mochte sie die Gießerfrau, selbst wenn sie nicht immer verstand, was diese wollte oder warum sie sich anders als die anderen Frauen verhielt. Sie war die beste Töpferin im Dorf und hatte ihr lange Zeit geduldig gezeigt, wie man die Schalen und Becher formt und verziert. Sie war nicht böse geworden, selbst wenn sie Fehler bemerkt hatte.

Arwa bekam plötzlich wieder Lust, zu ihr zu gehen und von neuem zu lernen. Mutter würde es zwar nicht gerne sehen, doch daran ließ sich nicht viel ändern.

Arwa bemerkte bald, dass sie nicht die Einzige war, die sich dafür interessierte, was in der Gießerwerkstatt geschah. Fast jedes Mal, wenn sie mit einem gefüllten Wasserkrug zu Noira ging, sah sie draußen vor der Werkstatt eine Schar Kinder stehen. Dies war erst seit Aineds Rückkehr so.

Die Kinder schienen fast jeden Schritt des jungen Gießers zu verfolgen. Wenn er im Dorf etwas besorgte, liefen sie ihm nach. Die Werkstatt aber durften sie nicht betreten. So schoben sie das Tuch zur Seite, das den Eingang verschloss, und saßen in einer dichten Traube auf der Schwelle. Manchmal tuschelten sie leise.

Arwa beneidete die Kinder, weil sie unbeschwert zusehen konnten, womit sich Lugran und Ained beschäftigten. Sie selbst fand keine Möglichkeit, ihre Neugier zu stillen. Ohne eingeladen zu werden, wollte sie den Raum nicht betreten. Es gehörte sich nicht. Sie war nun erwachsen.

Auch im Gespräch der jungen Frauen tauchte Aineds Name plötzlich auf. Alle fragten sich, wo er gewesen sei und warum er eine Narbe auf der Wange trage. Sogar auf Neisin Turams Hof schien man von seiner Rückkehr gehört zu haben.

„Mein Vater hat davon erzählt", erklärte Ersa eines Tages, als sie mit den anderen Frauen am See Wasser holte. „Der Herr hat ihn gefragt, ob er wisse, wie lange Ained noch bei Lugran bleibe. Er brauche einen Gießer bei sich auf dem Hof und der Fremde würde ihm gefallen. Er kann sich noch immer an ihn erinnern. Er hat ihn doch gerettet, damals im Dorf in den Bergen."

Schweigend ging Arwa mit Nairda an der Tochter des Dorfältesten vorbei und stellte das Schöpfgefäß ins Wasser. Sie ließ sich die Aufregung nicht anmerken, die Ersas Worte bei ihr ausgelöst hatten. War das Neisin Turam wirklich ernst? Lugran fertigte doch sonst die Bronzegegenstände für ihn an und besondere Dinge erhielt er von seinem Schwager am Langen See oder von den durchreisenden Händlern. Würde Ained ein solches Angebot annehmen, an den Hof beim Drachenberg gehen und so in der Nähe ihres Dorfes bleiben? Warum hatte Noira nichts davon gewusst?

Arwa war sich nicht sicher, ob sie sich über diese Neuigkeit freuen sollte oder sich eher davor fürchtete. Sie hatte Ained gern. Seit sie ihn in den Träumen gesehen hatte, hatte sie sich sogar manchmal vorgestellt, wie es wohl wäre, einmal mit ihm zusammenzuleben. Doch möglich war es nicht. Mutter würde nie einer Hochzeit mit einem Fremden zustimmen. Und wer wusste, was Ained von ihr hielt? Zwar war er bei seiner Ankunft am Ufer auf sie zugegangen und hatte mit ihr geredet, doch dies war das einzige Mal gewesen, dass sie alleine mit ihm gesprochen hatte. Jetzt sah sie ihn nur noch gelegentlich im Wohnraum neben Lugran sitzen und kurze Grüße waren alles, was sie tauschten. Arwa war darüber enttäuscht, doch es tröstete sie, dass er auch mit anderen jungen Frauen nicht sprach. Vielleicht hielt er nichts von ihnen und er wollte allein sein wie Fern, von dem es hieß, dass keine Frau es lange in seiner Nähe ausgehalten habe.

„Das Gefäß ist voll", unterbrach Nairda schüchtern ihre Gedanken.

Arwa zuckte zusammen. Schnell hob sie den Wasserkrug aus dem See. Sicher würden die anderen Frauen über sie lachen. Doch diese standen noch immer bei Ersa und hörten ihr eifrig zu.

„Ich habe früher gedacht, dass er nicht richtig kämpfen kann", redete die Tochter des Dorfältesten weiter. „Doch an der Narbe habe ich gleich gesehen, dass er nicht so schwach ist, wie es die anderen Burschen immer sagen. Er ist auch umgänglich und freundlich geworden, zumindest mit Erun und mir." Nun blickte sie zu Arwa hinüber. „Weißt du wirklich nicht, wo er gewesen ist? Du hast doch bei seiner Ankunft mit ihm gesprochen. Ich habe es gesehen."

Arwa hatte Nairda geholfen, den kleineren Krug auf den Kopf zu heben. Bei Ersas Worten fuhr sie herum. Was wollte diese plötzlich von ihr? Sonst sprachen sie auch nicht miteinander! Doch ausweichen konnte Arwa der Frage nicht, denn alle Frauen blickten sie nun neugierig an.

„Ained hat mir nichts davon erzählt, wohin er gegangen ist", entgegnete sie abweisend. Eine unangenehme Stille entstand. Ersa maß sie mit einem bösen Blick.

„Sicher hat er viel erlebt", versuchte Earna die Spannung zu entschärfen. „Das sieht man ihm an. Und schöner ist er auch geworden. Ob er wohl beim nächsten Frühlingsfest tanzt?"

Die Tochter des Dorfältesten wandte sich von Arwa ab und blickte wieder die anderen Frauen an. „Sicher wird er tanzen", entgegnete sie bestimmt. „Von Lugran erzählen sich die alten Leute, dass er früher immer im Kreis gestanden hat und die Frauen sich um ihn gestritten haben. Es bringt Glück, die Nacht mit einem Gießer zu verbringen." Stolz sah sie um sich. „Ich werde Ained beim nächsten Frühlingsfest wählen. Ich habe mehr Recht auf ihn als ihr. Ich bin Foirgans Tochter."

Arwa, die zuerst wortlos zugehört hatte, konnte nicht mehr an sich halten. „Was hat das mit dem Frühlingsfest zu tun, dass du Foirgans Tochter bist? Dort haben alle das gleiche Recht."

„Du willst den Gießer wohl für dich?", gab Ersa mit einem

spöttischen Lächeln zurück. „Gehst du darum zu Noira, damit du ihn sehen kannst? Ich habe lange vor dir bemerkt, dass aus ihm einmal etwas Besonderes wird. Für dich ist er viel zu gut."

Arwa wurde rot. Doch als sie etwas erwidern wollte, schnitt ihr Ersa das Wort ab. „Wer bist du schon. Ihr habt ja nichts als eine alte Kuh und Igrain schlägt Steine für die armen Leute."

Das war zu viel. Arwa nahm ihr volles Gefäß und warf es der Spötterin vor die Füße. Es zerbarst mit einem lauten Klang und durchnässte die Rocksäume der Frauen, die näher gekommen waren, um den Streit anzuhören. Keine von ihnen sagte ein Wort. Sie sahen sich nur erschrocken an.

„Komm", sagte Arwa zu Nairda. „Wir gehen."

Nairda folgte ihr verschüchtert. „Was wird Daigra sagen?", fragte sie bange, als sie die ersten Häuser erreichten.

„Nichts", sagte Arwa kurz angebunden. Sie war noch immer zornig, doch wenn sie an ihre Mutter dachte, war auch ihr nicht wohl zu Mute. Es war das beste Wassergefäß gewesen, das sie besessen hatten. Igrain aber ließ sie nicht beleidigen! Er war nicht weniger wert als Foirgan, nur weil er keine Stiere für das Opfer mästen konnte. Und dann – was ging die blöde Ziege Ained an? Was wusste sie schon von ihm? Sie hatte früher immer schlecht über ihn geredet und erst jetzt, seit die anderen Frauen ihn bewunderten, tat sie ihm schön. Überhaupt – sicher ging er gar nicht zum Fest, so wie Lugran auch. Sie hatte es sich zwar gewünscht, ihn an Darnais Fest zu sehen, doch wenn sie an Ersa dachte, war es ihr lieber, wenn er nicht käme.

Daigra war erstaunt, als Arwa ohne Krug den Raum betrat und auch der Ausdruck in Nairdas Gesicht nichts Gutes verhieß. „Was ist geschehen?", fragte sie. „Ist Arwa krank, dass sie das Wassergefäß nicht tragen kann?"

„Arwa kann nichts dafür", verteidigte sie Nairda hastig. „Ersa hat über Igrain gespottet. Sie hat gesagt, er sei nichts wert, nur weil er keine Stiere hat. Da hat Arwa den Krug vor Ersas Füßen zerschlagen."

„Ist das wahr?"

Arwa nickte: „Sie sagt, wir seien arme Leute, weil Igrain Steine schlägt. Dabei brauchen doch alle im Dorf seine Geräte, wenn sie Feuer machen wollen, sogar die Frauen in Foirgans Haus."

Nachdenklich musterte Daigra ihren Mann. Er saß neben dem Feuer, ein Stück Bergkristall in der Hand, von dem er scharfe Spitzen abzuschlagen versuchte. Igrain blickte nur kurz auf und zuckte die Schulter. „Was willst du schon machen, wenn es Leute gibt, die so denken", sagte er zu Arwa gewandt. „Ich würde mich schämen, so über andere zu reden. Doch Foirgans Tochter kann es sich erlauben."

„Es ist nicht das erste Mal, dass sie schlecht von uns redet", fiel nun Daigra ein. „Seit Arwa zur Noira geht, spottet sie über uns."

„Was geht sie das an?" Wieder spürte Arwa den Zorn in sich aufsteigen. „Wir lassen sie auch in Ruhe. Warum nicht sie uns auch?"

Nun wurde Daigras Gesicht hart. „Ich sehe es nicht gern, wenn du Noira besuchst, und doch gehst du immer wieder zu ihr", entgegnete sie scharf. „Wir haben nichts im Gießerhaus zu suchen. Die Menschen dort leben in einer anderen Welt. Ich will nicht, dass du wirst wie sie."

Arwa wich erschrocken zurück. Wortlos ging sie zum Webrahmen hinüber und begann, die Wollfäden zu teilen. Wenn die Mutter so entschieden sprach, war jeder Versuch, sie umstimmen zu wollen, aussichtslos.

„Warum gehst du überhaupt zu ihnen?", rief ihr die Mutter nach. „Was lernst du dort, das du später einmal brauchst, um deine Familie zu versorgen? Dort beginnst du nur, dich für etwas Besseres zu halten. Hörst du nicht, wie die Frauen hinter unserem Rücken tuscheln? Ersa sagt, du seiest hochnäsig geworden, und sogar Saima rätselt darüber, was du dort machst."

Arwa biss sich auf die Lippen. Ausgerechnet Ersa, die bei jeder Gelegenheit betonte, dass sie die Tochter des Dorfältesten war. Doch es blieb ihr keine Zeit, sich in Gedanken länger mit

Ersa zu beschäftigen. Die Lage war wirklich ernst. Daigra hatte Angst und Arwa wusste nun warum. Wenn sogar die verheirateten Frauen zu klatschen begannen, wurde es ungemütlich. Doch einfach nachgeben wollte sie nicht. Im Gießerhaus geschah nichts, vor dem man sich fürchten musste!

„Warum sagst du nichts?", rief Daigra böse. „Siehst du nicht, was geschieht? Du kümmerst dich nicht mehr um die anderen Frauen im Dorf und bringst sie so gegen uns auf. Und dann wirfst du noch Ersa ein Wassergefäß vor die Füße. Bist du verrückt geworden? Du weißt doch, wie viel ihre Familie zu sagen hat."

Müde ließ Arwa das Webschwert sinken. Ihre Hoffnungen zerrissen wie ein Stoffstück, das aus schlecht gedrehten Fäden gewoben ist. Es hatte alles keinen Sinn. Daigra würde sich von ihr nicht mehr umstimmen lassen. Nun würde sie nie lernen, wie Noira die Tonschalen brannte, sie würde nie erfahren, was Ained in den Ostbergen erlebt hatte.

Doch – wenn für Daigra die Meinung der anderen Frauen im Dorf so wichtig war, warum achtete sie dann nicht mehr auf Igrains Ruf? Warum ließ sie zu, dass Ersa ihn verspottete?

„Lass sie", hörte Arwa Igrains Stimme. „Ich bin wirklich nicht mehr als ein einfacher Steineklopfer. Doch ihr gehört zu den alten Familien und müsst euch doch solches von Foirgans Tochter nicht sagen lassen. Arwa hat Recht. Wenn sie sich nicht wehrt, so werden wir bald Schlimmeres zu hören bekommen – selbst dann, wenn sie nicht mehr zu Noira geht. Ich weiß von Madrin, dass Ersa deine Tochter nicht mag. Das ist nicht nur wegen den Gießern. Arwa hört nicht zu, wenn Ersa ihren Klatsch erzählt, und bewundert sie nicht, nur weil sie die Tochter des Dorfältesten ist. Das ist alles."

„Trotzdem will ich nicht, dass Arwa zu Noira geht."

„Das musst du selbst wissen. Da mische ich mich nicht ein."

Igrains Worte hatten Arwa wieder Mut gegeben. Sie blickte Daigra entschlossen ins Gesicht.

„Ich habe Noira versprochen, ihr manchmal Wasser zu holen", erwiderte sie fest. „Sie braucht auch meine Wolle, damit sie die Beutel flechten kann. Was ich ihr versprochen habe, will ich halten!"

Daigra blickte nochmals zu Igrain hinüber, doch der war wieder mit seinen Kristallen beschäftigt und tat so, als achte er nicht mehr auf das Gespräch.

So zuckte sie die Schultern: „Wenn du es versprochen hast, lässt sich das nicht ändern. Trotzdem gefällt es mir nicht. Ich brauche dich zum Jäten im Acker und auch die Wolle wartet darauf, versponnen zu werden. Wie soll sonst Arduns Umhang bis zum Winter fertig sein?"

Arwa wandte sich wieder um und arbeitete am Webrahmen weiter. Sah Daigra nicht, dass sie all dies wusste und darum oft bis spät in den Abend hinein am Feuer spann? Auch auf dem Weg zum Feld hatte sie immer die Spindel und die Wolle bei sich. Sogar die Kettfäden waren schon auf den Rahmen gespannt. Sie war ja auch stolz darauf, wenn ihr Bruder in einem neuen Kleid das Herbstopfer feiern konnte. Sah Daigra das nicht?

Trotz der vielen Arbeit auf dem Acker wurde der Umhang für Ardun rechtzeitig vor dem Herbstfest fertig. Die Speicher waren voll mit Getreide und im Dachraum der Häuser trockneten die gesammelten Pflanzen. Der Sommer war ungewohnt warm gewesen und die Ernte überraschend gut ausgefallen.

Gemeinsam dankten die Dorfbewohner mit einem großen Opfer den Göttern für ihren Schutz. Über den Häusern lag der Duft gebratenen Fleisches und frischer Brote. Überall standen Krüge mit dem für das Fest gebrauten Bier.

Verwandte besuchten einander, tauschten Geschenke und erzählten sich Geschichten über das vergangene Jahr. Obwohl Arwa von Noira eingeladen worden war, ging sie nicht hin, sondern half Daigra, das Essen für die vielen Gäste vorzubereiten. Zusammen mit Ardun besuchte sie nur die Nachbarn.

Marna dankte immer wieder dafür, dass sie so gut für Nairda sorgten. „Wenn es für euch zu schwierig wird, kann sie wieder zu uns zurückkommen", beteuerte sie. „Wir haben Platz. Kira ist ja nicht mehr da." Unvermittelt begann die Frau zu weinen. Arwa erinnerte sich an das Gespräch mit ihrer Freundin, damals, als diese ihr den Armreif gegeben hatte. Sie dachte daran, wie hart Marna damals mit ihrer Tochter gewesen war. Es war reichlich spät, nun über Kiras Tod zu trauern. Sie wollte ihr dabei nicht helfen.

Auch in der Zeit nach dem großen Herbstopfer brachte Arwa fast jeden Tag Wasser ins Gießerhaus. Sie sprach mit Noira jedes Mal ein paar Worte. Doch meistens blieb sie nicht lange. Sie dachte an Daigra und an den Klatsch, der über sie verbreitet werden würde, wenn sie zu häufig dort blieb. So flocht sie am Abend Matten aus Binsen oder besuchte die anderen jungen Frauen im Dorf, um gemeinsam mit ihnen die neue Wolle zu verspinnen. Arwas Auseinandersetzung mit Ersa hatten die meisten schon vergessen, wenn auch die Tochter des Dorfältesten selbst ihr sicher nichts vergab.

An einem dieser Abende kam Arwa später als sonst ins Gießerhaus. Erstaunt bemerkte sie, dass Noira sie im Eingang erwartete und ihr half, das Wasser in den Behälter zu gießen, der neben der Türe stand.

Sie hatte den Eindruck, dass die Gießerfrau hoffte, sie würde gleich gehen. Das war anders als sonst.

Arwa wusste, Lugran undAined hatten in den letzten Tagen gegossen. Es musste etwas Besonderes gewesen sein, denn sie hatten sich länger als sonst vorbereitet. Vielleicht hing Noiras Verhalten damit zusammen? Da hörte sie vom Innern des Raumes her Lugrans Stimme: „Lass nur. Arwa ist immer willkommen."

„Er will sonst keine Leute sehen", erklärte Noira entschuldigend. „Er hat gegossen. Sie sind mit dem Schwert in der Nacht fertig geworden."

Ein Schwert! Arwa wusste, wie schwierig es war, ein solches zu gießen. Es war nur möglich, wenn sich zwei Gießer so gut verstanden, dass nicht der kleinste Fehler geschah. Noira hatte es ihr einmal erzählt, als Arwa sie wegen Neisin Turams Schwert ausgefragt hatte.

Zögernd betrat sie den Raum. Lugran saß beim Feuer. Er hielt das Schwert in der Hand und schliff die letzten Unebenheiten weg. Dann begann er, die Klinge zu polieren.

Ained kauerte neben ihm und bohrte mit einer feinen Ahle ein Loch in eine große Bernsteinkugel, die sicher später den Knauf des Schwertes zieren sollte. Gebannt sah Arwa den beiden zu. Lugran hob den Kopf und deutete mit der Hand auf die gegenüberliegende Seite der Feuerstelle.

Arwa setzte sich hin. Merai kam auf sie zugekrochen und hielt sich an ihrem Kleid fest, wie wenn sie nicht wollte, dass sie wieder gehe. Arwa hob das Kind zu sich auf den Schoß. Dann verfolgte sie weiter die Arbeit der beiden Gießer. Im Raum lag der feine Duft von Kiefernholz vom letzten Opfer für den Feuergott. Die Scheite auf dem Herd knisterten. Lugran legte das Poliertuch zur Seite. Er hob das Schwert und ließ den Schein der Flammen auf der Klinge wandern. Auch Noira verfolgte die Bewegung.

„Neisin Turam kommt selbst, um das Schwert zu holen", sagte sie.

„Aber er hat doch schon ein Schwert", unterbrach Arwa erstaunt.

„Er will es Eogain schenken."

„Eogain? Ist er wieder auf dem Hof?"

„Neisin Turam hat ihn vor kurzem in den Bergen gefunden. Lugran weiß darüber mehr."

Der Gießer legte das Schwert neben sich auf ein Tuch. „Neisin Turam hat mir die Geschichte erzählt, als ich auf seinem Hof war, um mit ihm den Auftrag zu besprechen", begann er. „Durch Zufall ist er bei einer Jagd auf Eogain gestoßen. Dieser hat für ein kleines Bergdorf die Schafe gehütet und dabei in einer Felsspalte gelebt. Sie haben ihn zuerst kaum erkannt, so sehr hatte er sich verändert. Er war bis auf die Knochen abgemagert und hatte wilde, verfilzte Haare. Doch er hat klar geredet und so hat Neisin Turam ihn gebeten, auf den Hof zurückzukommen."

„Eiren Taina hat ihm eine neue Frau ausgesucht und Neisin Turam will ihm das Schwert zur Hochzeit schenken", fügte Noira hinzu. „Auch Kiras Kind lebt nun wieder bei ihm."

Arwa hörte unbewegt zu; sie war seit Kiras Tod nicht mehr zum Hof gegangen und würde es auch in Zukunft nicht tun.

„Hast du Eogain gemocht?", fragte Ained unerwartet.

„Ja", entgegnete sie nach einem kurzen Zögern. „Es hat mich beeindruckt, wie er zu Kira gehalten hat und sich selbst von Neisin Turam nicht einschüchtern ließ."

„Er ist auch ein guter Jäger." Ained lächelte plötzlich. „Schade. Ich habe keine Zeit mehr, mit dem Bogen zu üben. Ich treffe schon lange nicht mehr so genau wie früher." Dann blickte er Arwa direkt in die Augen. „Ich brauche wohl einmal eine Frau, die sich selbst wehren kann. Und wandern können muss sie auch."

Arwa wurde verlegen. Warum starrte Ained sie bei diesen Worten so unverwandt an? Wollte er ihr damit sagen, dass er wünschte, sie würde mit ihm kommen? Aber warum tat er dies so offen vor Noira und Lugran? Sie senkte den Blick.

Noira bemerkte ihre Verlegenheit. Die Gießerfrau stand auf und kam mit einem feinen Becher zurück, der mit goldgelben Strohhalmen verziert war: „Du hast mir viel geholfen. Ich möchte ihn dir schenken."

Arwa nahm den Becher in die Hand. Es war eines der Gefäße, die Noira besonders gut gelungen waren. Die Oberfläche war überall völlig eben und glänzend schwarz. Sie strich mit dem Finger über den fein ausgearbeiteten Rand, über das gelbe Stroh und die weiß eingelegten Muster.

Dann stellte sie den Becher sorgfältig auf den Rand der Feuerstelle, hob Merai aus ihrem Schoß und stand auf.

„Der Becher gefällt mir schon", sagte sie. „Aber ich möchte ihn nicht mit mir nehmen."

Sie hätte gerne erklärt, warum, doch sie wusste nicht wie. Wie sollte sie sagen, dass sie Daigras Zorn fürchtete?

Die Gießerfrau sah sie nur traurig an. Lugran aber beugte sich zu Ained hinüber und nahm die Bernsteinkugel aus seiner Hand. Er hob sie vor seinen Augen hoch, um das Bohrloch zu prüfen. In diesem Augenblick fiel das Holz des Herdfeuers in sich zusammen. Doch statt zu verlöschen, wurden die Flammen unerwartet größer. Ihr Schein traf die Kugel und diese begann, zwischen Lugrans Fingern zu leuchten. Wie gebannt blickte Arwa die Kugel an. Ihre Hand legte sich wie von selbst auf die Perle, die noch immer an der Schnur um ihren Hals hing. Der Gießer folgte ihrer Bewegung mit den Augen. „Es sind die Tränen der Göttin, die am Ufer des großen Wassers liegen und dort von den Menschen gefunden werden", sagte er. „Anai hat die Welt erschaffen und war doch allein."

Im Raum wurde es still. Das warme Licht des Bernsteins erfüllte alles und sogar Merai blickte die Kugel mit großen Augen an. Da hörte Arwa hinter sich ein plötzliches Schluchzen. Noira stand neben dem Stützpfosten des Daches, bewegungslos, Tränen liefen ihr über das Gesicht. Sie sah nicht den Bernstein an, sondern Lugran, ihren Mann. Ihre Tränen glitzerten im Schein des Feuers. Nichts war zu hören außer dem Knistern des Holzes. Mit einem plötzlichen Entschluss nahm Arwa ihre Bernsteinperle, ging auf Noira zu und legte ihr die Schnur um den Hals. Die Gießerfrau schien zuerst erstaunt, dann hob sie die Hand und fuhr ihr fast scheu über das Haar. Lugran hatte die Bernsteinkugel neben sich hingelegt und verfolgte wortlos, was geschah.

Arwa kehrte zur Feuerstelle zurück, beugte sich nieder, nahm Noiras Becher und schob ihn zwischen die Falten ihres Kleides. Dann stand sie auf und verließ den Raum. Sie bemerkte das Lächeln nicht, mit dem Ained ihr folgte.

18. Mondnacht

Am nächsten Morgen, beim Wasserholen, sah Arwa die Frauen am Seeufer wieder bei Ersa stehen. Als sie näher kam, verstummte Foirgans Tochter, wie wenn sie nicht wollte, dass Arwa sie verstand. Diese ging wortlos zum Ufer, stellte ihr Gefäß ins Wasser und sah zu, wie es sich füllte. All das, was sie am vergangenen Abend erlebt hatte, beschäftigte sie so, dass es ihr gleichgültig war, worüber sich Ersa mit den anderen Frauen unterhielt.

Sie musste wieder an Noiras Tränen denken und daran, dass Lugran ihr nicht geholfen hatte. War die Gießerfrau darum manchmal so hart? Auch Ained hatte sich nicht bewegt, obwohl er Noiras Tränen sicher gesehen hatte. Doch mit ihr hatte er geredet und deutlich gezeigt, dass er sie mochte. Was hatte er gemeint, als er sagte: „Und wandern können muss sie auch?"

Dachte er wirklich, sie würde einmal mit ihm das Dorf verlassen? Wie stellte er sich das vor? Dachte er, Daigra und Igrain würden ihre Einwilligung geben, wenn er kam und um sie warb? Vielleicht war es möglich, wenn das, was Ersa sagte, richtig war und er an Neisin Turams Hof ging, um dort zu gießen. Doch einfach würde es trotzdem nicht werden. Daigra war am vergangenen Abend wütend geworden, nur weil sie den Becher angenommen hatte.

„Geschenke sind nie umsonst", hatte die Mutter geschrien. „Noira will etwas von dir. Bring ihn zurück."

Sie hatte sich zum ersten Mal wirklich geweigert und die Mutter war noch zorniger geworden. Hätte Arwa sich nicht gewehrt, so hätte sie ihr den Becher aus der Hand gerissen und zerschlagen. Die Nacht war unruhig gewesen. Sogar Ardun hatte mit ihr gestritten. Niemand hatte viel geschlafen.

Der Krug war voll. Arwa hob ihn aus dem See und stellte ihn vor sich auf den Boden. In der Nähe hörte sie die Frauen leise lachen. Sie versuchte, nicht darauf zu achten, doch als sie Aineds Namen fallen hörte, horchte sie trotzdem auf.

„Wie dumm er doch ist", vernahm sie Ersas Stimme. „Ich habe gedacht, er ist geschickter. Was soll ich mich nun um ihn kümmern? Was soll ich mit ihm am Frühlingsfest tanzen? Er wird doch nie ein Gießer."

„Warum wird er kein Gießer?", fragte eine der umstehenden Frauen. „Er lernt doch alles. Lugran zeigt ihm auch Dinge, die keiner der Gesellen weiß. Er hat mit ihm sogar ein Schwert gegossen. Ich habe es gesehen. Neisin Turam ist gekommen, um es zu holen."

Ersa schüttelte den Kopf und schielte dabei zu Arwa hinüber. Da wusste diese, dass Foirgans Tochter nur auf sie gewartet hatte, um das, was nun folgen würde, zu erzählen.

„Das weiß ich selbst auch. Ich weiß aber auch, dass man nicht einfach so Gießer werden kann. Alle großen Dörfer haben schon eine Werkstatt und in den kleinen Orten kann man von dieser Arbeit nicht leben. Bei Ained habe ich gedacht, dass er zu Neisin Turam geht. Der will den Fremdling wirklich bei sich. Der Herr hat meinen Vater nochmals gefragt. Ained könnte mächtig werden und reich. Aber er denkt nicht einmal daran."

„Woher weißt du das?", fragte Arwa unbedacht scharf. Alle wandten sich erschrocken zu ihr um. Nur Ersa lachte spöttisch.

„Ich habe ihn gefragt. Er hat gesagt, dass er das gar nicht will. Sobald Tarin zurückkommt, geht er weg. Dabei könnte er sogar Lugrans Nachfolger werden, wenn ihm Neisin Turam nicht gefällt. Da bin ich sicher. Der Gießer hält viel von ihm, mehr als von seinem eigenen Sohn. Ained könnte Tarins Abwesenheit ausnützen, um Lugran umzustimmen. Doch er geht nun einfach weg. Dabei weiß er nicht einmal wohin. Dieser Dummkopf."

Sie blickte Arwa herausfordernd an, als ob sie nur darauf warten würde, dass diese ihr den neuen Wasserkrug vor die Füße warf. Doch obwohl Arwa enttäuscht war zu hören, dass

Ained nicht zu Neisin Turam gehen wollte, musste sie plötzlich lachen. Wie einfach Ersa war. Sie suchte einen Mann, mit dem sie bei den anderen Frauen angeben konnte, selbst dann, wenn es nur für das Frühlingsfest war. Das war alles. Wortlos hob sie das Wassergefäß hoch. Giftig starrte Foirgans Tochter sie dabei an. Ohne dies zu beachten, kehrte Arwa ins Dorf zurück.

Von diesem Tag an ging Arwa Ersa aus dem Weg. Sie wusste, es brauchte nur noch wenig, damit eine offene Feindschaft entstand, und dies konnte sie sich nicht leisten. Daigra hatte ihr gedroht, sie aus dem Haus zu werfen, wenn sie noch mehr Unfrieden ins Dorf bringen würde. Was würde sie dann tun? Zu wem könnte sie gehen? Allein konnte niemand leben und eine der Dienerinnen von Eiren Taina werden, das wollte sie nicht. Arwa wusste aber auch, dass sie sich bei einer weiteren Auseinandersetzung mit Ersa nicht mehr würde zurückhalten können. So wich sie ihr aus, selbst wenn damit allen klar wurde, welche Spannungen zwischen ihnen bestanden.

Vielen der jungen Frauen aber gefiel es, dass wenigstens jemand Ersa die Stirne geboten hatte. Sie trauten sich nicht, offen auf Arwas Seite zu stehen, doch sie luden sie nun häufiger als früher ein, wenn sie gemeinsam am Abend Wolle spannen. Alle jungen Frauen arbeiteten darauf hin, genug Stoffe als Mitgift mitbringen zu können, wenn sie heirateten und in eine andere Familie zogen.

So saßen sie im Winter zusammen am Feuer, drehten den Faden und erzählten sich Geschichten. Sie redeten über das Fest der Göttin, darüber, welche Männer in den Dörfern noch nicht verheiratet waren und wer ihnen am besten gefiel. Auch Arwa saß zwischen ihnen und spann. Doch an den Gesprächen über die jungen Männer mochte sie sich nicht beteiligen.

„Du sagst wohl nichts, weil du keinen Bauer, sondern einen Gießer willst", neckte sie eines Tages eine der Frauen. „Gehst du zu Noira, weil du Tarin magst und von ihm Nachrichten erhoffst?"

Arwa erschrak. Daran hatte sie noch nie gedacht, dass die anderen ihre Besuche so verstehen könnten. Ganz plötzlich erinnerte sie sich, dass auch Noira immer wieder von Tarin gesprochen hatte, wenn sie etwas länger im Gießerhaus geblieben war. Wünschte diese sie als Schwiegertochter in ihrem Haus? War dies der Grund, dass sie ihr gezeigt hatte, wie die Teller hergestellt werden konnten? Vielleicht hatte die Mutter also doch Recht, wenn sie sagte, dass Noiras Geschenk Hoffnungen verbarg? Sie selbst hatte geglaubt, die Gießerfrau möge sie gut und habe ihr dafür danken wollen, dass sie ihr das Wasser brachte. Vielleicht erhoffte Noira aber wirklich mehr von ihr? Arwa schüttelte den Kopf. Nein, das konnte sie nicht glauben. Sie mochte die Gießerfrau. Es würde ihr sogar gefallen, zusammen mit ihr im gleichen Haus zu leben. Nur – es war Ained und nicht Tarin, den sie gern hatte. Das allerdings hatte offensichtlich nur Ersa begriffen. Für die anderen war es selbstverständlich, dass sie einen Mann suchte, der für eine Familie sorgen konnte und an einem Ort lebte, wo es Verwandte gab.

„Tarin hat sich noch nie groß um Frauen gekümmert", unterbrach Earna ihre Gedanken. „Doch du würdest ihm vielleicht gefallen. Er mag Leute, die mutig und entschlossen sind."

„Wer weiß, ob er nicht jemanden findet, dort am Langen See?", rief eine andere Frau und legte Arwa die Hand auf die Schulter. „Einen Gießer jedenfalls möchte ich nicht als Mann. Schaut euch doch Noira an. Alle haben vor ihr Angst, weil Lugran zaubern kann. Ich möchte nicht, dass du wirst wie sie."

Arwa blickte traurig auf den Boden. Wie konnte sie Noira verteidigen? Sie wusste gut genug, dass man die Gießerfrau genau kennen musste, um zu sehen, wer sie in Wirklichkeit war.

„Du gleichst ihr schon jetzt ein bisschen", fiel Saimas Tochter ein. „Du bist gar nicht mehr so lustig wie früher."

„Lass sie in Ruhe", gab Earna zurück. „Daigra ist zornig, weil Arwa im Gießerhaus töpfern lernen wollte. Auch ich wäre unruhig, wenn ich mit meiner Mutter Streit hätte."

So ging das Gespräch weiter. Arwa hörte zu, ohne viel zu sagen. Doch Earna hatte schon Recht. Der Streit mit Daigra lastete schwer auf ihr. Trotz des Widerstands der Mutter ging sie aber weiter mit dem Wasser ins Gießerhaus und half Noira manchmal auch, wenn sie Mehl rieb oder sonst an einer anstrengenden Arbeit war. Über das Geschenk und Noiras Tränen hatten sie aber nie mehr gesprochen. Auch Ained hatte sie nicht fragen können, ob ihm Neisin Turam wirklich einen Platz als Gießer angeboten und er dies abgelehnt hatte. So wusste sie nicht, ob Ersa sie nur hatte ärgern wollen oder ob etwas Wahres an ihren Worten war.

An einem Abend beschloss Arwa auf dem Heimweg, Feirla zu besuchen, um mit ihr diese Fragen zu besprechen. Als sie durch den Eingang trat, lief Kalai auf sie zu. Bevor Arwa Madrin und seine Frau richtig grüßen konnte, zog das Kind sie in eine Ecke, um ihr das kleine Tonschälchen zu zeigen, das es zusammen mit seiner Mutter angefertigt hatte. Die Gefäße, die Feirla selbst getöpfert hatte, standen daneben. Sie waren sorgfältig gearbeitet, das bemerkte Arwa gleich.

„So gut wie Noira gelingen sie mir noch lange nicht", sagte die Frau des Jägers, als Arwa neben ihr am Feuer saß. „Und so gleichmäßig brennen wie sie – das ist mir erst recht nicht möglich. Ich bin beim Töpfern auch nicht so geübt wie du. Noira war sehr zufrieden mit deiner Arbeit. Es tut ihr Leid, dass du nicht mehr bei ihr lernst."

Arwa war bei Feirlas Lob zuerst ein wenig stolz geworden, doch bei den letzten Worten blickte sie niedergeschlagen ins Feuer. „Daigra will es nicht. Sie meint, ich brauche nicht zu wissen, wie die Gießerfrau die großen Schalen macht. Das nütze mir nichts. Später einmal würde ich Kinder haben und keine Zeit mehr für solche Dinge finden."

„Da hat sie Recht", gab Feirla zu. „Wenn du eigene Kinder hast, bist du den ganzen Tag auf dem Acker, kochst, spinnst Wolle und webst. Für schönes Geschirr bleibt nicht viel Zeit."

„Aber Noira macht es auch."

„Sie kann es, weil ihre Gefäße so schön verziert sind, dass sie sie eintauschen kann. Trotzdem arbeitet Noira mehr als alle anderen. Sie hat niemanden mehr, der ihr auf dem Acker hilft. Tarin und die Gesellen sind weggegangen und Ained ist immer mit Lugran zusammen und gießt."

Arwa dachte daran, wie Noira, die sich sonst nie beklagte, ihr dies einmal angedeutet hatte. Damals hatte sie nicht darauf geachtet. Vielleicht war dies auch gut, denn mehr helfen konnte sie der Gießerfrau nicht. Sie hatte selbst den ganzen Tag genug zu tun.

„Warum hilft ihr Lugran nicht?", fragte sie deshalb. „Er und Ained müssen doch auch essen. Dann ist noch das kleine Kind bei ihnen. Lugran hat es wirklich gern, das habe ich deutlich gesehen."

Feirla gab keine Antwort. Mit einem Aststück schob sie die Scheite des Herdfeuers zusammen, damit das Holz wieder besser brannte. Madrin kam durch den Raum, den Säugling im Arm, den Feirla mitten im Winter geboren hatte, und setzte sich auf der anderen Seite des Feuers. Arwa musterte ihn. Auch er war liebevoll mit seinen Kindern und kümmerte sich darum, was mit ihnen geschah.

„Du kannst Lugran nicht mit den anderen vergleichen", fiel der Jäger unerwartet ein. „Er geht Erads Weg. Wie viel er dabei zu essen bekommt, das kümmert ihn wenig."

Arwa dachte an den Hungerwinter, daran, wie Lugran an jenem Abend kaum etwas aus der Schale gegessen und sie gleich seinen Gesellen weitergegeben hatte.

„Aber Noira braucht das Essen", wandte sie ein. „Du kümmerst dich doch auch darum, was Feirla und Kalai und Moi essen. Du gehst doch auf die Jagd und pflügst die Felder und schneidest das Korn."

„Auch Lugran pflügt. Ich habe ihm im letzten Jahr geholfen."

Das war richtig. Es war nicht so, dass Lugran seiner Frau nie half. Er war auch nicht immer nur für sich allein. Arwa wusste, dass es ihm auch wichtig war, was Noira machte. Mehr als einmal war er in die Töpferecke gekommen und hatte seiner Frau zugesehen. Es war ihm auch nicht gleichgültig, wenn den Menschen in seinem Haus etwas wirklich Schlimmes geschah. Während der großen Krankheit hatte er sich um die Gesellen gekümmert, wie andere es nur für die eigenen Kinder taten. Und als im Hungerwinter Keiri gestorben war, da hatte er in der Gasse vor allen Leuten geweint.

Trotzdem war Arwa zornig; nicht nur auf Lugran, auch auf Madrin, der den Gießer so verteidigte. „Aber das Leben ist für Noira zu hart. Sie hat nicht mehr so viel Kraft. Ich habe es gesehen."

Feirla schob das Holz zusammen, langsam, wie um Zeit zu gewinnen. Dann blickte sie auf und Arwa ins Gesicht. „Noira hat Lugran gewählt", sagte sie fest. „Sie wusste, wer er ist und was er sucht. Er muss diesen Weg bis an sein Ende gehen. Daran ist nichts zu ändern."

„Können sie es nicht zusammen tun?"

„Ins Reich der dunklen Göttin geht man nur allein."

Wieder war es still, doch nun gab es nichts mehr zu entgegnen. Feirla wusste, wovon sie sprach. Auch sie kannte den Weg in die andere Welt, obwohl sie ihn nicht so rücksichtslos verfolgte wie der Gießer. Vielleicht gab es verschiedene Möglichkeiten?

Arwa dachte an den Abend, an dem Lugran die Bernsteinkugel in der Hand gehalten hatte, und an Noiras Tränen. Langsam begann sie, die Gießerfrau zu begreifen. Sie selbst, Arwa, hatten Lugrans Worte von der Einsamkeit der Göttin auf unerklärliche Weise getröstet, doch für Noira war dies anders gewesen. Ihre Tränen hatten Arwa an Anais Tränen erinnert. Das war auch der Grund gewesen, warum sie der Gießerfrau die Perle aus Bernstein gegeben hatte, obwohl es ein Schmuckstück war, mit dem sie eine so schöne Erinnerung verbunden hatte. Arwa seufzte auf. Sie war doch gekommen, um Feirla wegen Ained zu fragen. Sie hatte jemandem erzählen wollen, wie gerne sie den jungen Gießer mochte, obwohl er ein Fremder war. Doch nun hatte das Gespräch eine andere Richtung genommen. Ihre Unruhe war etwas, mit dem sie selbst fertig werden musste.

Als das Ende des Winters kam, arbeitete Ained so, dass jemand, der Lugran nicht kannte, nur am Unterschied im Alter erkennen konnte, welches der Meister war.

Die beiden Gießer hielten sich fast ohne Unterbrechung in der Werkstatt auf. Sie verständigten sich kaum mehr mit Worten, sondern mit Blicken oder einer leisen Bewegung der Hand. Trotzdem standen die Kinder noch immer jeden Tag im Eingang zur Werkstatt, um ihnen zuzusehen. Lugran und Ained gossen in dieser Zeit zum ersten Mal die neuen Spangen, mit denen man an Stelle der Nadeln die Kleiderstoffe zusammenhalten konnte. Neisin Turam hatte ein Stück vom Langen See mitgebracht und gefragt, ob sie solche Dinge gießen könnten. Zusammen bereiteten sie die Form vor. Sie glich einer Nadel, doch der Kopf war gebogen und das Ende musste so geformt sein, dass man die Spitze dort einhängen konnte.

„Wer weiß, wo das erfunden worden ist", sagte Lugran nachdenklich, als er das von Neisin Turam erhaltene Stück ein weiteres Mal betrachtete. „Schön sehen sie nicht gerade aus, wenn ich sie mit unseren Nadeln vergleiche. Doch wenn sie Neisin Turam für die Herrin will, so soll er sie bekommen."

Auf einem Lederstück legten sie das Kupfer bereit, das sie für den Guss brauchten, und in unterschiedlich großen Häufchen dazu das Zinn. Wenn der Mond wieder wuchs, würden sie mit dem Gießen beginnen.

Der Vorhang an der Türe bewegte sich und eines der Kinder tuschelte. Ained ging zu ihnen und wie ein Schwarm Fische stoben sie auseinander. Eines rannte rückwärts in einen Mann, der neben Salgans Haus stand und zur Werkstatt hinübersah. Es bemerkte erst, dass er ein Fremder war, als es den Kopf hob und sich entschuldigen wollte. Dann aber wich es erschrocken zurück. Hilfe suchend blickte es Ained an. Dieser stand noch immer im Eingang und hielt das Stoffstück hoch.

„Willkommen", sagte Ained glücklich. Dann wandte er sich zu Lugran um, der aufgestanden war und nun hinter ihm stand. „Fern ist gekommen. Er macht uns einen Besuch."

Bald lernte auch Arwa den Alten Mann besser kennen. Als sie am Abend kam, um Noira das Wasser zu bringen, schickte diese sie, den Gast zu begrüßen. Vorsichtig betrat Arwa die Werkstatt. Lugran und Ained knieten bei einem kleinen Feuer und wärmten ein Stück Metall. Fern saß im Eingang, der auf die Dorfgasse führte, und blickte an Salgans Haus vorbei zum See. Als Arwa näher kam, hob er den Kopf: „Da bist du ja. Ich habe mir schon gedacht, dass wir uns nochmals treffen würden." Arwa freute sich, dass Fern sie noch kannte. Sie setzte sich kurz entschlossen hin und sah wie er der Sonne zu, die langsam hinter den Hügeln verschwand. Über den See fuhren Fischer in ihren Booten und zogen die Netze ein. Die letzten Strahlen der Sonne tauchten die Dächer und die Oberfläche des Wassers in ein sanftes Rot.

Nun kam auch Ained zu ihnen. „Arwa bringt Noira das Wasser", erklärte er und setzte sich neben Fern auf die Schwelle. „Darum ist sie manchmal bei uns."

Er streifte mit einem kurzen Blick Arwa, die noch immer unbeweglich dasaß. Eigentlich musste sie nochmals zum See hinuntergehen, um auch Daigra Wasser zu bringen, doch die eigenartige Klarheit, mit der sie plötzlich alles wahrnahm, was um sie herum geschah, bewegte sie so, dass sie diesen Augenblick auskosten wollte.

Sie verfolgte, wie die Schatten an den Hausgiebeln höher kletterten und die letzten Strahlen der Sonne erloschen. Vom Ufer her rief ein Fischer ungeduldig nach seinem Sohn. Eine Amsel sang auf dem Nachbardach. Aus Salgans Haus drang das Geräusch des Mahlsteins. Zwei Kinder stritten auf der anderen Seite der Gasse. Das Zwitschern der Vögel wurde stärker, als ob sie damit das Einbrechen der Nacht hinauszögern könnten. Und über der Stelle, wo die Sonne verschwunden war, leuchtete Erads Stern.

„Ained hat mir erzählt, dass du seinen Kristall im Wald gefunden hast", unterbrach Fern die Stille. „Darum bist du damals in die Hütte gekommen. Dort haben wir uns kennen gelernt."

Arwa nickte. Sie hatte Fern im Nebel auf der Lichtung zum ersten Mal gesehen, damals, als sie mit Madrin Fallen hatte stellen wollen. Erst später aber hatte sie verstanden, wer er war. „Nun ist der Stein bei mir", sagte sie. „Ained hat ihn mir geschenkt." Sie nahm den Beutel, öffnete ihn und legte den Kristall in Ferns Hand. Dort lag er und glänzte im Abendlicht. Lange betrachtete ihn der Alte Mann.

„Ein gutes Geschenk", sagte er schließlich. „Von wem hast du ihn bekommen?" Er sah zu Ained auf.

„Von meinem Vater. Er hat ihn in den Bergen für mich gesucht. Er hat ihn mir gegeben, kurz bevor er auf der Jagd von einem Bären getötet worden ist. Es war lange die einzige Erinnerung, die ich noch an ihn hatte. Er sagte, der Stein würde mir helfen, meinen Weg zu finden. Das sei wichtiger im Leben als alles sonst."

Fern nickte.

„Auch Arwa hat etwas gesucht", fuhr Ained fort. „Das habe ich gesehen, als sie am Herbstfest zu uns gekommen ist."

Arwa erinnerte sich wieder an jenen Tag. Lugran hatte mit Keiri gespielt und sie hatte für einen Augenblick verzweifelt gewünscht, ihr Vater würde noch leben. Doch heute wusste sie, dass sie für sich selbst sorgen musste. So sah sie den Fledermäusen zu, die blitzschnell und geschickt zwischen den Häusern nach den ersten Mücken jagten. Aus dem Innern des Hauses drang Noiras Stimme. Leise, wie zu sich selbst, sang sie ein Lied. Aus dem Sumpf kam der Ruf eines Käuzchens.

Der junge Gießer saß neben ihr und wechselte von Zeit zu Zeit einige Worte mit dem Alten Mann. Die Gelegenheit war gekommen, auf die sie so lange gewartet hatte. Sie konnte mit ihm reden, Fern würde nicht stören. Aber was sollte sie sagen? Sollte sie fragen, ob Ained nicht doch zu Neisin Turam gehen wollte? Wie konnte sie aber fragen, wenn sie nicht in ihrem Inneren sicher war, ihm auch gegen den Willen ihrer Familie zu folgen?

Ein leichter Windstoß brachte vom See her Kälte. Arwa zog ihren Umhang enger um die Schultern. Von der Seite her blickte sie Ained an und auch er wandte sich ihr zu. Arwa war sicher, dass er wusste, woran sie dachte, denn er nahm den Kristall aus der Hand des Alten Mannes und legte ihn in ihre Hand zurück. Als nur noch ein dünner, heller Streifen zeigte, wo die Sonne versunken war, stand Arwa auf und ging mit dem leeren Wassergefäß nach Hause.

Mitten in der Zeit, als die Frauen den Weizen für das Fest der Ackergöttin zu mahlen begannen, kam der große Sturm. In der Dämmerung trieb der Wind das Wasser in schaumigen Flocken über den See und riss sogar Schindeln von den Dächern. Am Morgen war der Ort, an dem Noira die Vorräte aufbewahrte, nass. Der Wind hatte ein ganzes Stück der Dachbedeckung losgerissen und durch die Öffnung sah man die schwarzen Wolken vorbeitreiben. Es regnete noch immer, doch der Wind war viel schwächer geworden.

Noira legte Binsenmatten über die Behälter, dann ging sie vor das Haus, um den Schaden besser abzuschätzen. Es brauchte nur einen Blick, um zu sehen, dass viele der Schindeln verschoben oder sogar weggerissen worden waren. Sie würden den ganzen Tag brauchen, um sie wieder zurechtzurücken und die noch immer undichten Stellen mit Grasbüscheln und Moos zu schließen. Es musste sofort geschehen, bevor die Vorräte noch mehr durchnässt wurden.

Das Gießerhaus war nicht das einzige, das in der Sturmnacht gelitten hatte. Die Häuser, die auf der Seeseite lagen und vom Wind direkt getroffen worden waren, sahen schlimm aus. Als Noira mit einem großen Bündel Sumpfgras und etwas

Moos ins Dorf zurückkehrte, bemerkte sie, dass bei Salgans Haus sogar auf dem Dachgiebel ein Teil der Bedeckung fehlte, obwohl doch bei jedem Haus diese Stelle besonders gut gesichert war. Wenigstes erhielt der Fischer Hilfe. Trotz des Regens halfen ihm nicht nur seine Frau und die Töchter, sondern auch Igrain und Daigra, die in der Mitte des Dorfes wohnten und deren Haus besser als viele andere vor den Windstößen geschützt gewesen war.

Noira wandte sich wieder ihrer Arbeit zu. Sie band mehrere Grasbüschel an den schon dicht verflochtenen Wurzeln zusammen und reichte sie Ained hoch, der auf einem der Querstege des Daches wartete. Lugran stand innen auf den Dachlatten und versuchte, die Schindeln so zu ordnen, dass der Zwischenraum mit dem Moos und den Grasbüscheln so gut wie möglich zugestopft werden konnte. Wenn die Gräser nur genügen, dachte Noira müde. Jetzt nochmals mit Ained ins Ried zu gehen und mehr davon zu suchen, war ihr zu viel. Schon am Morgen waren die geeigneten Gräser weit herum ausgerissen gewesen und Moos hatte sie im Wald auch fast keines mehr gefunden. Die Gießerfrau nahm ein weiteres Büschel und verband es mit Bast. Durch die Dorfgasse näherte sich Ardun, der Sohn von Daigra. Auf dem Kopf trug er ein großes Netz voll mit Moosen und Gras. Er musste tief in den Wald hinein vorgedrungen sein.

Igrain rief von Salgans Dach herab dem jungen Mann etwas zu und dieser zeigte stolz seine Last. Hinter ihm kam Arwa näher, auch sie mit einem großen Bündel beladen.

Als die junge Frau Noira erblickte, blieb sie stehen. Sie bemerkte den kleinen Grashaufen, der neben der Gießerfrau am Boden lag. Sie zögerte, wie wenn sie nicht wüsste, wem sie ihr eigenes Bündel geben sollte. Unsicher machte sie einen Schritt auf Noira zu.

In diesem Augenblick rief Daigra ungeduldig von der anderen Gassenseite her. Arwa drehte sich hastig um und ging zum Haus des Fischers hinüber. Noira bückte sich mutlos und legte das nächste Büschel in Aineds Hände. Alles in ihr war plötzlich elend geworden. Hilflos blickte sie nochmals hinüber zu Salgans Haus. Arwa kauerte neben Daigra und den Töchtern des Fischers. Auch sie bündelte nun Gräser, um sie den Männern aufs Dach zu reichen. Als sie Noiras Blick bemerkte, senkte sie den Kopf. Schämte sie sich, dass sie sich nicht getraute, ihr zu helfen, obwohl sie es offensichtlich gerne getan hätte? Oder war sie darum scheu, weil Ained auf dem Dach droben stand, die Büschel ordnete und diese zusammen mit Lugran zwischen die Schindeln klemmte?

Ained mochte die junge Frau, das war klar genug geworden an jenem Abend, an dem er zusammen mit Lugran das Schwert fertig gestellt hatte. So deutlich hatte er sich ausgedrückt, dass Arwa ganz verlegen geworden war. Wenn Arwa sich je einmal ihrer Familie widersetzen sollte, um in die Welt der Gießer zu gehen, so würde es Aineds und nicht Tarins wegen sein. Warum nur war es so? Was war so besonders an Ained? Was konnte er der jungen Frau überhaupt geben? Er war ein Wanderer, ein Heimatloser, einer, der nirgends wirklich hingehörte.

Noira blickte zum Dach hinauf. Der junge Gießer saß ganz unten auf einer Querstange und wartete geduldig auf das nächste Bündel. Seine Füße baumelten ins Leere. Er musterte Noira neugierig, wie wenn er gerne verstanden hätte, was sie beschäftigte. Was war er nur für ein Mensch? Was auch immer zwischen ihm und Arwa geschah – ins Gießerhaus würde die junge Frau nicht kommen, um bei ihr am Herdfeuer zu leben.

Dann kam der Frühlingsmond. Arwa formte in der Nacht für Nairda und die beiden jüngeren Brüder die Hörnertiere. Sie dachte dabei an den nächsten Tag, an das Feuer und an die Tänze. Es war das letzte Frühlingsfest, bei dem Ained noch im Dorf war und zum Tanzen aufgefordert werden konnte. Ob er am Abend mit dem Boot über den See fahren würde oder wie Lugran in der Werkstatt blieb?

Der Morgen kam. Arwa sah zu, wie die Kinder sich an den Tieren freuten, sogar Tairi, der jüngere Bruder, der im vergangenen Herbst seinen richtigen Namen bekommen hatte und der sonst immer versuchte, sich wie ein junger Mann zu benehmen. Arwa lachte bei sich, wenn sie ihn so sah. Er musste noch einige Winter warten, bis er im Wald die Lieder lernen würde, doch wenigstens zum Festplatz mitkommen, das durfte er. Vielleicht war es darum, dass seine Augen so erwartungsvoll glänzten?

Zusammen mit Daigra bereitete sie die Kräutersuppe vor. Heute würden sie nicht streiten, das wussten sie beide. Es war das Fest der Göttin und Streit war etwas, das sie an einem solchen Tag aus dem Dorf vertrieb. Nun kamen auch Igrain, Nairda und die Brüder ans Feuer und warteten darauf, dass Daigra den Mohnkuchen zerbrach. Nur Ardun war nicht da.

„Er ist schon beim Morgengrauen weggegangen", erklärte Arwa, als sie Igrains fragenden Blick bemerkte. „Ich glaube, er will sich mit Braigna treffen. Er hat mit ihr beim letzten Fest getanzt und hat sie vor kurzem in Seski En besucht. Dogan hat es mir erzählt."

Daigras Gesicht leuchtete plötzlich. „Ich werde wohl bald eine Schwiegertochter bekommen", sagte sie mit einem Lächeln, das Arwa lange nicht mehr an ihr gesehen hatte. „Wir werden ein großes Fest feiern mit dem ganzen Dorf und sie und ihre Verwandten willkommen heißen."

Erwartungsvoll sah sie Arwa an: „Wann wirst du einen Mann finden? Du wirst doch bei uns bleiben wollen und nicht in ein anderes Dorf ziehen?" Zum ersten Mal seit langem sprach sie wieder die Heirat an, bei deren Erwähnung Arwa ihr früher immer ausgewichen war.

„Wer weiß, wie lange es dauert, bis der See wieder steigt und wir hier wegziehen müssen? In der Versammlung der Männer werde ich fragen, ob Ardun hinter Salgans Haus bauen kann. Es gibt dort noch freien Platz. Dann kannst du hier im Haus bleiben."

Nachdenklich betrachtete Igrain Arwas Gesicht. Diese senkte verlegen den Kopf, obwohl sie Igrain mochte und auch die Angst der Mutter gut verstand. Trotzdem brachte sie kein beruhigendes Wort über die Lippen. Warum, das wusste sie nicht.

Als es Abend wurde, fuhr Arwa in Arduns Boot über den See. Der Bruder war schon vor dem Mittag für das Stieropfer ins Dorf zurückgekommen – ganz glücklich, mit einem neuen Umhang über den Schultern. Doch dann war er nochmals weggegangen und so spät zurückgekehrt, dass ihr Boot das letzte war, welches das Dorf verließ. Arwa war zuerst ungeduldig gewesen, weil Ardun sie so lange hatte warten lassen. Doch als sie vom Ufer abstießen und in der untergehenden Sonne über den See ruderten, wurde sie ganz ruhig. Es war nicht nötig, früh beim Feuer zu sein. In diesem Jahr waren es Frauen aus Deir Ardon, die den Holzstoß entzündeten. Sie sah Ardun zu, wie er mit gleichmäßigen Ruderschlägen den Einbaum über die glatte Wasserfläche führte. Daigra saß, schön wie immer, vorne im Bug. Neben ihr kauerte Nairda, in ihrem besten Kleid und mit Blumen im Haar. Der jüngere Bruder saß hinter Ardun, wie dieser mit einem Ruder in der Hand. Die Sonne versank in ihrem Rücken hinter den Hügeln. Arwa konnte im Wasser einen Schwarm Fische ausmachen, der das Boot eine Zeit lang begleitete.

Sie waren wirklich spät. Es dämmerte schon, als sie zum Festplatz kamen. Von weitem hörte Arwa die Melodie der Flöte. Die Menschen umgaben in einem dichten Kreis das Feuer. Als sie die farbigen Bänder in ihrem Haar sahen, ließen sie sie durch. Bald stand sie ganz vorne bei den Flammen. Sie sah sich um, doch Ained konnte sie nirgends sehen. In der Mitte des Kreises standen die Dorfältesten und opferten wie jedes Jahr für die Ackergöttin. Die Menschen waren ganz still. Erst als das Opfer vorüber war, begann die Spannung zu steigen. Die Trommeln setzten ein und Arwa spürte, wie ihr Herz schneller zu schlagen begann. Die jungen Frauen, die zum ersten Mal am Feuer standen, bildeten eine Schlange. Dann lösten sich die ersten von ihnen und suchten einen Mann. Bald waren es auch die Zuschauerinnen, die mit den Augen den äußeren Kreis absuchten oder den Mann, mit dem sie sich schon verabredet hatten, in den Kreis zogen.

Arwa musterte nochmals die Anwesenden, so gut es ihr bei diesen vielen Menschen möglich war, doch Ained war offenbar wirklich nicht gekommen. Sie war enttäuscht. Bald aber bewegte der schnelle Rhythmus der Trommeln ihr Inneres so, dass sie ihre Enttäuschung in der Erwartung des Tanzes vergaß. Ihre Wangen wurden heiß. Jetzt, wo Ained nicht da war – wen von den anderen Männern sollte sie wählen? Sie hatte sich darüber noch keine Gedanken gemacht. Würde sie wieder tanzen wollen, bis der Holzstoß fast niedergebrannt war und die Trommler müde wurden? Sie sah sich um und machte einen Schritt auf das Feuer zu. Plötzlich, durch die Flammen, entdeckte sie die dunklen Haare. Ained war nicht unter den Tänzern, sondern stand im äußeren Kreis. Sie sah, wie jeder Ton der Trommeln ihn berührte und er sich fast unmerklich in ihrem Rhythmus bewegte.

Als er den Kopf hob und ihre Augen sich trafen, wusste Arwa, dass er ihretwegen gekommen war und nur darauf wartete, dass sie sich für ihn entschied. Langsam löste sie sich aus den Zuschauern und ging die Reihe der Tänzerinnen entlang auf ihn zu. Sie war glücklich. Einmal würde sie mit Ained tanzen können, einmal in der Nacht der Göttin bei ihm sein.

Als sie schon in seiner Nähe war, stand plötzlich Ersa zwischen ihnen. Sie starrte Arwa für einen Augenblick ausdruckslos an, dann ging sie auf den Gießer zu. In Arwa krampfte sich alles zusammen, doch eingreifen konnte sie nicht. Jeder Frau war es freigestellt, den Mann zu wählen, den sie als Erste erreichte. Sie selbst kam zu spät. Voller Bitterkeit verfolgte sie, wie Ersa ihre Hand auf Aineds Schulter legte und ihn zum Feuer zog. ‚Es ist doch nur das Frühlingsfest', hörte sie Kiras Worte. Doch beruhigen konnte sie diese Erinnerung nicht. Es war nicht irgendein Frühlingsfest, es war das letzte Mal. Das Schlimmste aber war, dass Ersa sich nicht darauf freute, mit Ained zu tanzen, sondern ganz einfach wusste, wie sehr sie Arwa mit ihrer Wahl traf. Doch ändern ließ sich daran nichts mehr. Sie selbst würde an diesem Abend die ganze Zeit sehen müssen, wie die Tochter Foirgans dem jungen Mann die Schritte zeigte und ihn dabei umarmte. Ihr Inneres wurde bei diesem Gedanken ganz hart.

Da schüttelte Ained den Kopf und sagte etwas, das im Lärm der Trommeln unterging. Ersa wich zurück. Dann schrie sie zornig auf. Sie spuckte dem Gießer ins Gesicht, wandte sich um und lief mit einem bösen Ausdruck weg. Ained fuhr sich mit dem Mantelsaum über die Augen und blickte wieder zu Arwa hinüber.

Er löste sich aus der Menge und kam langsam auf sie zu, zwischen den Tänzerinnen hindurch, als ob er alles sonst um sich vergessen hätte. Als sie den Ausdruck in seinen Augen sah, begriff sie: Es war nicht für diese eine Nacht, dass er die strengen Regeln verletzte, die beim Frühlingsfest galten. Für ihn war es eine Entscheidung, die auch für später galt. Sie blickte um sich. Sie konnte Daigra erkennen, weit weg, fast auf der anderen Seite des Feuers, aufrecht und schön wie immer. Neben ihr, halb verdeckt von den Flammen, stand Feirla, mit wilden Haaren und einem hellen Lachen, das bis zu Arwa drang. Ardun, der als einer der Ersten gewählt worden war, befand sich mit einem von Glück geröteten Gesicht bei den jungen Leuten. Er hielt Braigna umschlungen und bewegte sich im Einklang mit ihren Schritten. Alle waren mit sich selbst beschäftigt – nur Ersa nicht. Sie stand am Rand des Kreises und blickte böse zu ihr hinüber. Sie würde sich dafür rächen, dass Ained sie zurückgewiesen hatte. Arwa wusste, das Leben im Dorf würde für sie schwierig werden, nicht nur wegen des Widerstands der Verwandten, auch wegen Foirgans Tochter. Da bemerkte sie Noira, ganz in ihrer Nähe. Die Frau des Gießers hatte offensichtlich verfolgt, was geschehen war. Sie nickte ihr ermutigend zu und damit wusste Arwa, dass sie in Noiras Haus willkommen war – für die kurze Zeit, bis Tarin zurückkam und Ained das Dorf verlassen würde – zusammen mit ihr. Als Ained vor ihr stand, hatte sie sich entschieden. So zog sie ihn nicht in den Kreis, sondern blieb bei den Zuschauerinnen neben ihm stehen. Hinter sich hörte sie einige Leute böse tuscheln. Jemand fuhr Ained an: „Es sind die Frauen, die am Fest der Göttin wählen. Warum hast du Ersa abgewiesen? Sie ist Foirgans Tochter. Schämst du dich nicht?"

Ained lachte nur leise. Arwa legte die Hand auf seine Schultern. Dann wandte sie sich um. „Ich habe ihn schon früher gewählt", sagte sie zu der Frau. „Du hast es nur nicht gesehen."

Auch Ained hielt sie nun fest. Gemeinsam sahen sie dem Feuer und den Tänzerinnen zu. Es kümmerte Arwa nicht mehr, was die anderen dachten. Sie hatte gewählt und würde bei Ained bleiben. Sie spürte die Wärme in seinem Körper. Obwohl er nicht tanzte, schienen die Schläge der Trommeln alles in ihm zu bewegen und seine Berührung brachte auch in ihr alles in Aufruhr. Erst jetzt begriff sie, wie sehr sie sich danach gesehnt hatte, in seiner Nähe zu sein.

„Ich mag nicht länger hier bleiben", flüsterte sie ihm zu. Er nickte. Zusammen verließen sie den Kreis. Arwa hörte hinter sich die Leute wieder schimpfen, diesmal offenbar, weil sie zu früh aufgebrochen waren. Doch sie wusste, dass die Zeit vorüber war, in der sie sich nach dem, was andere taten, richten konnte.

Sie verließen die Menschenmenge und liefen über den weichen, mit Riedgras bewachsenen Boden. Der Schein des Feuers tanzte auf den weißen Blüten. Ein Fuchs verschwand am Rand der Lichtung zwischen den Büschen. In der Ferne leuchtete silbrig der Mond. Plötzlich blieb Arwa stehen. „Ist es wahr, dass dich Neisin Turam gefragt hat, ob du bei ihm gießen willst?"

„Ja, es ist wahr. Er hat mich zu sich kommen lassen und gesagt, dass er mich braucht."

„Was wirst du tun?" Irgendwie hoffte sie noch immer, er würde einverstanden sein und sie könnte wenigstens in der Nähe ihres Dorfes bleiben. Ained aber schüttelte den Kopf.

„Neisin Turam gefällt mir, doch gießen werde ich für ihn nicht." Er bemerkte ihre Enttäuschung. „Es lässt sich nicht ändern. Ich habe den Gott gefragt. Neisin Turams Hof ist nicht der Ort, an dem ich bleiben kann. Darum ziehe ich weiter."

Sie schwiegen lange. Arwa wusste, was ihre Entscheidung bedeutete. Ained würde weitergehen an einen Ort, an dem sie niemanden kannte, der sie schützen könnte. Ihre Verwandten würden ihr nicht mehr helfen. Ihre Entscheidung galt für immer.

Sie hob die Hand und fuhr mit den Fingern langsam über die Narbe auf Aineds Wange. „Ich werde von Noira lernen, wie man die großen Teller brennt", sagte sie schließlich. „Auch wenn die Gefäße an anderen Orten ungewohnte Verzierungen tragen – das Brennen bleibt sich gleich."

„So kommst du trotzdem mit mir? Auch wenn ich das Land am See verlasse?"

„Ja. Ich komme mit."

Er nahm ihre Hand, die noch immer auf seiner Wange lag, und legte seine Handfläche auf die ihre. Dann umarmte er sie unvermittelt, mit einer Kraft, die Arwa erstaunte, und vergrub den Kopf an ihrer Schulter. Der Geruch vom Rauch der Gießerwerkstatt lag in seinem Haar. Vom Feuer her drangen der wilde Ton der Trommeln und die Rufe der Menschen. Es war Frühlingsfest!

Obwohl Arwa nicht getanzt hatte, war die Lebendigkeit, die sie am Feuer gespürt hatte, noch immer in ihr. Mit einer plötzlichen Bewegung löste sie sich aus der Umarmung. Sie stieß Ained herausfordernd an und lief auf den See zu, der hinter den Erlen sichtbar war. Der junge Gießer blickte ihr nach, überrascht von ihrer Heftigkeit.

Arwa blieb am Rand der Lichtung nochmals stehen und wandte sich um. Dann ging sie weiter, vorsichtig den Weg den

Schilfsaum entlang ertastend. Ein Tier, das vor dem Lärm der Menschen ausgewichen war, glitt als dunkler Schatten an ihr vorbei. Eine Eule schrie. Das Feuer auf dem Festplatz flammte auf und erfüllte die Lichtung bis zu ihrem Rand mit seinem Schein.

Arwas Haare leuchteten zwischen den Büschen. Ained warf übermütig den Kopf zurück. Es war die Nacht der Göttin. Das Glück der Menschen gab ihr die Kraft, alles ringsum blühen und gedeihen zu lassen – nicht nur im Land am See, auch an anderen Orten, wo immer es Menschen gab. Er lachte glücklich und folgte der jungen Frau, die zwischen den glänzenden Halmen des Schilfes verschwand.

Die wichtigsten Namen

Anai	welterschaffende Göttin
Darnai	Ackergöttin
Dewar	Donnergott
Nurgaid	Göttin der Anderswelt
Erad	der Feuergott
Arwa	das Mädchen
Daigra	die Mutter
Igrain	der Mann der Mutter
Ardun	der große Bruder
Tairi	der kleine Bruder
Urma	die alte Frau
Salgan	der Fischer (Arwas Onkel)
Saima	seine Frau
Madrin	der Jäger
Feirla	die Heilerin
Kalai	ihr erstes Kind
Lugran	der Gießer
Noira	die Frau des Gießers
Tarin	ihr Sohn
Ained	der fremde Junge
Kira	Arwas Freundin
Marna	die Mutter
Skarin	der Vater
Dogan	ältester Bruder Kiras
Nairda	eine Schwester
Foirgan	das Oberhaupt des Dorfes
Erun	der älteste Sohn
Ersa	die Tochter
Neisin Turam	der Herr
Eiren Taina	die Herrin
Eogain	ein junger Mann am Hof
Fern	der Alte Mann
Barun	der Händler
Kernu An	das Dorf
Deir Ardon	der Handelsplatz
Seski En	ein befreundetes Dorf
Durga	Nachbarin
Eirin	junger Mann aus Seski En

Nachwort

Das Dorf, in dem Arwa lebte, hat es tatsächlich gegeben. 1864, nur wenige Jahre nach der Entdeckung der ersten Pfahlbauten in der Schweiz, wurden am nordwestlichen Ufer des Zugersees beim Bau einer Eisenbahnlinie seine ersten Spuren entdeckt. Doch es dauerte noch weitere sechzig Jahre, bis die ersten wirklichen Ausgrabungen stattfanden. In der Zeit zwischen 1923 und 1994 wurde ein Teil der Siedlungsreste ausgegraben. Sie sind außergewöhnlich gut erhalten und geben nicht nur Auskunft über das Aussehen des Dorfes, sondern lassen Rückschlüsse auf das Leben der Menschen zu, die in ihm wohnten.

Dank der Jahrringdatierung der Bauhölzer wissen wir, dass das Dorfareal zwischen 1060 und etwa 880 v. Chr. besiedelt gewesen war. Um 1050 und zwischen 940 und etwa 890 v. Chr. stieg der See so stark an, dass die Bewohnerinnen und Bewohner das Dorf verlassen und an einem anderen Ort siedeln mussten. Das erste Mal um 960 und nochmals um 880 v. Chr. brannte das Dorf vollständig ab.

Die Überreste der Ruinen der ersten Brandkatastrophe blieben im feuchten Uferboden erhalten, weil die Leute, die den Ort nach dem Brand besiedelten, nur die Trümmer ausebneten und darauf die neuen Häuser bauten. So wissen wir, dass das Dorf aus etwa 120 Häusern bestanden hatte, die zwischen 4x8 m und 5x12 m groß gewesen waren. Diese Häuser standen auf der ebenen Erde. Damit die Pfosten, die das Dach trugen, nicht im feuchten Uferboden einsanken, waren sie in einer Holzplatte verankert. Auch verbrannte Reste der Wände und Dächer lagen in der Brandschicht.

Die Ausgräber fanden aber noch viel mehr. Das Feuer war kurz nach der Ernte ausgebrochen. Da die Erntevorräte in den Häusern aufbewahrt wurden, lagen verkohlte Res-

te von Gerste, Hirse, Weizen, Emmer, Einkorn und Dinkel in den Brandtrümmern. So wissen wir, welche Getreide damals bekannt waren. Auch Linsen, Erbsen und Bohnen, Flachs und Schlafmohn wurden angebaut. Daneben sammelten die Menschen im Wald und auf dem Feld zahlreiche Wildpflanzen, mit denen sie die Nahrung ergänzten oder die sie als medizinische Pflanzen und zum Färben der Stoffe brauchten.

Auch die Tiere, die damals gezüchtet und gejagt wurden, kennen wir dank der Knochen, die in den Dorftrümmern lagen. Man hielt Rinder, Schweine, Schafe, Ziegen und Pferde. Hunde bewachten das Dorf, halfen bei der Jagd oder hüteten die Herden. Hirsch, Wildschwein, Bär und Biber wurden mit Pfeil und Bogen, mit dem Speer und wahrscheinlich auch mit Fallen gejagt, Fische mit dem Angelhaken, mit Netzen und mit Reusen gefangen.

Dafür, dass in der Siedlung Bronzegießer arbeiteten, gibt es ebenfalls Zeugnisse. In einer Gussform aus Stein waren menschenförmige Anhänger hergestellt worden, in verschiedenen Tongussformen Lanzenspitzen. Aus Bronze waren aber auch Sichelblätter, Meißel, Angelhaken, Messerklingen, Nadeln mit schön verzierten Köpfen zum Verschließen der Kleider, Arm- und Fingerringe, Rasiermesser und vieles mehr gefertigt. Die Zusammensetzung der Bronze vieler dieser Gegenstände wurde untersucht. Die Resultate zeigen, dass die Bronzegießer meistens alte, zerbrochene Stücke verwendeten, um neue zu gießen. Nur selten kamen Gegenstände aus weiter entfernten Gebieten mit einer anderen Zusammensetzung des Metalls ins Dorf und ganz neue Legierungen aus Kupfer und Zinn wurden wahrscheinlich nur für besondere Gegenstände gemacht. Das Kupfer für die Bronzegießer kam in dieser Zeit wahrscheinlich aus den Alpen, das Zinn möglicherweise aus England. Holzschalen, Fässchen und verschiedene Möbelstücke zeigen eine hervorragende Kenntnis der Holzbearbeitung. Sogar Reste von geflochtenen Körben und Matten wurden entdeckt.

Besonders beeindruckend sind die Gefäße aus Ton, die zu Tausenden in der Brandschicht, aber auch in den Abfallschichten der älteren und jüngeren Siedlung gefunden wurden. Die Keramik ist hervorragend gefertigt und viele der Gefäße sind reich verziert. Anhand der Muster und der Verzierungsart können wir sogar die Handschrift verschiedener Töpferinnen erkennen. Fürs Kochen, für die Aufbewahrung bestimmter Speisen, aber auch als Ess- und Trinkgeschirr wurden hauptsächlich Tongefäße verwendet. Reich verzierte Gefäße wurden vermutlich nicht als Alltagsgeschirr gebraucht, sondern nur bei bestimmten Gelegenheiten verwendet. Bei den Bestattungszeremonien, beispielsweise, wurden schön verzierte Gefäße zusammen mit der Urne, die die Asche der Toten enthielt, in die Grabgruben gelegt. An den Unterschieden der Grabbeigaben sehen wir auch, dass nicht alle Menschen die gleiche Stellung in der Gesellschaft genossen, sondern dass die einen wohlhabender, andere mittelloser waren. Waffen und befestigte Siedlungen zeigen, dass auch kriegerische Auseinandersetzungen vorkamen. Vielleicht war es nicht ein Blitzschlag oder der unvorsichtige Umgang mit dem Feuer, die das Dorf in Flammen aufgehen ließen, sondern der Angriff durch eine verfeindete Gruppe, die den Dorfbewohnern die Nutzung des Bodens, die Vorräte oder die Herden streitig machte.

Viele Dinge, die im Buch beschrieben sind, kennen wir allerdings nicht genau. Die Menschen der späten Bronzezeit in unserer Gegend schrieben ihre Geschichte nämlich nicht auf und auch sonstige schriftliche Zeugnisse sind unbekannt. So wissen wir nicht sicher, ob es Frauen oder Männer waren, welche die Keramik herstellten und die Bronzegegenstände gossen. Wir können nur zu raten versuchen, wer jagte und wer den Boden bebaute. Sicher ist, dass seit der Zeit der ersten bäuerlichen Kulturen, das heißt seit dem 6. Jahrtausend v. Chr. eine klare Arbeitsteilung herrschte. Dies kann beispielsweise daraus geschlossen werden, dass

Frauen und Männer unterschiedlich groß waren und sich die Verletzungen, die an den Knochen erkannt werden können, bei den beiden Geschlechtern unterscheiden. Sehr wahrscheinlich ist auch, dass die Männer die Tätigkeiten, die mehr Prestige mit sich brachten (z.B. die Jagd, das Gießen von Bronze, das Pflügen der Felder), für sich beanspruchten. Natürlich gibt es aus der Völkerkunde Beispiele von Bauernkulturen, in denen die Frauen mehr zu sagen hatten als die Männer, doch sind solche Beispiele gerade dort, wo die Felder mit dem Pflug bewirtschaftet wurden – wie dies bei uns in der Bronzezeit der Fall war –, selten.

In Arwas Dorf war die Lebenserwartung bedeutend geringer als in heutigen industrialisierten Gesellschaften. Etwa die Hälfte der Einwohnerinnen und Einwohner eines Dorfes waren Kinder. Alte Leute gab es nur wenige. Bestimmt waren sie wegen ihres Wissens und ihrer großen Lebenserfahrung geachtet, denn es gab noch keine Bücher und erst recht keine bildlichen Aufzeichnungen, mit deren Hilfe man Dinge, die man nicht selber erlebt hatte, in Erfahrung bringen konnte.

Noch schlechter bekannt ist uns die Lebensanschauung der Menschen, ihre Geschichten, ihre Sagen und ihre Religion. Höchst wahrscheinlich sprachen sie eine indoeuropäische Sprache. Doch wir kennen weder die Namen der Menschen noch ihr Aussehen, weder ihre Lieder noch ihre Musik und ihre Tänze. Um zu beschreiben, wie die Götterwelt, wie die Feste und das Brauchtum einmal ausgesehen haben könnten, wurden Quellen aus dem Mittelmeerraum oder ethnologische Zeugnisse verwendet. So ist es sehr wahrscheinlich , dass die Menschen weibliche wie männliche Gottheiten verehrten, dass sich die Familien und Dörfer über Heiratsverbindungen verbündeten und dass Gesänge, Tänze und Geschichten eine wichtige Rolle im Alltag und im Brauchtum spielten. Für das Frühlingsfest ken-

nen wir ähnliche Bräuche, wie sie beschrieben werden, aus verschiedenen Kulturen. Doch Beweise dafür, dass es wirklich einmal so gewesen ist, besitzen wir nicht.

Die Funde dieser Ufersiedlung werden im Museum für Urgeschichte in Zug aufbewahrt und seit 1990 von einem Team von Archäologinnen und Archäologen ausgewertet. Bei der Durchsicht der Keramik, beim Untersuchen der Gegenstände aus Bronze und bei zahlreichen Diskussionen mit den anderen Mitgliedern des Teams entstand bei mir der Wunsch, die Geschichte von Arwa und Ained, von Daigra und Lugran zu schreiben. Dafür versuchte ich, möglichst viele der vorhandenen Informationen zu berücksichtigen. Selbst neue Funde, die in den vergangenen Jahren im Kanton Zug gemacht wurden, konnten in die Geschichte einbezogen werden. Doch, wie dies in der Archäologie oft der Fall ist, gibt es manchmal unerwartet neue Entdeckungen, die das Bild von einem Tag auf den anderen wieder verändern können.

Viele Menschen waren am Entstehen des Buches mitbeteiligt. **Felix Weigner** *danke ich für die Unterstützung in der Anfangsphase,* **Sabine Bolliger Schreyer** *sowie* **Theres Bauer** *für die kritische Durchsicht und für wissenschaftliche Anregungen. Zahlreiche Personen haben die Entwicklung der Geschichte miterlebt und durch ihre Reaktion geholfen, dass die Handlung klarer wurde und Nebensächliches wegfiel. Namentlich nennen möchte ich* **Gisela Nagy-Braun**, *die mir half, allzu persönliche Interpretationen zu relativieren,* **Bettina Schmid**, *die ihr dramaturgisches Talent zur Verfügung stellte, und* **Werner Wiedenmeier**, *der mit seiner* **Meilener Schulklasse** *wichtige Anregungen gab.*

Die Autorin **Irmgard Bauer** wurde am 6.3.1951 in Zürich geboren. Sie studierte Ur- und Frühgeschichte, alte Geschichte und klassische Archäologie. Während des Studiums arbeitete sie auf Ausgrabungen in der Schweiz und in Italien und übte sich in fernöstlichen Kampfsportarten. Später übernahm sie die Grabungsleitungen und Auswertungen verschiedener archäologischer Fundstellen. Ihr besonderes Interesse gilt der Vermittlung archäologischer Inhalte und der experimentellen Herstellung bronzezeitlicher Keramik. Sie baut hobbymäßig urgeschichtliche Langbögen und Pfeile und versucht, damit ins Schwarze zu treffen. Seit 1990 ist sie Leiterin des Museums für Urgeschichte in Zug.

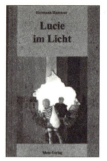

Susanne Müller-Abels
Bunte Fäden
176 Seiten. Gebunden.
ISBN 3-927655-28-7
Geschichte aus der Römerzeit 76 n. Chr.

Astrid Vissing
Gestern war noch Zeit
122 Seiten. Gebunden.
ISBN 3-927655-19-8
Krimi in einer Klosterschule

Hermann Hammer
Lucie im Licht
368 Seiten. Gebunden.
ISBN 3-927655-36-8
Eine Geschichte über die Geschichte des Lichtes

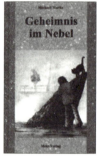

Peter Koller
Nacht über Moctezuma
240 Seiten. Gebunden.
ISBN 3-927655-20-1
Die Eroberung der Azteken im 16. Jahrhundert

Traudel Witter
Manchmal fällt das Leben aus dem Rahmen
160 Seiten. Gebunden.
ISBN 3-927655-29-5
Eine Geschichte aus dem Mittelalter

Michael Marks
Geheimnis im Nebel
160 Seiten. Gebunden.
ISBN 3-927655-38-4
Krimi an der Ostsee

Günter von Lonski
kath@rina-birkenbach Heidelbeersommer
168 Seiten. Gebunden.
ISBN 3-927655-47-3
168 Seiten. Broschur.
ISBN 3-927655-46-5
Geschichte aus dem 19. Jahrhundert

Gudrun Reinboth
Nenn mich noch einmal Jochanaan
192 Seiten. Gebunden.
ISBN 3-927655-55-4
Mittelalterliche Geschichte in Worms